U0030527

用地圖看懂歐洲經濟

張昱謙——著

推薦序

突破數字框架、有別以往的大眾經濟學著作

這是昱謙的第三本書，很高興能夠再次受邀來寫推薦文。

一直以來，台灣許多國際政經新聞和資訊，多半夾雜在中國大陸和美國的競合之間，尤其是在美中貿易戰展開之後，隨著川普總統改採強勢的單邊主義，加上二〇二〇年突如其來的Covid-19肆虐，在台美關係全面升溫之下，國內能夠冷靜評析全球政治經濟局勢的政治經濟工作者並不多。昱謙一直是這方面的專家，不僅協助我在媒體發表過許多文章，他對經濟事務的分析和判斷能力，也深受許多朋友的肯定。

在這本歐洲經濟科普書籍中，我發現昱謙突破了很多框架，不僅跳脫一般經濟作家專注在數字的呈現，昱謙試圖用許多歐洲歷史和國際政治的脈絡，來解釋歐洲各種經濟現象和挑戰，例如英國脫歐、難民問題、債券危機、綠色能源等等，並且從各個主題中，又緊扣目前美中貿易戰的世界局勢發展。內容相當豐富，文筆也趣味橫生，讓人對歐洲政治和經濟的發展有深入淺出的認識！

台灣產經建研社理事長　洪奇昌

推薦序

一本不簡單的經濟科普書

在台灣，大多數的人講到歐洲，很直覺地都會想到名勝風景、名牌跑車等等，就連國內新聞對於歐洲政治經濟報導的篇幅都相當少，關於歐洲經濟的科普書籍更少，因為一本書要能描繪六十多個國家、三千年以上的歷史交雜，是很不簡單的事情，所以昱謙能夠完成這一本新書，相當值得肯定。

另外值得一提的是，經濟學門領域相當廣，總體、個體、財政、金融等等琳瑯滿目，唯一最冷門的就是經濟思想史，常常被歸類在其他學門，但其實對於一個經濟研究者來說，能夠理解思想的路徑，往往就像是站在巨人的肩膀，這也是為何很多著名的經濟學家更像哲學家，而不是數字狂的原因。

昱謙的專長在財政領域，但他這次卻能運用思想史的筆法，將數據、思想、歷史、分析、批判，貫穿於全書，用淺顯易懂的文字讓人對歐洲經濟產生重要的輪廓概念。這是我第二次推薦他的書籍給大家，相信會有很多人喜歡。

政治大學財政系教授　黃智聰

目錄

02 從貨幣金融和財政政策看歐盟與歐洲

03

繽紛多元的經貿產業 109

04

歐洲經濟的新使命：綠色歐洲與循環經濟 187

作者序

關於歐洲

談到歐洲，相信不少台灣人心中都會浮現一些印象，像是藝術搖籃、先進文明、天主教信仰、身材高䠷，白膚金髮等等，但實際上歐洲是一種多元的概念，類似所謂的「華人」或「中華文化」。因此，我們雖然可以很容易在地理上定義歐洲，但一提到政治，歐洲就必須包括俄羅斯、土耳其及其他介於歐亞之間的國家；若提到文化，北非部分殖民地通常也會被納入討論；若只提歐盟這個區域組織，那麼像是瑞士、挪威或英國等等，就又不在範圍內；如果要從宗教來探討，那東歐許多國家恐怕並非正統的天主教信仰。

在架構這本書之前，這些不同的「歐洲概念」一直在心中掙扎，無論是從地理位置、政治連結、經濟組織等面向下手，都各有其道理，但也都會有所忽略、有所偏重，例如以國家為出發點來介紹，將近六十個國家都各自有值得介紹的地方，但若要全寫，篇幅絕對遠遠不夠；若要挑選，恐怕也至少有三十國相當重要，終究難以精準讓讀者理解歐洲的核心事務。

後來經過一位好友提點：「何不乾脆從大家關心的歐洲議題下手？」這句話猶如一碗心靈雞湯，我心裡也正想著，或許每個人的歐洲概念都是不同的，要好好介紹歐洲，那就不要給歐洲一個束縛的框架，就多介紹發生在歐洲的經濟故事吧。

於是，這本書將有別於之前《用地圖看懂中國經濟》、《用地圖看懂東南亞經濟》等同系列的呈現方式，我試著不去給歐洲下一個明確的地理定義，畢竟經濟活動百百種，但關鍵在於人與人之間的互動，以及歐洲人正在關心的事務。我想，這應該就是每個國人心中最原汁原味的歐洲吧！

Chapter

01

世界經濟文明的重要推手

前言

「經濟」是人類特有的生活方式，是一種資源的配置與取捨，內容包括物品交易、勞動分工、自我與社會的效用滿足等等。自從人類開始有文明之後，即便是好幾千年前交通不便的封閉時代，亞洲、歐洲、非洲都還是各自發展出自身的經濟活動並且不斷在演變和擴大，雖然每個人都身處不同的地理區域，但所有的經濟活動都指向一個共通目標，那就是資源利用的效率化，而歐洲，就是將經濟活動形成系統化的學問及快速發展的重要推手！

在這個章節中，將根據林鐘雄先生《歐洲經濟發展史》（三民書局，一九八七年）的研究稍加改變，把歐洲經濟發展大致分為五個階段：

▶ 歐洲經濟發展的五大階段

第一階段	第二階段	第三階段	第四階段	第五階段
古希臘、羅馬帝國時期的地中海經濟	羅馬帝國時期	黑暗歐洲封建時期、文藝復興	海權經濟擴張、工業革命	現代歐洲的誕生

第一階段是古希臘及羅馬帝國時期的地中海經濟；第二階段是羅馬帝國時期的歐洲；第三階段則是黑暗歐洲封建時期與文藝復興等運動；第四階段是海權經濟擴張及工業革命；第五階段是現代歐洲的誕生。

從這五個階段的經濟歷史故事中，讀者將更了解歐洲經濟的思維底蘊、更能理解歐洲這個多元世界。

全球經濟及政治哲學的發源地：歐洲基礎經濟思維的影響與拓展

人類是個很奇妙的物種，看似主宰了整個世界，但從生物的本能來看，人類的小嬰兒卻是最脆弱的生命體，不像其他生物在短短幾個月內就可以獨立甚至繁衍後代，小嬰兒到了一歲才勉強能走，平均來說，必須受照顧到四歲以後，才開始有獨立覓食的本能，學會覓食後，也才逐漸能獨立成長，但即便如此，七歲以前的小孩肌肉量還是難以應付其他物種的威脅。所以我們人類如果沒有對後代生命的愛，人類理論上很快就會滅絕。

這些不可逆的自然法則，對人類經濟來說其實是非常重要的養分，因為我們對下一代有愛，於是有了家庭，進一步有了群體部落，再進一步有了分工及生產制度，最後產生緊固的社會或國家，甚至在過程中也產生了宗教。

而在歐洲社會發展的歷程中，宗教又和政治制度密不可分，也因為政教合一的關係，尤其是基督教的思想和後來的改革，使得歐洲的經濟思維與經濟發展得到扎實的基礎，並且在十六、十七世紀成為當時的全球霸權。所以，如果說整個歐洲的經濟發展就是一部宗教與哲學思維的激盪，一點都不為過。換言之，要理解現今歐洲的多元發展，宗教和哲學是非常關鍵的切入點。

提到歐洲的哲學，相信多數人耳熟能詳的是蘇格拉底、柏拉圖、亞里斯多德等人，其中，對於經濟的發展，亞里斯多德可以說是相當重要的啟發者，並且至今仍深刻影響全世界。

這一切都要從上古歐洲時期講起。上古歐洲時期，又稱為古希臘古羅馬時期，因當時歐洲的政治經濟重心圍繞在地中海、愛琴海、黑海一帶，特別是巴爾幹半島。在羅馬帝國尚未成立之前，整個歐洲就像中國當時的春秋戰國時代一樣，小城邦林立，只有希臘半島有較先進的工藝技術和政治經濟管理制度。

當時在半島上有三個較為強大的城邦，由北而南分別是，馬其頓、雅典、斯巴達，可以說是當時其他小城邦所結盟的盟主。農業活動是古希臘最主要的經濟來源，但雅典和馬其頓土地較貧瘠，因此與當時中亞及兩河流域地區的貿易相當頻繁，特別是雅典，用高雅精緻的工藝品來和中亞城邦交換小麥，而當時雅典所產的銀幣，無論是純度和品質都相當出色，更是交易的重要媒介，雅典也是當時最繁榮的商業貿易大城。

不只是工藝技術的輸出，古希臘被稱為西方文明的發源地並非空穴來風。亞里斯多德可以說是政治學和經濟學的先驅，尤其他盛讚理性的生活，對於邏輯思考的辯證大力推崇，不僅在哲學及倫理學上有偉大的地位，亞里斯多德的教學更影響了亞歷山大大帝與羅馬帝國的文化。為何在這裡要提到倫理學？什麼是倫理學？

先回答第二個問題，簡單來說，倫理學並不是要你遵守各種生活規範或敬老尊賢等規則，它是一種對於人類行為是否合乎道德的思辨的學問，或更進一步來說，是一種人類如何追求「善」的學問。舉例來說，我們大家很熟知孔融讓梨這個故事，在台灣，許多老師會說這是一種兄友弟恭的表現，希望大家都能學習，但如果這個故事的真實狀況是大的梨子其實比較難吃，那我們該怎麼評斷這件事呢？或許大家會改成指責孔融虛情假意，但站在倫理學的角度，我們可能還是要評斷孔融在做這件事情當下的「初心」，也就是後來所謂的「道

▶ 古希臘時期的重要城邦

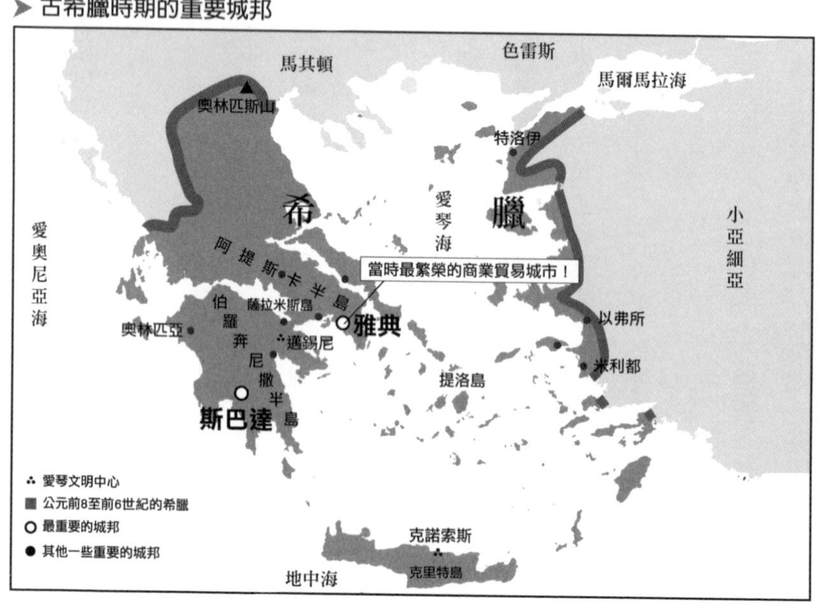

德義務論」或「道德目的論」。

回頭來看，那為何要提到倫理學呢？其實，在亞里斯多德那個年代，西元前三五〇年，政治和經濟學的概念才剛萌芽，並沒有很明顯的分家，因為政治和經濟學都涉及到一件事情，那就是資源的分配和利用。簡單來說，當時希臘各城邦多有自己獨立的財政系統，但城邦的資源從古至今都極其有限，所以這些資源要放在哪裡？怎麼放？哪個地區先放？我們又該如何決定這些順序？以上這些問題都圍繞在「權力」的使用，這便成為了今日政治學的學術發展基礎；另一方面，經濟學也是如此，亞里斯多德提出的這些政治概念，如果用在一個家庭或單獨一個人身上，那就是大學經濟系在探討的效率、效用等問題。當時並沒有豐富的數學、沒有微積分、沒有線性代數、更沒有統計公式，因此，倫理學的思辨，幾乎可以說是政治經濟學科的治學方式，甚至今日的經濟學界，「規範經濟學」這一門仍延續了倫理學思辨的傳統，而有經濟學之父之稱的亞當斯密，也曾經出過一本《道德情操論》來奠基他的經濟學思維。

既然倫理學是探討「善」的學問，亞里斯多德又把「理性」作為一種美德，因此，「理性人類的行為抉擇」就成為一個大哉問，也變成經濟學永恆不變的學術討論。不僅如此，從理性這個概念出發，亞里斯多德將人類的理性定義為「獲得成就」，他順勢提出兩個很重要的經濟行為概念——「社會分工」與「貨幣經濟」。社會分工的概念其實延續了他的老師柏拉圖的大部分看法，人必須適性而為，因此，亞里斯多德更強調「奴隸制度」必須合理，他曾說道：「如果一個人天生因為當奴隸可以獲得成就感，或者他天生就適合當奴隸，那他就可以從事奴隸工作。」這項說法雖然認同奴隸制度對社會經濟是有所幫助的，但並非鼓吹蓄奴，而是強調貴族階級不應該任意將人視為奴隸；另外一個就是「貨幣經濟」，亞里斯多德認為人對於貨幣的追求和累積是一種貪婪的表現，對社會或國家發展並不利，錢不僅買不到幸福，還會引起相當多紛爭，這不是好的經濟發展，因此鼓吹小範圍的市場交易而非大市場，不僅如此，他也對於貨幣價格的合理性提出批判，人類應當追求公正合理的價格。

古希臘時代歐洲各地區其實最頻繁的經濟行為還是停留在以物易物，亞里斯多德的這兩項經濟見

➤ 亞歷山大帝國（馬其頓王國）的疆域

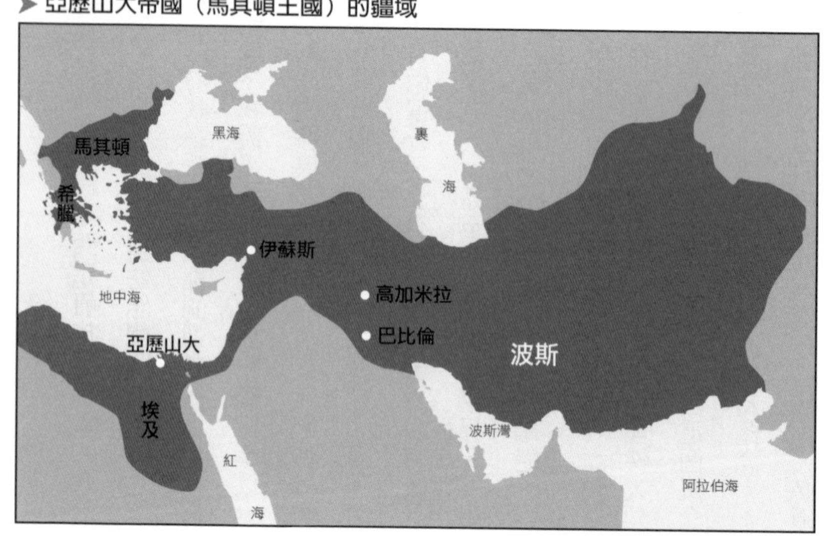

解固然與我們現代的價值觀有相當大的差異，但無庸置疑，他指出了歐洲後續二千多年發展的重要因素——勞動與貨幣，歐洲屢次的改朝換代幾乎就是這兩個因素的縮影，無論是貴族與奴隸之間的鬥爭、國家之間彼此的掠奪、宗教與科學之間的矛盾等，都可以看到亞里斯多德思想的影子，直到十九世紀工業革命後，歐洲才逐漸走向現代我們認知的歐洲社會。不僅如此，亞里斯多德提倡的理性主義，也帶來歐洲科學、藝術、宗教、社會學科等基礎，亞氏對於歐洲文明的重要性實在難以言喻。

古希臘城邦後來由馬其頓王國一統天下，這位征服者就是赫赫有名的亞歷山大大帝，他師承亞里斯多德，成人後接掌大權，並建立了橫跨歐亞非三洲的大國家，也讓希臘的哲學、藝術、政治、經濟等文化傳入現今的中亞、東歐一帶，馬其頓王國一共有長達一百五十年的發展，直到西元前一八〇年開始才走入衰敗。

羅馬帝國時期的分分合合：金融及商業管理制度的影響

與馬其頓王國同時期發展的另一隻歐洲勁旅，就是古羅馬帝國。羅馬帝國壽命相當長，但也是分分合合，如果從其前身羅馬共和政府算起，一直到東羅馬帝國滅亡，整個羅馬帝國歷史可從西元前七五三年一直存續到十五世紀初，一段長達兩千年的發展，幾乎可以和整個上古歐洲的發展畫上等號。

古羅馬共和政府成立於西元前五世紀左右，類似現在美國的邦聯制度，也是由各個城邦聯合組成一個中央政府，共和政府成立後，便開始陸續征服義大利半島、法國南部、伊比利半島等地，形成和馬其頓帝國相抗衡的地中海霸權，到西元前六〇年，聞名遐邇的凱薩竄起，他集軍政大權於一身，並致力於征戰各地，而羅馬共和國終於在西元前二七年吞併了整個馬其頓帝國，當時的將軍屋大維推翻凱薩及羅馬共和體制，正式建立羅馬帝國，至今拉丁語系成為國際最多國家使用的語系，便與羅馬帝國的擴張息息相關。

羅馬帝國的疆域

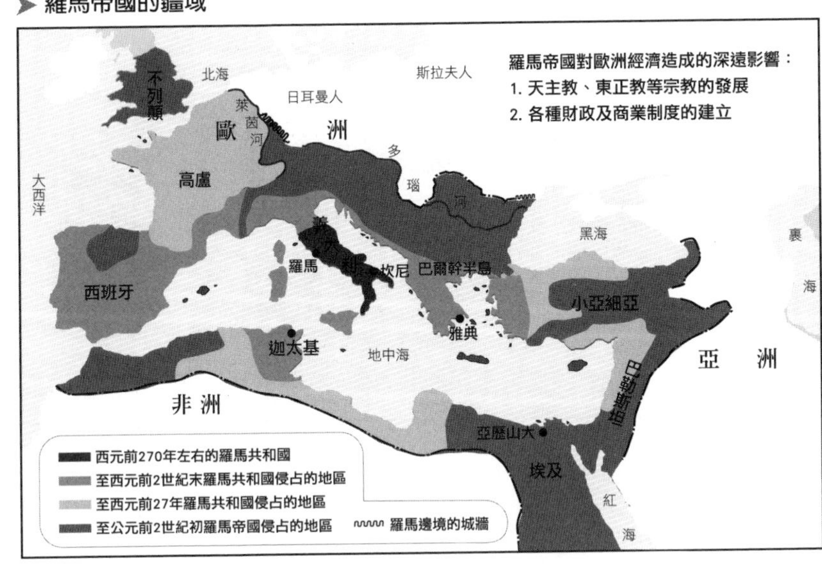

要詳細介紹整個羅馬帝國的分分合合，可能寫上整整一本書還不夠，但在這將近兩千年的統治之下，有兩件事對歐洲經濟有著相當重要的影響：第一件事便是天主教、東正教等宗教的發展；第二件事就是各種財政及商業制度的建立，也就是許多人耳熟能詳的民法起源——「羅馬法」，這部法典在東羅馬帝國查士丁尼一世時頒布，俗稱「查士丁尼法典」。

羅馬法的前身為共和國時期所提的「十二銅表法」，主要內容包括傳喚、審判、求償、家父權、繼承及監護、所有權及占有、房屋及土地、私犯、公法、宗教法、前五表之補充、後五表之補充等十二篇，羅馬法除了吸收「十二銅表法」，還編纂了「法學學說」、「新憲法」等章節。若我們仔細觀察這幾個章

➤ 羅馬法所隱含的現代金融與商業規則

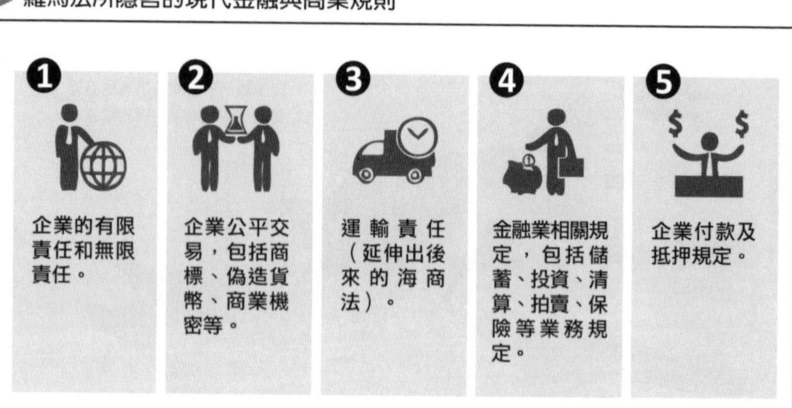

節，不難發現，羅馬法已經含有現代刑、民法訴訟的概念，還有賦予法院獨立審判的保障及法律之前人人平等的原則。但整部法典最重要精神的其實是在於保護「私有財產」，其中「契約」和「債權」是最為重要兩項支柱。羅馬法的影響不僅如此，更進一步來想，其實「私有財產」的保護便是資本主義的精神，契約就是信用，債權就是債務來往的權利義務，這三個概念合而為一後，金融、商業管理制度就此誕生。當然，這並不是意味著羅馬法一次就讓所有商事規則全部到位，但全世界的金融商業受到羅馬法的影響，至今其實都還持續著。

其實早在羅馬共和時期就已經有金融行業的出現，當時的希臘各城邦和羅馬共和政府一樣，常常必須向民間舉債來擴充財政，特別是軍隊所需，像凱薩就是很有名的舉債大王，曾經借了很多錢來選舉和打仗，但就像亞里斯多德所說的，過度追逐貨幣累積的政治和社會氛圍，其實就是一種惡性循環，最終會導致政府崩壞。這句話並非空穴來風，在古希臘和古羅馬時期，各城邦主要採取銀本位制，金、銀幣由中央政府鑄造，通常都是混合交雜在一起，而一般市場交易用的銅幣則由各城邦自行生產，但金銀銅礦的採集和製作速度、品質，都成為當時金融市場一大頭痛問題，甚至造成借貸利率差異性甚大，貨幣供給往往跟不上需求，金融家如同現代地下錢莊，對平民產生很多生活上的壓迫，當時還不起錢的人，最後都淪為奴隸被拍賣。

回顧十二銅表法的誕生，雖然某種程度上，該法阻止了許多不合理的金融行為，也部分阻止了欠債被賣去當奴隸的陋規，但依然沒辦法阻止上述銀本位制的惡性循環。這個惡性經濟問題可以從當時社會結構看出端倪，古羅馬共和時期階級分明，貴族負責政治、經濟、金融、軍事等責任，但貴族們為了維持統治階級，就必須畜養很多奴隸來挖礦或從事各種建築、農業等生產行為，奴隸也是貴族的財產之一，所以幾乎不存在私有財產，這又導致社會貧富差距相當懸殊；另一方面，因為當時挖礦和鑄幣的效率極差，且勞動力的需求相當大，透過戰爭從事掠奪就變成最具效益的方式，然而，戰爭過後，因為要恢復開墾及統治管理，勞力需求大增，貨幣需求又上升，征服者往往對於戰敗城邦採取不合理的高稅率政策，並且將戰俘作為奴隸使喚，最後貴族與奴隸之間又起風波，周遭國家虎視眈眈，就又必須再靠武力和戰爭來解決這些政治經濟問題。

古羅馬帝國在西元四世紀末分裂成東、西羅馬帝國，西羅馬帝國一直都處於國力積弱不振的狀態；另一邊東羅馬帝國，西元六世紀羅馬法的出現則穩固了整個帝國的發展，也讓東羅馬帝國的聲望在西元十世紀左右達到巔峰。只可惜，人性最醜陋的一面，仍然無法因為法律的建立而有所改變，除了勞動及貨幣問題，後來因為東西羅馬帝國分裂，也間接導致宗教的問題，最終還是引發多次宗教戰爭，其中最有名的便是「十字軍東征」，東羅馬帝國夾在西邊羅馬教皇的政爭及東邊鄂圖曼土耳其的威脅之間，十五世紀初，東羅馬帝國正式落幕。

➤ 古羅馬帝國的分裂

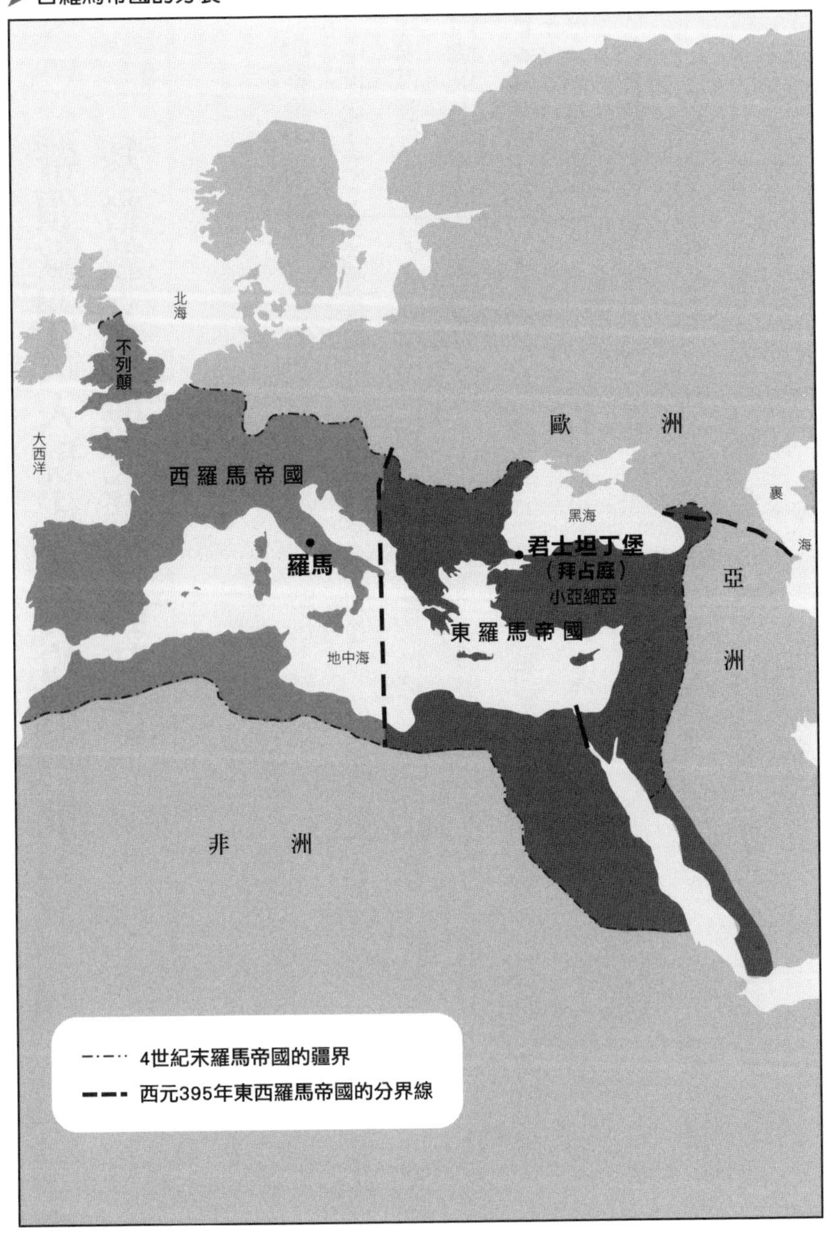

北海
不列顛
大西洋
歐洲
西羅馬帝國
羅馬
黑海
君士坦丁堡
（拜占庭）
小亞細亞
裏海
亞洲
東羅馬帝國
地中海
非洲
4世紀末羅馬帝國的疆界
西元395年東西羅馬帝國的分界線

帶領歐洲踏入現代文明的第一步：基督教文化與文藝復興時代

如果說中世紀歐洲是一部基督教文化史，一點也不為過。

中世紀初期，雖然東羅馬帝國仍維持其帝國的強盛，但整個中西歐在西元十一世紀左右卻進入長達兩百多年的黑暗大陸時期，但有黑暗終究會看見光明，十四世紀後，文藝復興與啟蒙時代成為歐洲歷史上一連串思想躍進的時代，這一切歷程其實都與基督教的發展息息相關。不過，文藝復興與啟蒙運動並不是由基督教教會所發起的改變，反而是起因於對基督教守舊思想的反動所造成。但話又說回來，歐洲能躲過中古黑暗時期的紛亂，教育、典籍及文化資產得以保存延續並產生後續發展，基督教其實更功不可沒。到底孰是孰非，或許正是歷史總為人津津樂道的原因。

當然，這些思想躍進對於經濟發展也有著非常重大的影響，關鍵就在於科學與技術，連帶使得經濟生產效率更上一層樓，後續更開啟了大航海時代與工業革命，毋庸置疑，文藝復興及啟蒙運動確確實實是歐洲現代文明的第一步。

在古希臘及羅馬時期，也就是西元前，歐洲內部的宗教其實和台灣民間信仰類似，屬於多神信仰系統，當時古羅馬共和國深受當時希臘文化的影響，因此產生類似的神話體系，像是大家最熟悉的希臘諸神如宙斯、阿波羅、維納斯等等，都是受到當時人類所膜拜的對象；北歐也有自己的神話，像是雷神索爾、奧丁等等。這樣的信仰系統一直到西元一世紀後，以色列的猶太教信仰出現變革，基督教從中誕生並逐漸被西亞當地人民所接受，後來在西元二世紀前傳入當時的古羅馬帝國，也成為最為普遍的民間信仰宗教，而基督教教會因此成為相當有政治影響力的團體。

終於在經過一連串與皇室的鬥爭之後，於西元三九四年，當時羅馬帝國國王狄奧多西正式宣布基督教成為羅馬帝國的國教，從此結束了歐洲多神信仰系統，並且為「君權神授」說揭開了序幕，基督教自此與歐洲歷史發展密不可分。至今，義大利羅馬最著名的觀光景點梵蒂岡，就是為保留基督教精神而劃分出來的國中國，不僅獨立自主，梵蒂岡教宗對於基督教世界還一直有著很高的政治影響力。

隨著羅馬帝國分裂，基督教也產生了分裂，東、西羅馬帝國各立教宗，東羅馬帝國的基督教信仰後來被稱為「東正教」，而西羅馬帝國則稱為「天主教」，雖然同樣出於對耶和華的信仰，但兩者在教義的解釋上仍有顯著分歧；第二次重要分裂則是在啟蒙時代，此時天主教的保守及墮落受到當時民間的質疑，馬丁路德就曾大力批評「贖罪券」的販賣，在西歐各地因此產生許多新教徒，並成立各種不同的新教教會，直到英國亨利八世假借婚姻之名，正式脫離羅馬天主教宗且成立英國國教，新教才逐漸成為一股新的宗教力量（這裡值得一提的是，在華文世界裡，基督教一詞後來逐漸成為新教的代名詞，用來區隔天主教及東正教，本書為了方便閱讀，也將沿用華文習慣用詞）。

西羅馬帝國滅亡後，北方的日耳曼民族先後在這塊土地上建立不同的王國，包括東西哥德王國、加洛琳王國等等。日耳曼人其實是一個統稱，其下還細分許多族群，其中法蘭克人，在西元十世紀初獲得羅馬教宗的認可，正式於今日德國及奧地利一帶成立神聖羅馬帝國，與東羅馬帝國相抗衡，直到拿破崙的出現才滅亡。雖然外表上是一個帝國，但神聖羅馬帝國其實政治管理相當鬆散，到處分封功臣貴族領地，而領地之間彼此誰也不服誰，法國思想家伏爾泰曾這樣評價她：「既不神聖，也不羅馬，更非帝國。」所以在當時，這種封建莊園制度取代了中央集權，像是日本戰國群雄割據那樣，各貴族都有自己的受封領地，彼此合作但更多的是互相防備。這些領主（諸侯）也向封臣（國王）提供兵役和繳納貨幣與實物，因此每位領主必須大量購買奴隸或培養騎士軍團等，歐洲很多古堡就是為了因應當時的封建社會而蓋，跟日本許多城池類似。此外，在城內的農奴或軍人，則受到很多的階級不平等待遇，上古歐洲時期剝削及壓榨的社會氛圍又再次降臨，此時，天主教便成為當時歐洲最重要的生活精神支柱。

政教合一後，天主教雖然持續不斷捲入各國君主的政治鬥爭中，甚至發起十字軍東征欲征服來自西亞地區的異教徒，但另一方面，天主教為保存其傳統及宣揚理念，因此，在成為羅馬帝國的國

➤ 西羅馬帝國的滅亡

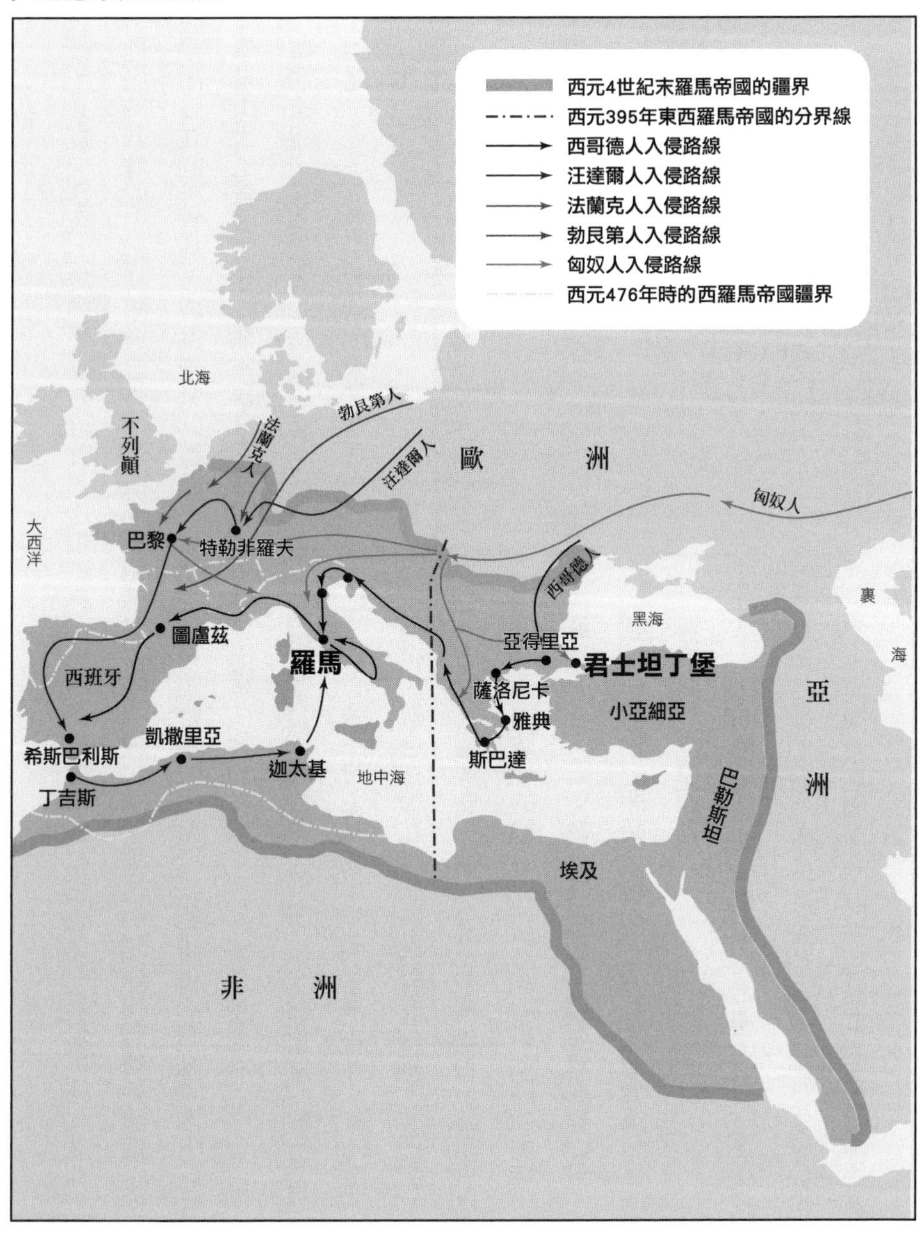

西元4世紀末羅馬帝國的疆界
西元395年東西羅馬帝國的分界線
西哥德人入侵路線
汪達爾人入侵路線
法蘭克人入侵路線
勃艮第人入侵路線
匈奴人入侵路線
西元476年時的西羅馬帝國疆界
北海
不列顛
法蘭克人
勃艮第人
汪達爾人
歐洲
匈奴人
大西洋
巴黎
特勒非羅夫
西哥德人
裏海
黑海
亞得里亞
君士坦丁堡
圖盧茲
羅馬
薩洛尼卡
西班牙
亞
小亞細亞
雅典
希斯巴利斯
凱撒里亞
迦太基
斯巴達
地中海
洲
丁吉斯
巴勒斯坦
埃及
非洲

教之後，其實一直致力於神學士的培養，連帶經典古籍、文化古物都被完整保存下來。除此之外，在各地區的教會除了禮拜集會之外，也成立類似讀書會的組織，將聖經裡的知識和各種神喻與古希臘哲學融合並向外宣傳，成為學堂的雛型，也就是「經院哲學」，至今我們還可以看到東西方有許多大學是由天主教會成立，都與教會本身的信仰息息相關。

整體來說，教會系統在這個黑暗時期發揮了兩項重大經濟功能，第一、人力素質的維持及提升。透過「經院哲學」的制度來推動各種思維，是「唯心論」的主要發達時期；第二、社會秩序的穩定。教會持續在這個階段發揮其救濟的功能，一方面宣揚理念、擴大信仰範圍，另一方面也協助帝國內政經的穩定。而從十一世紀開始的中古歐洲，在人力資源及文化教育的有效保存之下，到了十四世紀開始出現相當大的思想變革——文藝復興和啟蒙運動。

➤ 教會系統的兩大經濟功能

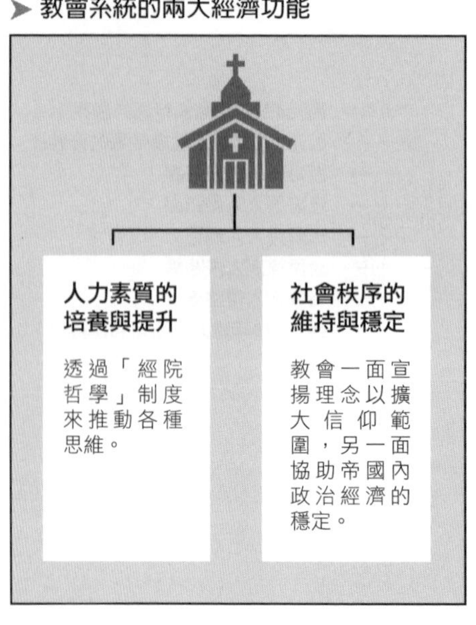

十四世紀初期，東羅馬帝國國力已逐漸式微，伊斯蘭教為主的阿拉伯國家逐侵入歐洲世界，而同時期的中西歐封建制度的紛亂卻逐漸

穩定下來，特別是在西元十三世紀英國頒布大憲章之後，不僅奠定現代國家的政治基礎，也成功規範君主和平民之間的權利及義務關係；約略同時，法王腓力二世降服許多封建領主，逐步恢復中央集權並力推財政制度化，至此，現代英國、法國及德國（神聖羅馬帝國）的雛型就此產生；另一方面，羅馬天主教會發動多次十字軍東征均告失敗，天主教會受到相當多的責難，並且爆發多起貪瀆事件，歐洲的政治經濟重心遂從東羅馬帝國移往西歐，直到今日西歐都還是穩定地擔任整體歐洲國家的政經支柱。

這樣的局勢動盪對整個歐洲經濟來說，產生了兩個很重要的動力，首先就是知識份子對於天主教會的批判，特別是義大利羅馬的知識份子，企圖恢復古希臘羅馬的傳統美德。這些批判具體呈現在各學科，造就了各種技術大幅度的進步，像是天文學的發展，到了十六世紀哥白尼終於推翻了以地球為中心舊觀點，其他如數學、醫學、物理學、藝術、航海都有很大的進步，其中最重要的莫過於哲學家培根所提倡的經驗主義，再度掀起理性主義的探討，對後來宗教改革和啟蒙運動有很深遠的影響；第二個經濟動力就是資本的形成，封建制度瓦解之後，許多貴族雖失去領地但轉而變成資本家，此時勞動力獲得解放，專業雇工生產的方式逐漸流行，資本流入工業發展，而不再只專注在過去的國際貿易，因此像是紡織業、印刷業、工程技術等，都有長足的進步。此外，也由於資本家的出現，使得文化藝術得以發揚傳遞並且融入歐洲生活，史上相當有名的佛羅倫斯共和國的梅迪奇家族，在十五世紀文藝復興時期幾乎富可敵國，從銀行到工廠全部包辦，甚至有現代歷史學者給予「文藝復興教父」的稱號。這些知識、技術、藝術、宗教思想批判、資本分工等互相的交雜影響，並且致力於人文社會問題的批判氛圍，歷史上稱為文藝復興運動。

學術上並沒有文藝復興明確的開始與結束年代，整個歐洲最後也並非走向古希臘羅馬的價值傳統，反而開創了許多新局面，並且留下了許多各種不朽的人文作品，文藝復興確確實實是歐洲文明突飛猛進的一個輝煌年代，更是歐洲列強在十八世紀能夠稱霸全球的一個很重要的變革開端。

大航海時期的歐洲：海權經濟擴張及工業革命

十五世紀中，東羅馬帝國正式被來自伊斯蘭世界的鄂圖曼土耳其帝國所滅亡，而這股來自東方的新強權也一路兼併了北非、中東、南歐等地中海沿岸重要的國家，形成橫跨歐亞非的大帝國，並且穩定維持了五百多年，直到第一次世界大戰結束。

帝國成立的同時，歐洲政經中心已經轉移至西歐各國，並且因為文藝復興運動使得資本家快速地成長和發展，但尷尬的局面也因此出現，由於宗教信仰及人種的不同，鄂圖曼帝國掌控了地中海各個海峽的咽喉，這些西歐資本家為了突破這層貿易枷鎖，加上當時天文學與醫學技術不斷進步，於是海上探險在十六世紀初成為歐洲各國躍躍欲試的大投資。

其實早在漢朝時，歐洲各國藉由絲綢之路已經認識到東方國家的存在，到了十三世紀末，著名的傳教士馬可波羅，用筆精準地寫下當時元朝及南洋的各種社會樣貌，對當時資本家來說是非常大的鼓舞；緊接著是十五世紀初的鄭和下西洋，雖然鄭和並沒有成功抵達地中海，但關於印度、中

➤ 東羅馬帝國的滅亡和鄂圖曼土耳其帝國的崛起

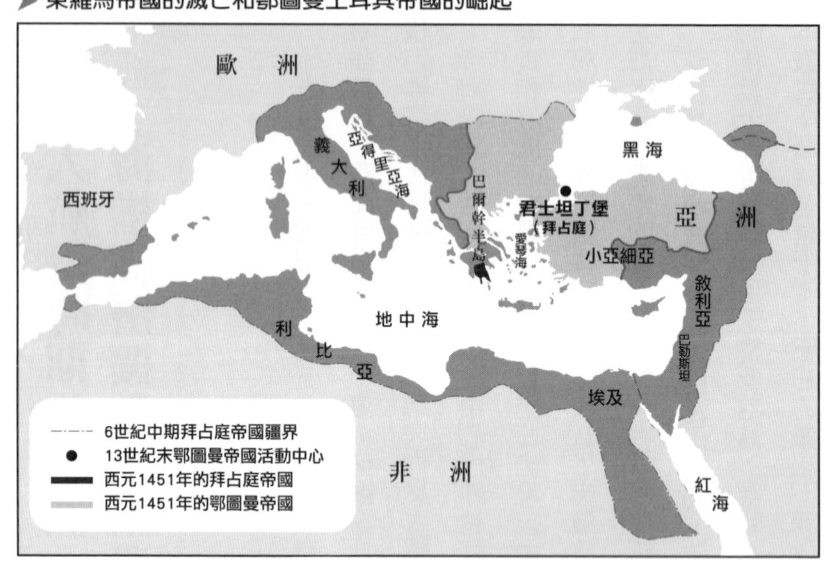

東、東南亞等地資訊，已悄悄開啟了歐洲各國的興趣，於是這些資本家開始在思索各種與東方貿易的可行路線，在當時，陸運固然是成本較低的一種方式，不過陸運貨運量很小，且更容易遇到各種地形、搶劫或政治問題，所以海運就變成了資本輸出最為重要且最安全的管道。

首先起身而行的便是連接地中海和大西洋的西班牙王國，在十五世紀中首先發現南非好望角，讓商船進入印度洋前有一充分的補給及轉運地，十五世紀末的航海家達伽馬因此成功開闢印度航路；再來就是十五世紀末的哥倫布發現美洲新大陸，這對人類歷史演變相當重大；最後就是十六世紀初的麥哲倫環球遠航，完成了世界航路的雛形。

這些地理大發現對對當時歐洲來說極為重

要，無論是美洲、非洲、亞洲的航點，國際貿易固然是一個重點，但之前有提過的貨幣累積和勞力需求一直是歐洲各國不斷在追求的資源，透過海權的擴張，這些問題得到了緩解，殖民熱潮就從十六世紀末開始被歐洲各國重視。像非洲就是主要的金銀礦產區，歐洲也因此開始出現販賣非洲奴隸；美洲地區則是糧食和鐵礦產的主要來源，並且也成為歐洲中產階級移民的熱點，所以很多南美洲國家都說西班牙文或葡萄牙文，就跟這時期的拓展有關；南洋一帶則成為海上貿易最重要根據地，不僅是往來中國貨物的集散中心，更提供歐洲欠缺的香料及戰略位置，東南亞成為兵家必奪之地，海權強國在此發動的戰爭次數並不亞於歐洲本土。

大航海時代是歐洲相當重要的經濟發展時代，歐洲對於全球政治經濟影響力就從十六世紀開始一直持續到二十世紀二戰後才有改變。大航海時代在經濟上除了讓歐洲獲得穩定的各種資源及貿易之外，更重要的一層意義就是造成資本大輸出。由於大量資本想要投入市場，資本必須爭取經濟效率，資本更需要擺脫政治管制，於是也間接地持續推動文藝復興所帶來的思想革命，更持續為歐洲各國注入相當重要的技術成長，這就是十七世紀啟蒙運動及十八世紀工業革命。

這一連串的經濟變革並非偶然，資本和技術可以說是相輔相成，就跟現代社會一樣，所以先進國家都很在意研發的投入。啟蒙運動的發展除了延續宗教改革的問題之外，更重要的原因在於當時資本家也同時對宗教限制和君主束縛有所反抗，社會自然而然形成一股對政治和經濟自由的渴望，

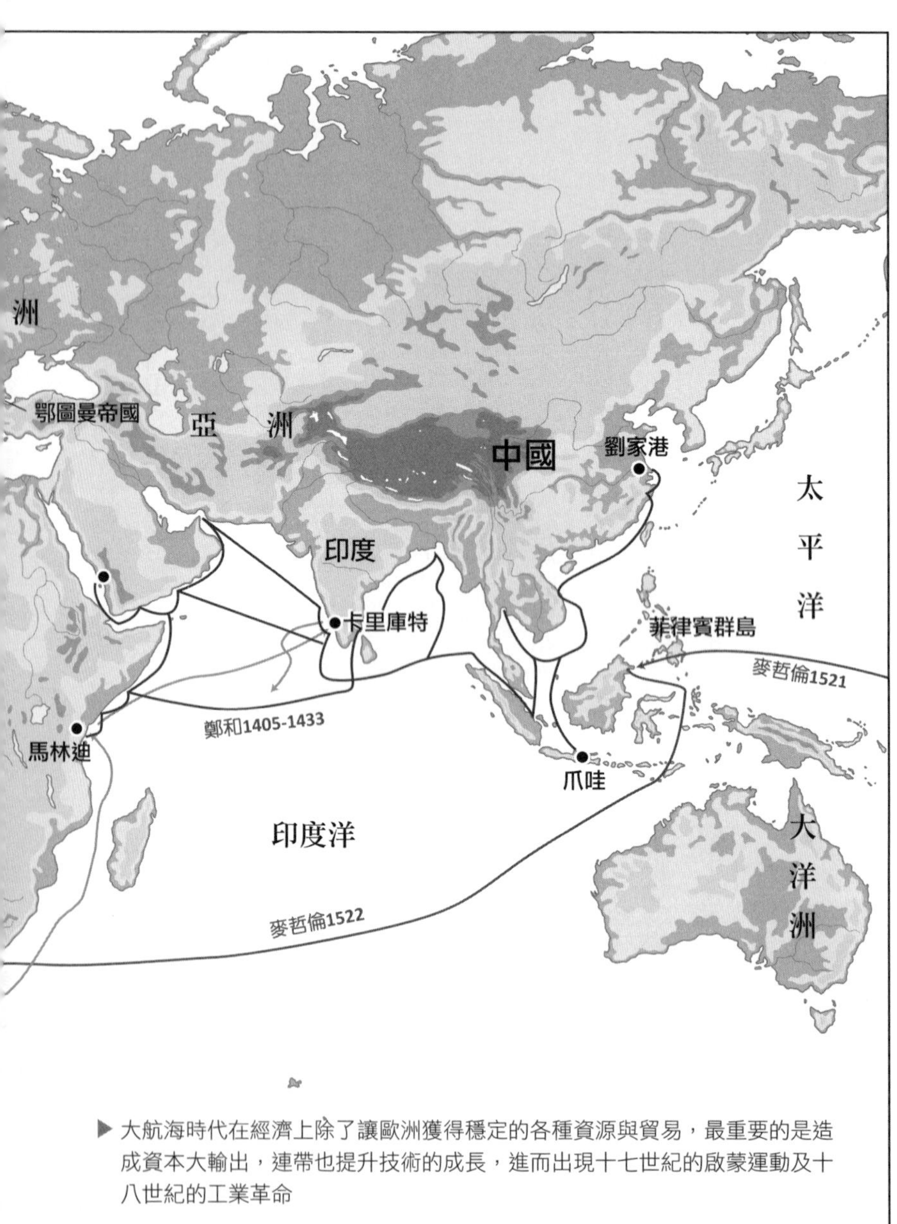

▶ 大航海時代在經濟上除了讓歐洲獲得穩定的各種資源與貿易，最重要的是造成資本大輸出，連帶也提升技術的成長，進而出現十七世紀的啟蒙運動及十八世紀的工業革命

➤ 大航海時代的地理大發現

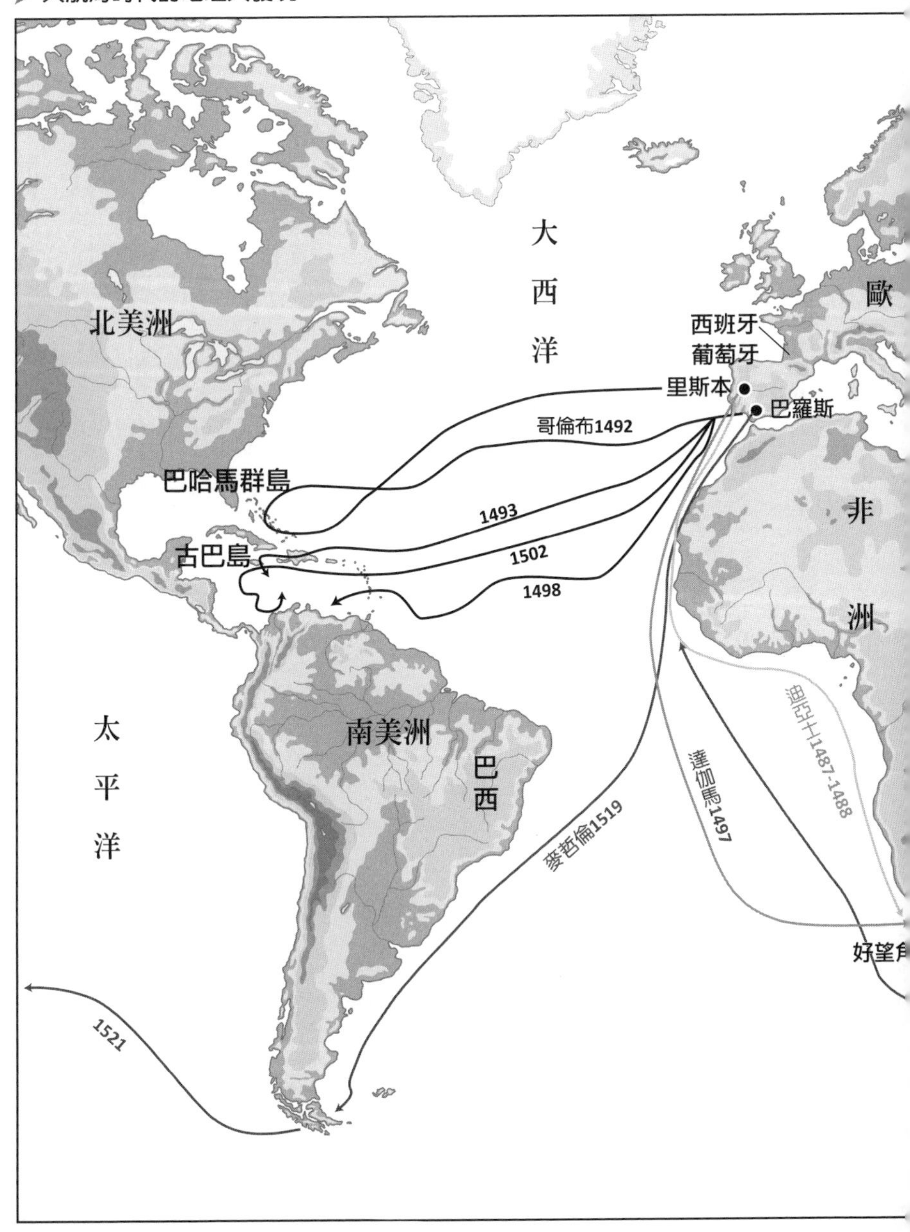

也產生了對全世界影響甚鉅的許多事件，像是法國大革命、美國獨立運動等。另一方面，也由於思想的解放，尤其是理性主義從文藝復興時代以來所產生的浪潮，數學、物理、化學、醫學都有非常大的進步，牛頓就是這時期科學發展最具代表的人物，當然，牛頓更是人類文明發展重要的巨人。在社會科學方面，亞當斯密於一七七六年寫下《國富論》一書，將自由主義和經濟發展的原理彙整成冊，除了主張個人自由主義的重要性，亞當斯密更強調私有財產的必要，以及嚴厲批判政府不當管制對經濟發展的傷害，為後期海權的發展提供強而有力的論點，並讓金融貨幣等發行有原理可循，他的學說大大穩定住貨幣與勞動問題，為資本主義開啟一道永恆大門，「經濟學之父」並非浪得虛名。

十六世紀大航海時代到十七世紀的啟蒙運動，也是歐洲金融業方興未艾的一個年代，尤其股票的發行是一個很重要的經濟發展里程碑。曾經實力雄踞整個南洋的「荷蘭東印度公司」最初由十四家公司合股而成，並且在一六〇二年荷蘭政府為此開設阿姆斯特丹證券交易所，荷蘭東印度公司就是歷史上第一個對外發行股票的公司，也就是現在的ＩＰＯ。這項創舉除了分攤資本家的風險，也讓荷蘭東印度公司在海權時代不斷有資金擴張其殖民實力。

十七世紀末，英國英格蘭銀行，也採取了向民間募資的方式來成立，英格蘭銀行除了提供政府海外殖民及商業所必須擔保的資金，更在英王特許下，取得英鎊的發行權力，另外也提供各銀行之間資金擔保及調度的功能，對金融業的幫助相當巨大。英格蘭銀行雖然不是歷史上第一家商業銀行，但卻擁有「中央銀行鼻祖」的稱號。在十八世紀後，歐洲各國均仿效英格蘭銀行成立自己的「中央銀行」，而英格蘭銀行也在一九四六年正式被收歸國有，成為名符其實的中央銀行。

有了穩定的經濟做後盾之後，在啟蒙運動浪潮之下，英國率先成立「英國皇家學會」，原先由民間贊助的科學研究社團，於一六六〇年起正式得到英國國王的特許和資助，成為不受政府拘束的獨立學術研究機構，類似我們的「中央研究院」。在一六九〇年後，法國科學院、普魯士科學院，還有聞名遐邇的瑞典皇家科學院也陸陸續續成立，一七一七年普魯士更頒布歷史第一部義務教育法，為各領地提供經費蓋學校，強迫全國兒童必須進入學校就讀。有了學術的支持，各種技術的發明和改良不斷產生，終於在一七五〇年，英國皇家學院會員瓦特成功改良蒸汽機後，為工業革命敲響第一聲。

瓦特的蒸汽機大幅改善機械輸出的功率，當時在紡織、農業、打鐵等技術上迅速取得重大突破，後人更用在交通動力的發明，尤其是鐵路運輸和動力輪船，人類文明開始進入跳躍式的發展。工業革命帶來的意義不僅是在經濟產出的效率，其實更重要在於它改變了社會分工的結構。在此之前，即便資本主義的概念已經開始萌芽，但社會大多數的勞力還是貢獻給了農林漁牧，雖然後來資本家投入工廠的生產集中化，讓農業勞力獲得解放，不過當時仍然停留在手工技術，工業革命之後，工廠勞力需求大幅增加，農業勞力大量從鄉村進入都市，第三級產業也開始蓬勃發展，尤其是

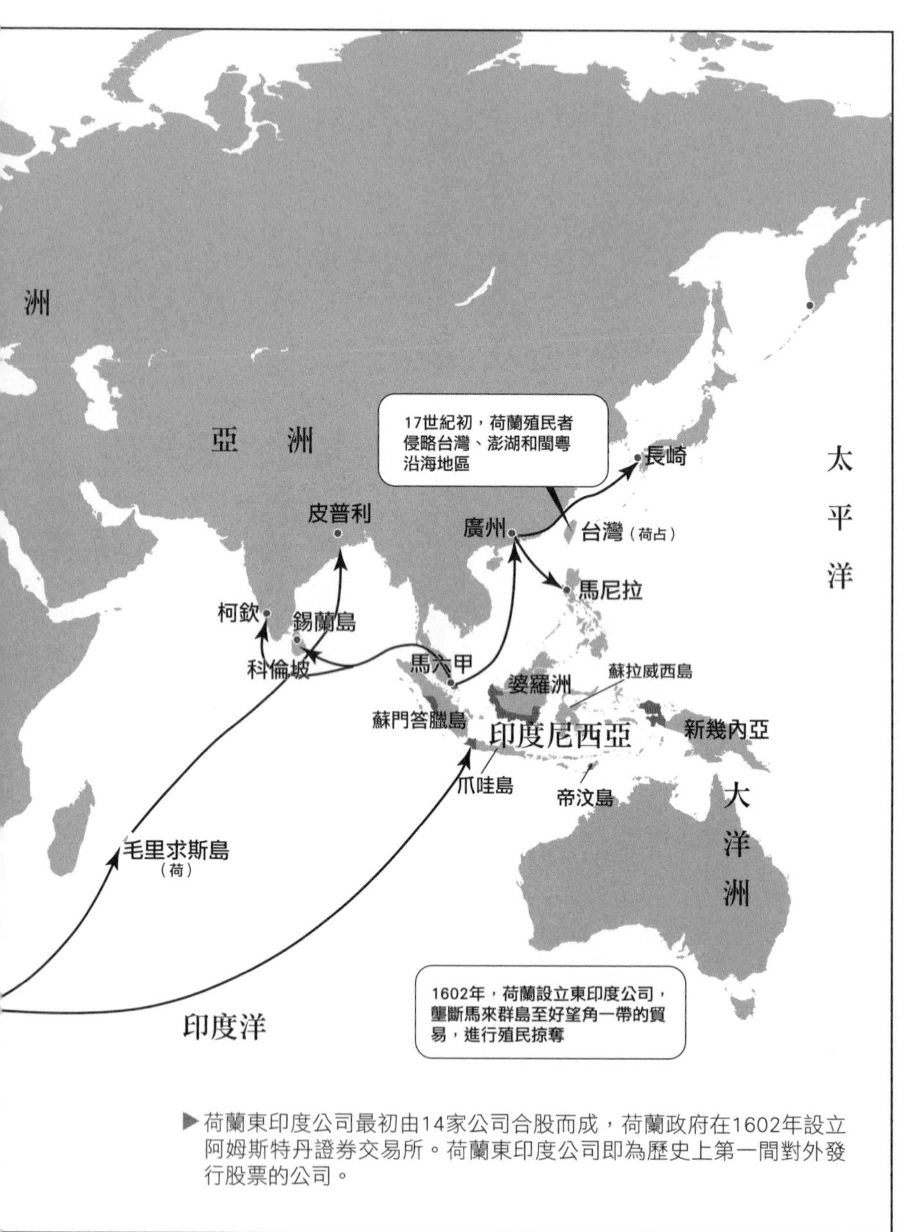

▶荷蘭東印度公司最初由14家公司合股而成，荷蘭政府在1602年設立阿姆斯特丹證券交易所。荷蘭東印度公司即為歷史上第一間對外發行股票的公司。

➤ 荷蘭東印度公司的殖民擴張

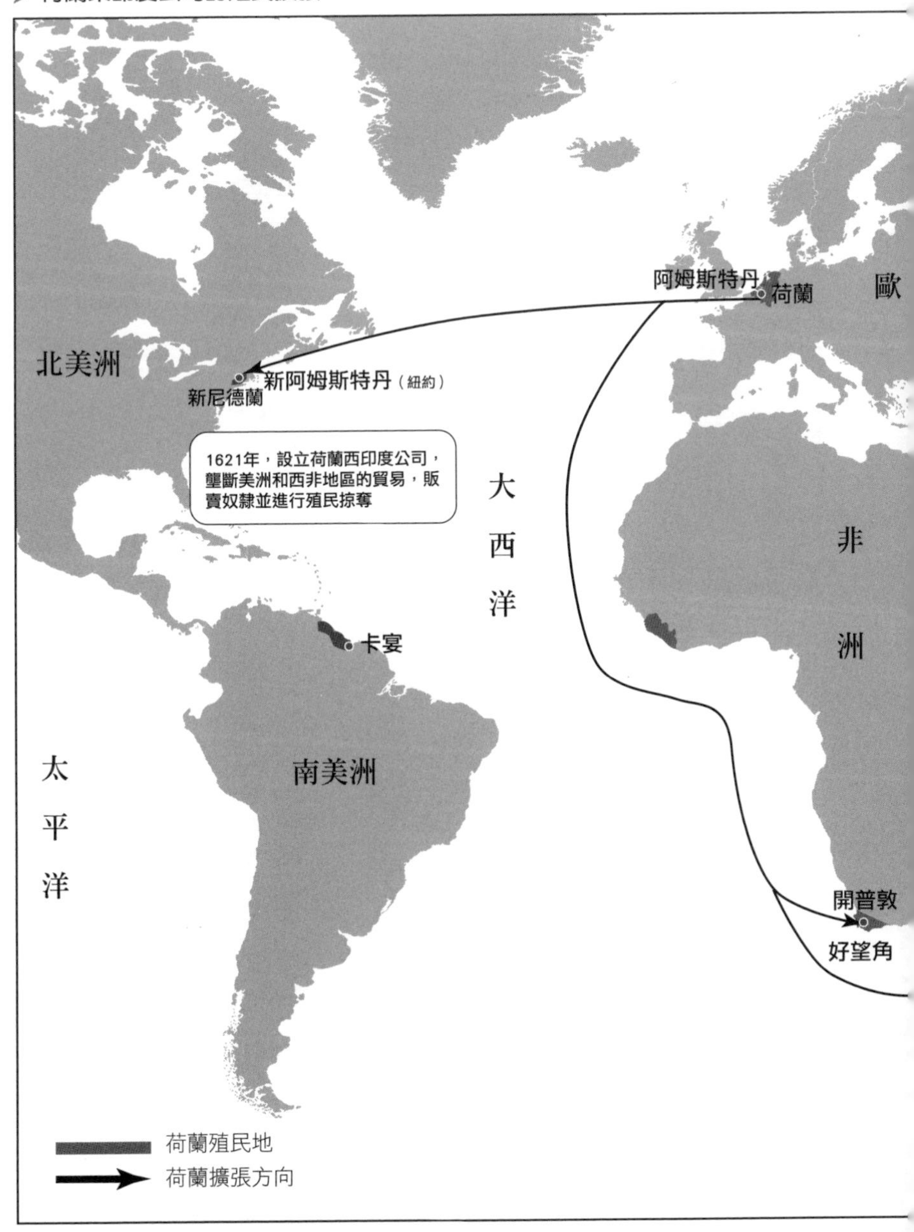

1855～1913年英國銀行及其分行家數

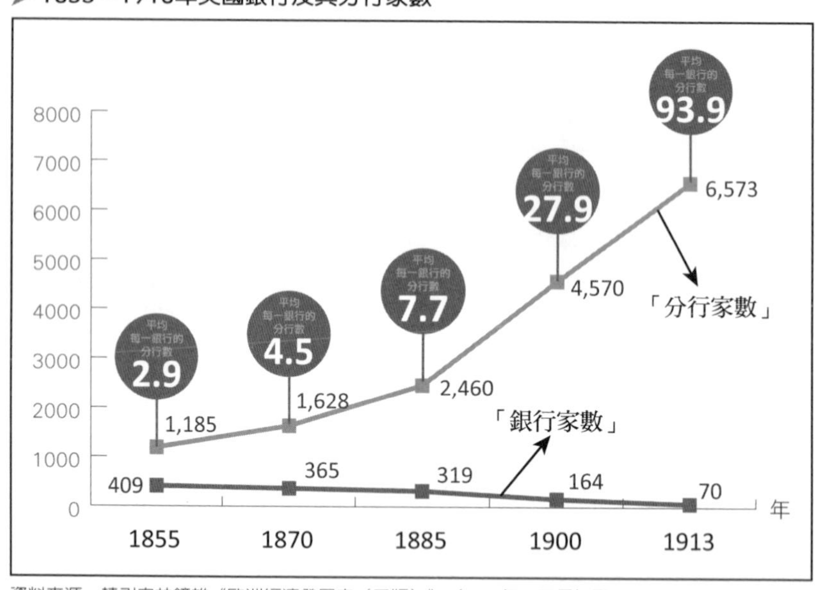

資料來源：轉引自林鐘雄《歐洲經濟發展史（二版）》（2009年，三民）頁419

餐飲業。

不僅如此，為了因應新技術，且資本家也為了更進一步發展技術，專業學科教育的需求也因此被打開。十九世紀後，各國紛紛成立大學，尤其是一八一〇年所成立的柏林大學，結合研究和教學，並賦予自治的概念，有別於過往大學多具備教會色彩，由「聖」轉「世俗」，柏林大學成為現代大學的精神標竿。至今全球許多有名的大學也多是在十九世紀中後成立。

啟蒙時代和工業革命帶來人類生活水準快速度的提升，最顯見的就是在人口增長，根據學者林鐘雄的研究，當時西歐各大國，在一七五〇年到一九〇〇年之間，人口平均增長了三倍，英國更是一口氣從七〇〇萬人增加至三六〇〇萬人，也因此，歐洲各國海外殖民的浪潮在十九世紀也達到了極盛時期，甚至包括了較內陸的俄羅斯、奧匈帝國等。此外，工業革命也意味著軍事設備的進步，坦克、艦艇，甚至飛機，陸續在十九世紀末誕生，而過去人們非常仰賴金、銀等礦產來擴充經濟實力，在這個時候，媒、鐵、銅則成為新的焦點。

正當全歐洲一切欣欣向榮的時候，人類對於貨幣和礦產資源的掠奪本質卻從未改變，進入二十世紀不久後，第一次世界大戰就從巴爾幹半島的政爭開始展開，不免令人感嘆，歷史讓人類學會唯一的事，就是人類永遠無法從歷史中記取教訓。

單位：百萬人

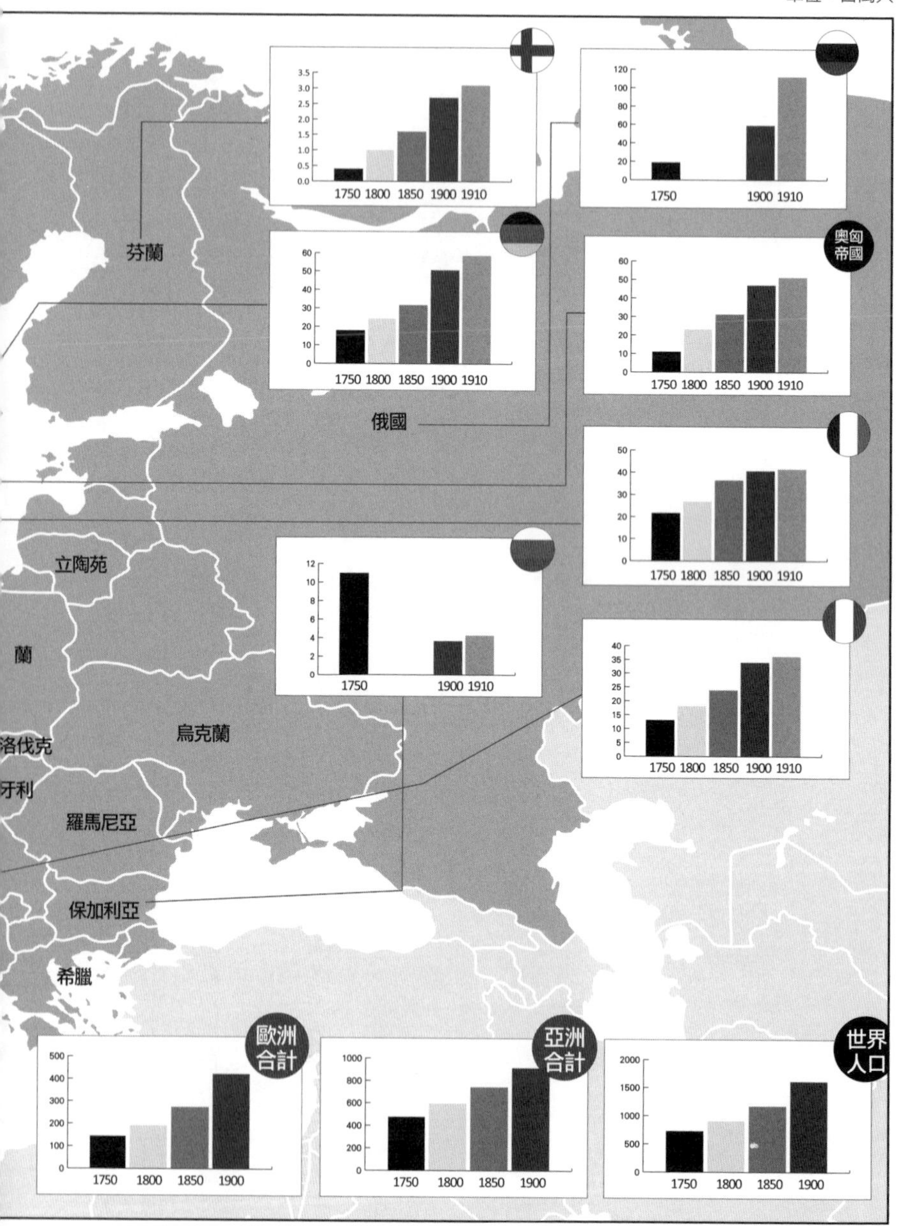

資料來源：轉引自林鐘雄《歐洲經濟發展史（二版）》(2009年，三民）頁300

➤ 1750～1910年歐洲人口的變化

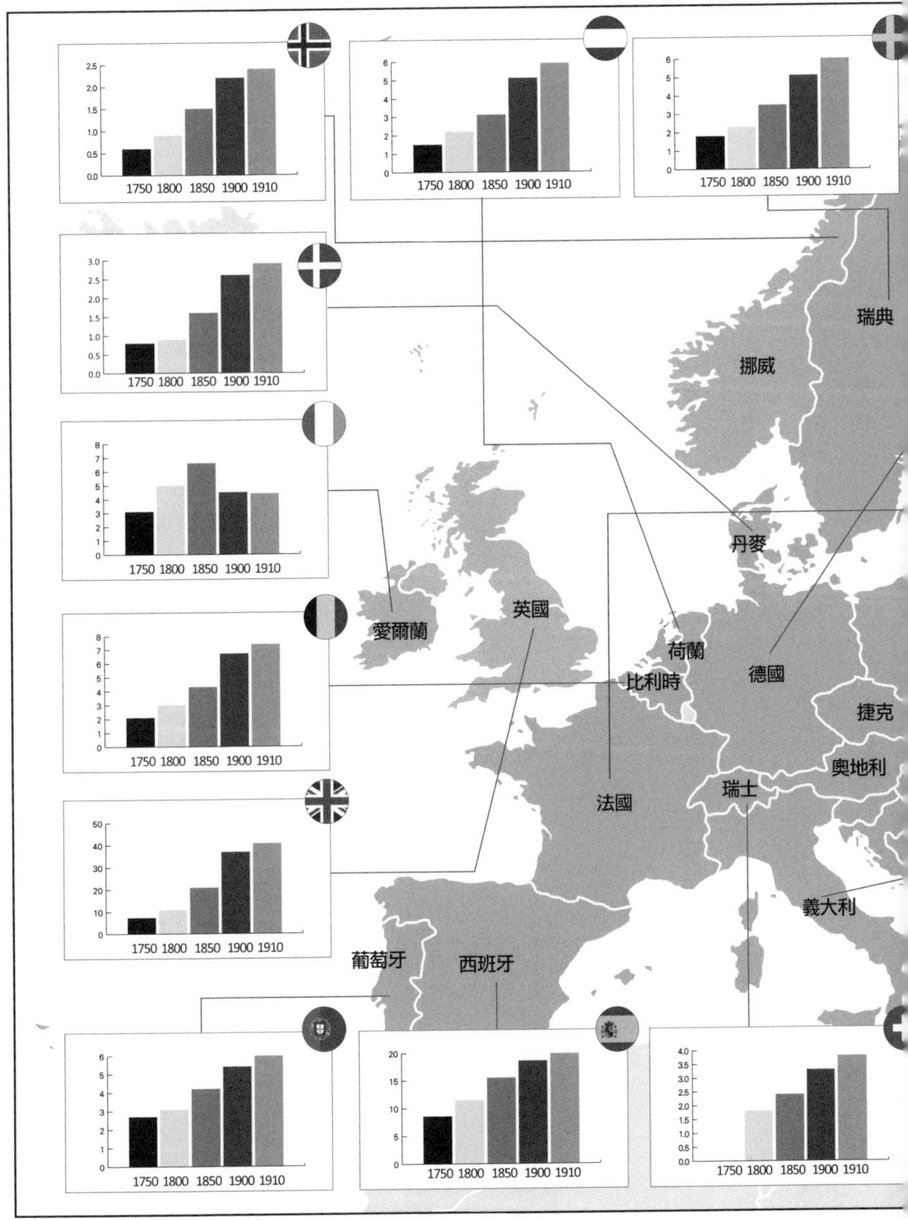

現代歐洲的誕生：從戰爭分裂走向區域經濟合作

回顧歐洲這兩千多年來的發展，可以說勞動力、貨幣資源、宗教這三項因素勾起了歐洲所有大事件的發展，二十世紀前半段的兩次世界大戰和這些因素也還是息息相關，所以在戰後，這些問題不斷藉由國際組織之間的合作來將衝突傷害降至最低，這些政治經濟上重大的演變，成就了今日歐洲各國的政經局勢。

現代歐洲的誕生：從戰爭分裂走向區域經濟合作

首先來探討勞動力問題。雖然進入工業革命之後，勞力需求不再像是蓄奴時代那樣受限，必須倚賴征服或統治其他國家來獲得，但隨著資本主義的興盛，勞力問題轉變成了勞資問題，歐洲各國的海外殖民很大一個目的就是在尋找便宜的生產基地，不過也因為這樣，資本家的剝削問題在十九世紀中，使得馬克思主義和強調大政府的社會主義思想瀰漫整個歐洲。

馬克思是德國猶太裔的哲學家和經濟學家，他年輕時雖然窮愁潦倒，但卻才華洋溢。馬克思觀察資本主義對勞工階級的剝削狀況，提出了勞動價值論及剩餘價值論等看法，大力批判資本主義對勞動者的剝削，並認為資本主義最終將會面臨生產的鬥爭問題。馬克思並非左派思想的第一人，類似共產或社會主義的想法，其實早在啟蒙時代就有「烏托邦主義」學派，不過馬克思不僅在學術上提供重要理論基礎，他更起身立行來實現理想，一八四八年馬克思在倫敦祕密成立國際共產同盟，並發表著名的共產黨宣言，致力於在西歐各國推動工人運動，擴大公有制度及廢除私有財產制度，雖然運動受到許多打壓，初期並不成功，但卻成功喚起工人階級的意識，在一八六四年終於成立「共產國際」跨國組織，馬克思更於一八六七年完成《資本論》一書，奠定共產主義的思想聖經。

共產主義思想在馬克斯過世之後，被許多人重新詮釋，尤其是俄國列寧、史達林、毛澤東等政權，他們認為人類進入理想的共產世界前，必須要有一個強大的政府領導階級革命，於是乎，對全球影響甚鉅的共產極權政府就此誕生，尤其在二次世界大戰之後，成為美歐等西方國家極力圍堵的對象。不過，這些若硬要說是馬克思所造成的，恐怕並不公平，馬克思本身並沒有成立極權專制政府的觀念，而且他也不認同流血戰爭，反而一直強調資本主義社會進入社會主義社會必須經過和平演變。所以馬克思主義對於歐洲的最大影響，並不是在後來共產主義和西方民主國家間的爭鬥，而

➤ 馬克思主義的誕生與國際工人運動

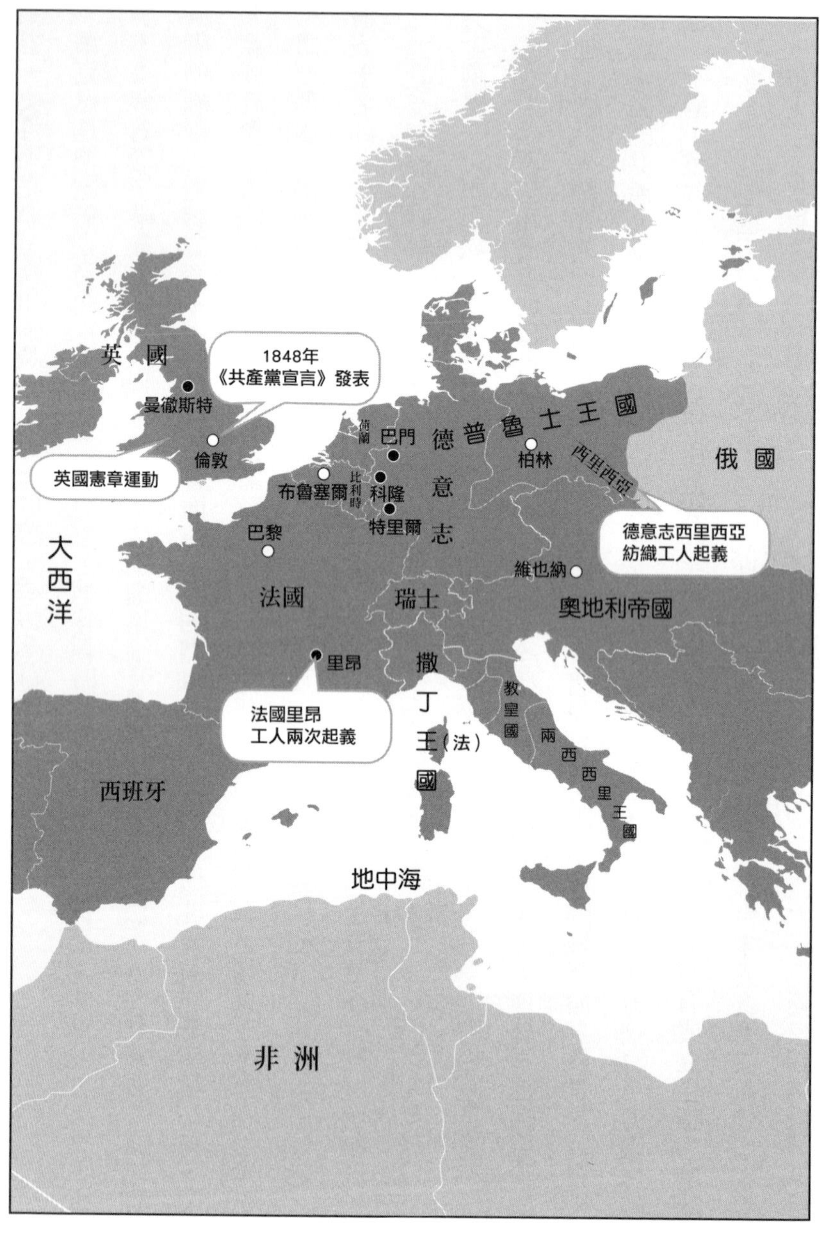

是在於社會主義的概念最終融入於歐洲政治和宗教，現在我們可以看到歐洲各國幾乎都有支持工人運動及社會主義思想的政黨，像是英國工黨、德國社會民主黨等，而北歐國家更是直接走向社會主義的制度，以高所得稅率及高社會福利政策來彌補資本主義對勞工階層的剝削，也因此，歐洲各國對於工人罷工這件事相當習以為常，甚至法國連醫生護士都可以罷工。左翼思想的植入，更進一步推動現代的環保意識，平心而論，馬克思可以說是扭轉了歐洲從十四世紀以來資本主義和重商主義的濫觴，成就現代歐洲政治經濟體制的面貌。

貨幣問題的變革：美元取代黃金，全球政經霸權轉移

戰後歐洲第二個重要的改變就是貨幣體系。第一次世界大戰前，歐洲各國為了海外殖民打得昏天暗地，海上航路的重要性日益增加，而歐洲原本的區域內，也由於各國軍事工業不斷的進步，終於為了地中海的控制權而大打出手。十九世紀末，英、法、俄先後建立起軍事協約，而奧匈帝國和德國則建立起軍事同盟，協約國與同盟國之間的對抗就此產生。一九〇七年法國與德國爆發兩次摩洛哥爭奪戰，埋下彼此的仇恨，過沒多久，奧匈帝國入侵巴爾幹半島，引起俄國相當不滿，於是在一九一四年爆發了第一次世界大戰。

一九一九年第一次世界大戰後，奧匈帝國整個解體，德國則簽下喪權辱國的凡爾賽條約，導致積欠各列強相當龐大的債務，當時德國幾乎瀕臨亡國的狀態，而英、法、美、俄等協約國則因此自認為可以暫時喘一口氣，國內氛圍也轉向安身休養。但所謂物極必反，德國貨幣失去了價值，取而代之的是賠了黃金、境內的鐵礦、煤礦等開採權，甚至農產品也有一大部分也被作為賠償品，德國因原物料突然缺乏且無力向外進口，最終不堪承受賠償所帶來的惡性通貨膨脹，於是逐步走向了強人專制獨裁政權，希特勒就在這個背景下成為當時德國人心目中的英雄，後來經濟學家凱因斯也出書批評了這段歷史，認為凡爾賽條約根本就是一場失敗的經濟掠奪。

一九三五年希特勒上台後立即宣布恢復徵兵，並且逕自宣布停者凡爾賽條約賠款，美、英、法、俄一時不知所措，一九三七年德國閃電占領了波蘭，同時迅速襲擊西邊的英法同盟軍，二次世界大戰就此爆發。

這兩次世界大戰有幾個很大的共同點，第一、主要戰場都在歐洲；第二、最後都因為美國的介入而結束；第三、戰勝國家都和美國借來龐大債務。雖然歐洲各國在大航海和工業革命時代獲得了大量的黃金和白銀，但其實國際的匯率制度一直處於不穩定的狀態，金銀複本位制的國際貨幣體系在十九世紀後造成很大的劣幣驅逐良幣問題，原因在於一方面各國鑄幣技術差異性仍大，有些商人會把好的金幣或銀幣溶掉，變成原物料變賣，一般市面上變成只有品質較差的金銀幣，這些劣幣很

➤ 近代歐洲貨幣每磅的含銀量

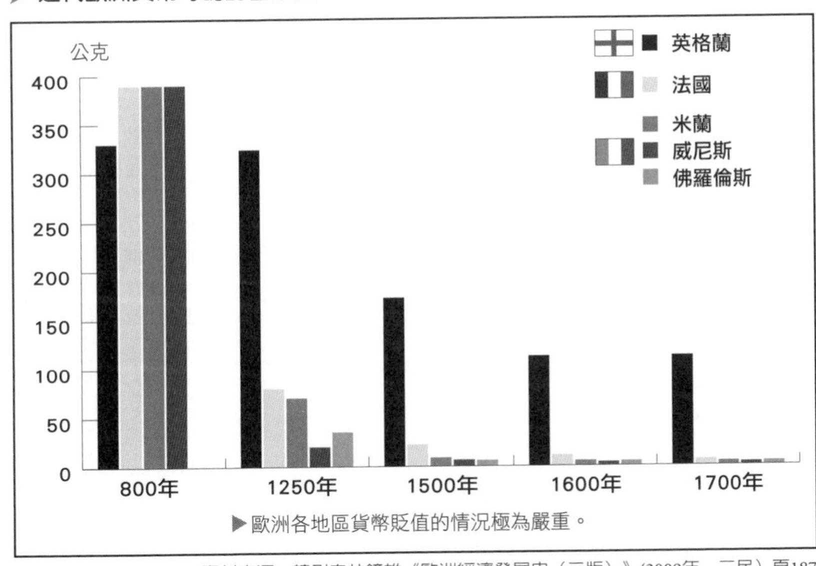

▶歐洲各地區貨幣貶值的情況極為嚴重。

資料來源：轉引自林鐘雄《歐洲經濟發展史（二版）》(2009年，三民）頁187

容易貶值，造成市場價格混亂；另一方面，金銀的兌換比例隨著產量的不同而時常做出調整，這非常容易受到人為操控，換言之，擁有金礦或銀礦的開採權國家，其國際話語權也跟著水漲船高，容易引起國際紛爭。

兩次大戰下來，由於金銀開採速度有限，跟不上花費，再加上美國變成歐洲各國的最大債權國，於是在一九四四年，美國便邀請英、法等四十四國展開「布列敦森林會議」，除了成立了國際貨幣基金，也成立了世界銀行。前者確立了以美元和黃金掛鉤的金本位制和固定匯率制的應用，後者則是成立中長期的國際復甦信貸，目的就在於矯正第一次世界大戰錯誤的掠奪賠償觀念，使每個國家都能夠獲得穩定的復甦建設。

二次大戰後布列敦森林體系開始運行，由於美元因此成為全球強勢貨幣，也導致長達兩千多年以歐洲為主導的經濟、金融發展，轉向了美國，而紐約也成為新一代全球交易量最大的金融中心。這樣的貨幣制度短期確實發揮了效用，但長期下來，因為美元成為黃金的替代品，但黃金開採並不完全是美國專屬，各國也傾向大量儲備黃金因此拋售美元，導致美國的國際收支帳呈現大幅度的赤字，美元存在很大的貶值壓力，於是在一九七〇年代，美國尼克森總統宣布廢除金本位制，全球匯率改採市場自由浮動，也就是今日匯率的樣貌，這一重大的貨幣政策改變，間接促成了歐盟的形成，也促進了歐元的誕生。

宗教問題的變革：基督教與伊斯蘭世界的文明衝突論

對於天主教會的反動，開啟了文藝復興時代和啟蒙時代，雖然歐洲基督教很早就一分為三，且君權神授的儀式一直延續到十九世紀，但其實在進入工業革命之後，尤其是資本主義興起之後，強調個人自由自主的意識成為現代思想主流，基督新教因此逐漸走入世俗，而各國政府也藉此擺脫天主教的控制，於是「政教合一」逐漸式微，現在僅徒留加冕儀式，在第一次世界大戰後，由義大利羅馬保留梵蒂岡作為天主教教廷，而天主教名義上仍為歐洲各國精神領袖。

雖然基督教不再直接干預歐洲政治，但基督教文化卻仍然深植於歐洲社會每個角落，部分堅持傳統的信徒，形成了歐洲的保守勢力，也就是右派保守政黨，例如德國基督教民主黨、英國保守黨、法國共和黨等。保守政黨多半保有資本主義的信念，且對聖經教義有虔誠的信仰，同時也修正了對社會福利的觀點，保守政黨對歐洲從戰亂後的復甦有相當大的貢獻。也因此，在大多數人眼中，相較於美國的自由開放，歐洲保守氛圍更加濃厚。

這些宗教的演變多先發生在西歐和北歐國家，因為在二戰之後，多數的東歐及部分的南歐國家均加入以蘇俄為首的共產陣營，共產主義基本上是無神論，所以西歐各國紛紛加入以美國為主的圍堵體系，避免共產黨滲透，冷戰也就此爆發。冷戰從一九五〇年至一九九〇年蘇聯解體橫跨四十年，這段期間，美國與西歐各國彼此分享投資市場、科技、資源、軍事技術等，促使西歐各國至今成為整個歐洲區域經濟和技術的心臟地區。

但除了共產主義之外，一戰後，隨著鄂圖曼土耳其帝國的瓦解，許多伊斯蘭教徒受到俄國激進共產主義的迫害流落到西歐各國，長期以來與歐洲的極端保守勢力格格不入，產生了排外主義，也埋下基督教與伊斯蘭教的衝突導火線。另一方面，二戰後全球進入工業革命第二階段——石油的運用，歐美勢力透過各種政治、商業，甚至軍事等方式進入中東地區，建立親美的阿拉伯政權，不僅為了石油，西歐各國也要確保波斯灣航線不被控制，如此才能維持地中海航運的通暢。一九六〇年代之後，美歐等國更直接將部分伊斯蘭組織定位為恐怖份子或者流氓國家，由於一連串的排外主義、石油爭奪、恐怖攻擊等，伊斯蘭世界對基督教世界的敵意在二戰後一點一滴地累積，這就是赫赫有名的「文明衝突論」。

這個對抗不僅僅是政治戰爭問題，對歐洲國家的經濟有著相當深遠的影響力，北歐各國雖然在北海等地區找到豐富的石油礦產，但大多數歐洲國家還是要向中東購買原油，無論是輸油管也好、航運路線也罷，在二十世紀末至今，可以說是剪不斷理還亂，往往一個軍事攻擊就讓歐洲股市大跌好幾天。此外，中東戰爭造成的難民問題，還有歐洲內部因宗教利益不同所產生的紛爭，像是俄羅斯、土耳其和北約之間的矛盾，還有俄羅斯和東歐及南歐的領土糾紛，在歐洲各國都是一場又一場的大辯論。平心而論，可以說地緣政治所產生一連串的連鎖效應，就是歐洲目前經濟最大的挑戰來源。

歐洲三千年的發展過程，可以說是人類經濟發展的寫照，如果不了解這些經濟發展歷程的本質，在看待歐洲經濟時，就會出現偏頗。例如，歐洲為什麼稅率如此偏高？歐洲為什麼強調環境保護？歐洲為什麼常常自己制定一些經濟規則？歐洲怎麼看待保護主義和歐盟？這些問題固然很繁瑣，但其實都隱藏在宗教、貨幣、勞動、哲學等發展過程中。了解歐洲經濟歷史歷程，就等於跨出了解歐洲經濟的第一步了！

Chapter

02

從貨幣金融和財政政策看歐盟與歐洲

前言

從前一章節的介紹中，不難理解歐洲的經濟發展相當多元，且幾乎是跨領域的共生共榮，不僅奠定了歐洲充滿人文氣息的社會面貌，也賦予近代歐洲能夠持續引領全球經濟的基礎。不過，相比過去海權時代歐洲幾乎等於世界政經中心，在二次世界大戰之後，歐洲面臨很大的政治經濟轉變。

首先，美國無論是在軍事、金融、政治、經濟、技術等各方面的崛起，都逐漸取代歐洲的政經地位；其次，歐洲各強權採取民族自決的態度，逐步放棄許多海外殖民地，並且在歐洲內陸也讓許多民族自由獨立，尤其在蘇維埃政府垮台之後，也持續秉持這樣的精神看待東歐及南歐國家的獨立運動，總計目前為止，若包括俄羅斯及東歐小國，和一些尚未獲得國際多數承認的自治團體，廣義的歐洲一共有六十二個國家。基於民主自由原則，產生如此多國是美事一樁，但相對的，歐洲內部貨幣和貿易的障礙，也相當令人複雜頭疼。再者，布列敦森林體系確立了以美元為主的金本位制，但以固定匯率的方式與美元掛鉤，對於戰後經濟強勁復甦的歐洲來說，固定匯率無法讓各國有效運用貨幣及財政政策，不僅貨幣發行遠遠跟不上需求，且美國擁有的黃金儲備量是否足夠也受到高度質疑，終於，在一九七〇年代該體系步入了終點，而金本位制的消失，也宣布了匯率自由化的時代來臨。

在金本位制隨著布列森林體系步入終點之際，一九六九年國際貨幣基金組織（IMF）正式以一籃子貨幣的計價方式，成立國際貨幣特別提款權（SDR），將各會員國的貨幣依照市場自由匯率給予不同的權重比例，以此作為國家發行貨幣或兌換他國貨幣的一個判斷準則，這是一種國際儲備清償機制，而一開始的SDR是以美、英、德、法、日圓作為最主要的國際貨幣兌換，足見歐洲的經濟地位還是相當重要。為了因應這些變化，歐洲開啟了區域統合的想法並逐步成為現代的樣貌，其中，貨幣、金融、財政這三個面項也就成為整體歐洲最核心的議題。本章就從這三個面向，逐步來理解歐洲世界。

➤ 全球主要國家的SDR分配情況

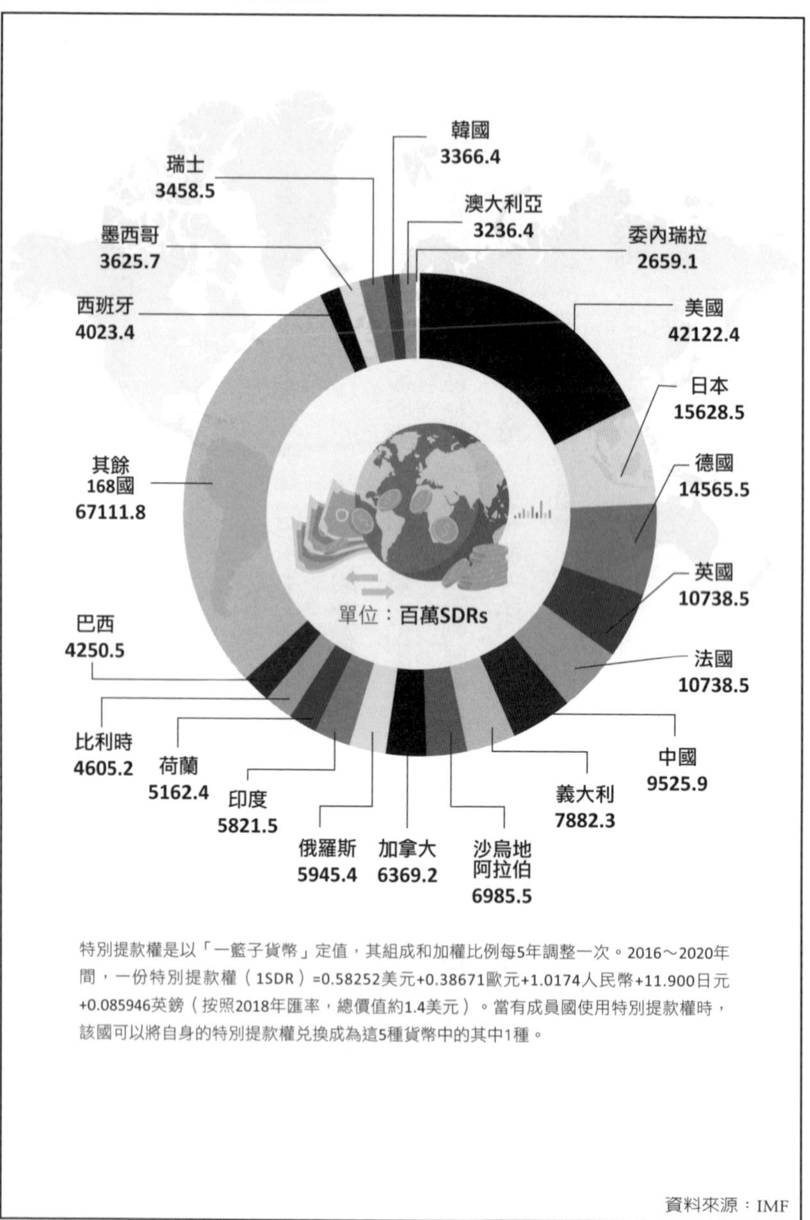

特別提款權是以「一籃子貨幣」定值，其組成和加權比例每5年調整一次。2016～2020年間，一份特別提款權（1SDR）=0.58252美元+0.38671歐元+1.0174人民幣+11.900日元+0.085946英鎊（按照2018年匯率，總價值約1.4美元）。當有成員國使用特別提款權時，該國可以將自身的特別提款權兌換成為這5種貨幣中的其中1種。

資料來源：IMF

歐元的誕生：全球歷史上最艱鉅且偉大的貨幣整合

一國貨幣的強勢與否，除了本身GDP的經濟量體之外，尚且包括對石油供給的支配、技術領先程度及金融政策透明程度等。眾所皆知，全球經濟和貿易最受用的貨幣除了美元之外，歐元絕對是足以和美元並列的強勢貨幣。但是歐元能夠獲得全球普遍的支持，並非只頂著過去的歷史光環，而是一連串的合作及堅定地擁有共同目標所得到的結果，如果說蒙古帝國或羅馬帝國是人類歷史偉大的政治事蹟，那歐元的誕生絕對是人類歷史上最偉大的經濟奇蹟。

歐元的催生者

中世紀歐洲的貨幣其實相當混亂，各個封建領主乃至各國都有自己的貨幣，當時市場交易還必須檢查市場貨幣的含金量或含銀量，商人也必須準備各種不同的貨幣才能和周遭市場買賣，不僅相當麻煩，也常常出現「劣幣驅逐良幣」的問題。一個國家為了增加其貨幣的發行量，往往需透過戰爭或殖民來取得黃金白銀，更重要的是，透過戰爭可以增強商人持有該國貨幣的信任度，若要說貨幣是戰爭禍源之一，一點也不為過。

到了二戰後，獨立新國家如雨後春筍般地冒出，歐洲貨幣混亂的情況並沒有因此減少，而當時布列敦森林體系持續沿用固定匯率和金本位制，看似各國之間的匯兌有美元可作為合理依據，但也因此限縮了自己國內貨幣政策的使用，對於黃金儲備各國仍是暗中較勁，這些猜忌最先引爆的問題就是貿易摩擦，許多資金因為關稅障礙而失去投資效益，各國之間的資金無法有效移動。不僅如此，美國政治和經濟的影響力，也正侵蝕著塊破碎的歐洲。有鑑於此，英國首相邱吉爾和法國總統戴高樂，都不約而同對歐洲整合有一樣想法，只是實踐方式很不一樣，這也是英國後來決定脫歐的歷史因素之一。此外，著名經濟學家凱因斯更為歐洲整合的好處大力背書，將經濟整合視為歐洲和平復興的基石。

一九五二年，為了加速戰後歐洲的復甦，避免各國之間產生工業及貿易壁壘，由法國主導的歐洲煤鋼共同體正式成立，當時成員國僅有六國，包括西德、義大利、比利時、盧森堡、荷蘭。五年後，六國擴大成立歐洲共同體，除了工業及商品貿易之外，包括農業、服務業的貿易障礙開始逐步排除。到了一九七二年，陸陸續續幾個老牌歐洲國家也加入歐洲共同體的運作，尤其是和法國一直有心結的

➤ 歐盟的演進

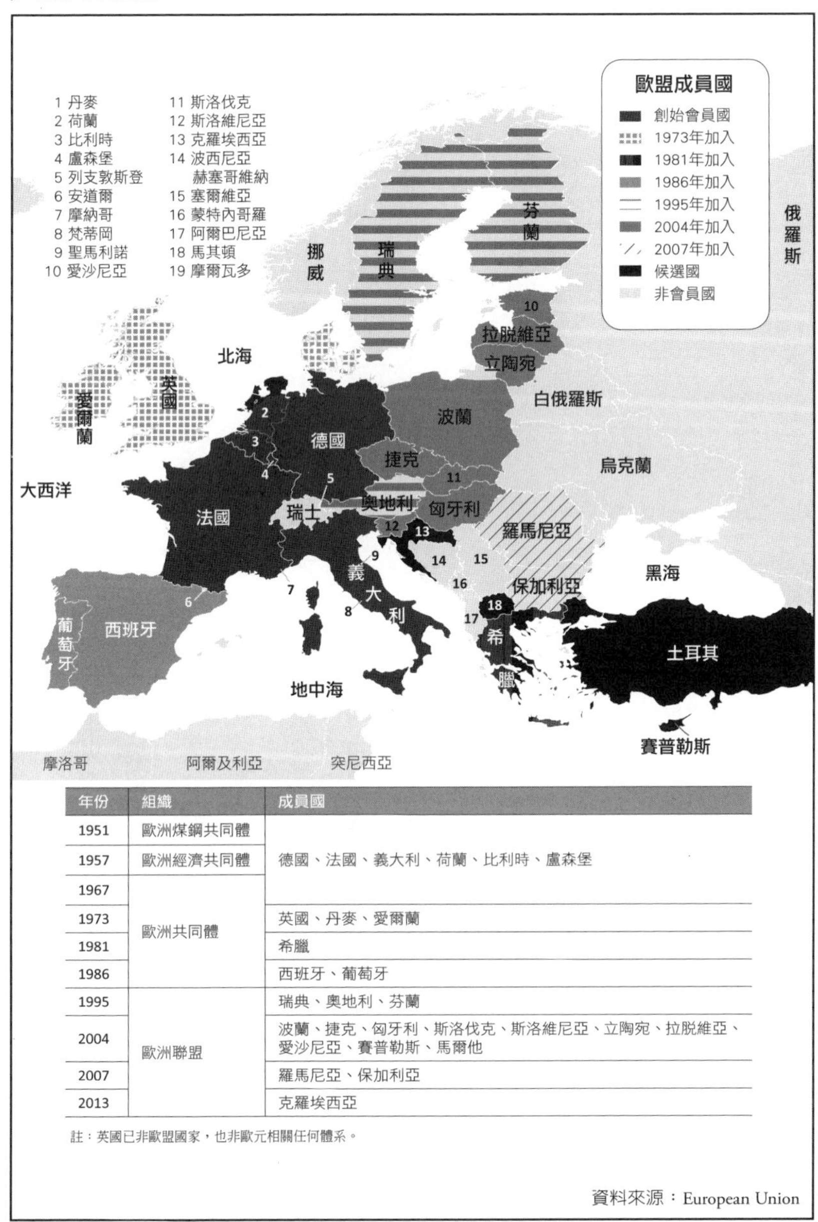

年份	組織	成員國
1951	歐洲煤鋼共同體	德國、法國、義大利、荷蘭、比利時、盧森堡
1957	歐洲經濟共同體	
1967	歐洲共同體	
1973		英國、丹麥、愛爾蘭
1981		希臘
1986		西班牙、葡萄牙
1995	歐洲聯盟	瑞典、奧地利、芬蘭
2004		波蘭、捷克、匈牙利、斯洛伐克、斯洛維尼亞、立陶宛、拉脫維亞、愛沙尼亞、賽普勒斯、馬爾他
2007		羅馬尼亞、保加利亞
2013		克羅埃西亞

註：英國已非歐盟國家，也非歐元相關任何體系。

資料來源：European Union

英國也加入，歐洲十六國自由貿易區也正式成立，這就是歐盟的前身。而當時因為全球正處於冷戰時期，被共產主義政府所管轄的大部分東歐和南歐，在這個時期則並未參與歐洲的任何組織。

雖然歐洲很早就有了貿易關稅合作，但關於匯兌問題仍然相當頭痛。一九六三年，經濟學家孟岱爾（Robert Mundell）就當時國際固定匯率問題提出相當有名的「Mundell-Fleming模型」，該理論認為，一個經濟開放的國家必須在「自由資本流動」、「穩定匯率機制」及「貨幣政策的自主性」這三個問題中犧牲其中一項來滿足其他兩項。此外，孟岱爾還提出「最適通貨區理論」，他認為一個地區的生產要素在各成員國間的流動性越大，成員國間的經濟結構越相似，成員國在財政、貨幣政策和其它政策上越願意緊密合作，則該地區若建立單一貨幣則所獲利益越大。孟岱爾無疑點亮了歐洲貨幣問題的一盞明燈，他也因此獲得「歐元之父」的尊稱。一九六五年，歐洲共同體理事會決議成立歐洲共同貨幣作為未來的戰略目標。

邁向歐元之路

雖然共同貨幣在一九六五年成為目標，且在一九七二年即成立「蛇型浮動機制」來規範各國對美元之間的自由浮動匯率，共同度過後布列敦森林體系時代，為單一貨幣開啟了光明之路。不過目標終究是未來式，像當時德國與荷蘭認為應該要經濟優先，先協調出高度一致的經濟政策再來討論貨幣是否趨同；而法國、比利時則認為必須要先有穩定的貨幣制度，才有可能讓經濟目標一致。這兩派意見在布列敦森林體系瓦解後，依舊吵個不停，特別是在一九七四年爆發第一次石油危機造成美元大貶且全球景氣蕭條時，歐洲各國都用不同的理由干預匯率來對抗不景氣，像法國就主張失業問題、丹麥希望能降低通膨等，德法兩大意見領袖對於歐洲匯率該如何執行仍舊南轅北轍，法國更是直接離開蛇型浮動機制，幾乎宣判共同貨幣目標死亡，而這次的事件，也導致歐洲共同體在其他領域的統合步調產生互相不信任的分裂危機。

英國在這次的單一貨幣危機之後，就表明儘管未來重啟談判，也絕對不會成為單一貨幣體系的一份子，而整個歐洲共同體也因此調整腳步。儘管歐洲單一貨幣市場遭逢意見不合的危機，但金融市場總是變化得相當快，美國在一九八〇年代採取更為寬鬆的供給學派經濟政策，迅速累積相當高的貿易赤字，致使美元大跌，而當時法國法郎和德國馬克則是大幅升值，這給了歐元貨幣體系一個新的契機，於是在一九八九年共同體執委狄諾（Jacques Delors）提出新的單一貨幣政策報告，計劃分三階段來完成貨幣統一。後來歐洲共同體改組，各國重新簽署〈馬斯垂克條約〉，也就是著名的歐盟條約，除了簽立〈政治聯盟條約〉正式成立歐洲聯盟之外，也簽署了〈經濟暨貨幣聯盟條約〉，單一貨幣政策也確認成為會員國共同目標，但這個共同目標其實相當嚴謹，要能夠成為歐元體系，必須先通過「趨同標準」（convergence criteria）的檢測。根據中正大學李俊毅教授的整理，趨同標準包含五個重點指標：

1. 物價穩定：通貨膨脹不得超過通膨率最低的三個國家平均值之一．五%
2. 財政健全：政府赤字不得超過GDP的三%
3. 可持續的財政：政府公債不得超過GDP的六〇%
4. 一致性的持續：長期利率不得超過長期利率最低的三個國家平均值之二%
5. 匯率穩定：必須參與匯率機制達兩年，且利率沒有重大波動

終於，歐元在一九九九年一月一日正式啟用，成立之初就成為全球第二大貨幣，且歐元全球貨幣流通總值其實比美元還大，這個影響力也持續擴大當中。

各國都能印鈔票嗎？誰來監測歐元的供需？

一般來說，像新台幣的貨幣供給完全由台灣的中央銀行控管，利用利率政策、公開市場操等作為主要工具來調整到理想的貨幣存量。通常一國貨幣發行若太多太快，雖然有助於資金流入市場投資等，但確也存在很大的通貨膨脹風險，導致資產泡沫風險上升；如果貨幣印太少，則會造成民間活動的流動減弱，即便大家現在都愛用電子支付，但央行還是要準備相對應足夠的貨幣，所以，中央銀行就必須超然獨立，平衡物價、投資、儲蓄之間的穩定，也要排除政治人為干預。但，若好幾個國家共用同一種貨幣，那又該怎麼相處呢？會不會其中一個國家亂發貨幣導致其他人一起受害？又會不會一個國家想要低利政策，其他國家卻想升息？或者失去央行的獨立性，進而被政治人物操控呢？種種矛盾的現象看似將在歐元身上發生，事實上，歐元相關組織可能比我們想像中繁複和嚴謹。

先從了解歐元相關組織架構談起

當初歐盟想要推行歐元的成立，其中最主要的一個目標是將區域內的貨物完全自由化，避免物價不穩定、匯兌損失及關稅報復等人為干擾，有鑑於此，一九九八年歐盟於德國法蘭克福正式成立「歐洲中央銀行（ECB）」來執行管理歐元的清算及監督管理歐元國家間的貨幣政策。簡單來說，ECB就像是一國的中央銀行，但組織比較複雜，像台灣的中央銀行政策由央行理事會做成決議，但歐洲央行除自身的管理委員會（governing council）及執行理事會（executive board）之外，還有第三決策委員會，稱為擴大委員會（general council），由「歐盟會員國央行（NCBs）」共同參與，而以上這三個委員會就統稱為「歐洲央行體系（ESCB）」。

再仔細一點來說，截至二〇二〇年一月英國脫歐後，歐盟會員國一共有二十七國，這二十七個國家除了要出資給歐洲央行（ECB）外，各自也都有自己的中央銀行，歐盟會員國央行（NCBs）就是由這二十七個國家的央行合組而成，這二十七國央行加上歐洲央行，就是所謂的歐洲央行體系（ESCB）。

不過，這二十七國家當中，只有十九個國家正式使用歐元，分別是奧地利、比利時、芬蘭、法國、德國、希臘、愛爾蘭、義大利、盧森堡、荷蘭、葡萄牙、斯洛維尼亞、西班牙、馬爾他、賽普勒斯、斯洛伐克、愛沙尼亞、拉脫維亞、立陶宛，也包括這些國家的海外屬地；最新申請的國家則是保加利亞和克羅埃西亞，前者預計於二〇二一年加入，其他八國，例如波蘭、瑞典、捷克等，在國內還是使用自己的貨幣，僅部分商品市場接收歐元。歐洲央行加上這十九個使用歐元的歐盟會員國央行（NCBs），就統稱為「歐元體系（Eurosystem）」。

另外，歐洲央行有和四個非歐盟會員國簽署貨幣條約，分別是梵蒂岡、摩納哥、安道爾、聖馬利諾，雖然它們都沒加入歐盟，但同意遵循歐洲央行的運作。所以，上述的十九個歐元國家加上這四小國及一些海外屬地，就是俗稱的廣義「歐元區（eurozone）」。不過，科索沃和蒙地內哥羅則是自行使用歐元，沒有經過和歐洲央行的協議，因此不受控制也不納入歐元區範圍。比較有趣的還有瑞士，因為瑞士在十九世紀初就因國際協議被定為永久中立國的關係，使用的貨幣是瑞士法郎而非歐元，而鄰近的列支敦斯登王國也因為奉行中立國的想法，因此跟著瑞士使用相同貨幣，是唯二西歐地區沒使用歐元也不加入歐洲聯盟的國家，但如果你在這兩個國家旅行，大部分的商家還是會接受歐元的。

歐洲央行最高決策單位是管理委員會，像是立法院，其負責制定整個歐元區的貨幣、利率、金融、財政等經濟政策。不僅如此，管理委員會的決策也能針對個別會員國的貨幣進行干預，權力其實相當大；而執行理事會就像是行政院，負責政策的執行。比較常令人混淆的就是擴大委員會，

➤ 歐洲的組織架構

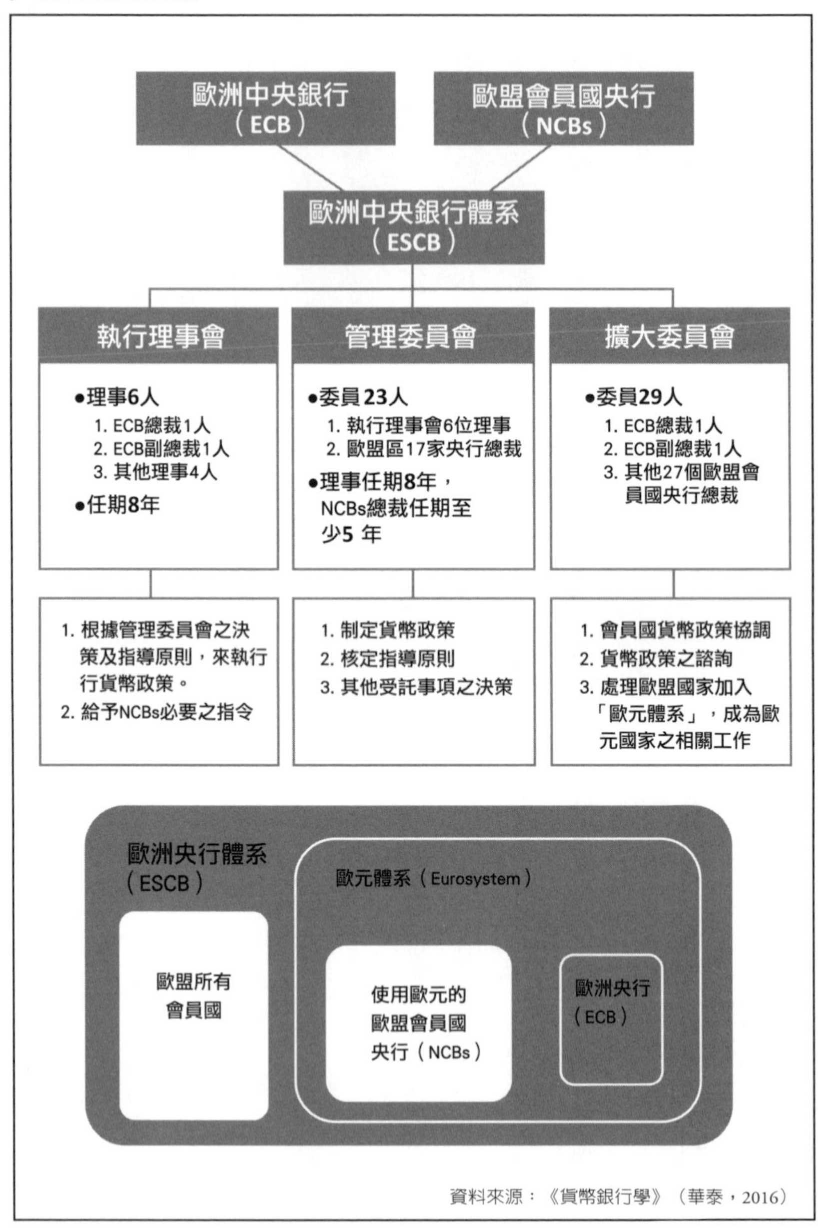

資料來源：《貨幣銀行學》（華泰，2016）

它不具有真正的政策決策權利，性質很像諮詢會議，因為擴大委員會是歐盟全體會員國，不過，並不是每個會員國都使用歐元，但歐盟的貨幣政策卻會影響整個歐盟國家，例如通貨膨脹率、匯率等等，此外，歐盟也希望這些非歐元會員國可以逐步加入這個大家庭，所以也必須讓他們知道歐元如何運作，因此架構了擴大委員會這層體系，來確保所有歐盟國家利益平衡。

誰有印鈔票的權利？

在台灣，印鈔票這個問題相對簡單多了，目前無論是零錢或是鈔票，都是中央銀行發行局委託中央製幣廠製作發行，全球大多數國家也是如此，不過早期國民政府剛佔領台灣時，因為當時中國持續內戰，中央銀行無法有效處理台灣貨幣問題，且對國民政府而言，手上僅有在中國流通的貨幣，而台灣則多以日本發行的台灣銀行券作為主要流通貨幣，兩者之間有許多兌換上的問題，尤其是國民政府連連戰敗，手上的中國貨幣幾乎一文不值，更加造成兌換的困難。因此，國民政府只好委託有黃金儲備的台灣銀行繼續發行銀行券，到民國三十八年國民政府戰敗撤退來台後，才正式發行現在我們所使用的新台幣，而一直到民國八十九年，台灣銀行才正式功成身退，所有印鈔工作都由中央銀行一手包辦，但印鈔票這個問題在歐洲，可沒有那麼容易理解。

➤ 歐元體系的歐元兌換比例

1歐元

比例	貨幣	匯率依據
13.7603	奧地利先令（ATS）	〔按1998年12月31日匯率〕
40.3399	比利時法郎（BEF）	〔按1998年12月31日匯率〕
2.20371	荷蘭盾（NLG）	〔按1998年12月31日匯率〕
5.94573	芬蘭馬克（FIM）	〔按1998年12月31日匯率〕
6.55957	法國法郎（FRF）	〔按1998年12月31日匯率〕
1.95583	德國馬克（DEM）	〔按1998年12月31日匯率〕
0.787564	愛爾蘭鎊（IEP）	〔按1998年12月31日匯率〕
1936.27	義大利里拉（ITL）	〔按1998年12月31日匯率〕
40.3399	盧森堡法郎（LUF）	〔按1998年12月31日匯率〕
200.482	葡萄牙埃斯庫多（PTE）	〔按1998年12月31日匯率〕
166.386	西班牙比塞塔（ESP）	〔按1998年12月31日匯率〕
340.750	希臘德拉克馬（GRD）	〔按2001年1月1日匯率〕
239.640	斯洛維尼亞托拉爾（SIT）	〔按2007年1月1日匯率〕
0.585274	賽普勒斯鎊（CYP）	〔按2008年1月1日匯率〕
0.429300	馬爾他里拉（MTL）	〔按2008年1月1日匯率〕
30.1260	斯洛伐克克朗（SKK）	〔按2009年1月1日匯率〕
15.6466	愛沙尼亞克朗（EEK）	〔按2011年1月1日匯率〕
0.702804	拉脫維亞拉特（LVL）	〔按2014年1月1日匯率〕
3.45280	立陶宛立特（LTL）	〔按2015年1月1日匯率〕

資料來源：維基百科

如果把整個歐元體系（Eurosystem）想像成一個虛擬國家，各國要將歐元轉換成自己國內的流通貨幣，必須先確認自身貨幣和歐元之間的匯率關係。起初，歐盟透過清算機制整合首批歐元國家的貨幣帳目，包括貨幣數量、政府和民間債務、外匯存底、黃金儲備、匯率等等，先發展出一個虛擬的記帳單位供各會員國使用，也提供給全球金融市場交易，歐元雖然於一九九九年正式上路，但成立之初的前三年都還是處於虛擬記帳單位。到了二〇〇一年底，虛擬歐元貨幣有了穩定的匯率交易且被全球多數國家接納，歐盟根據當時的匯率給歐元會員國訂出了交換比率，例如當時歐元兌法國法郎為一：六．五六，也就是法國人可以憑六．五六法郎來換取一歐元。二〇〇二年一月，歐元實體鈔票才終於正式出爐。

兌換的機制成熟之後，緊接著就是發行印製的問題。一般來說，實體貨幣最常見的就是鈔票和硬幣，但歐元在鈔票和硬幣有著很不一樣的規定。

鈔票方面，根據歐洲央行理事會的協議及規章，歐洲央行和成員國央行都可以印製鈔票，但實務上，歐洲央行將印鈔票的權利賦予各歐洲央行會員國的央行，但圖案樣式、材料、防偽工法則完全仍由歐洲央行統籌管理，因此，在鈔票上面都會有一組發行國家的代碼，例如比利時是Z、德國是X等。雖然各國都可以印製鈔票，但並非所有印刷工廠都能取得歐洲央行的技術認可，所以，鈔票上除了有國家代碼之外，還有一排小小的印刷廠序號，例如希臘銀行是Y、德國聯邦印鈔公司慕尼黑廠是X、萊比錫廠則是W。歐洲央行透過編號除了可以監控貨幣發行數量，也可以進行防偽，像某些國家代碼和印刷序號是不可能配在一起，因此增加了偽製的難度。

大家都能印鈔票，那如果有人不知節制怎麼辦？

相信很多人心中都會有一個疑問，那如果歐元體系各國都能印鈔鑄幣，那如果有國家印鈔印得太多該怎麼辦？各國貨幣需求也不同，彼此之間要怎麼做才不會分外眼紅？

在大多數的國家中，並不會有這樣的問題出現，因為一個國家如果印鈔過度，像辛巴威那樣造成可怕的通貨膨脹，匯兌市場自然會有力量去制衡，所以像台灣，中央銀行每年年底都會進行隔年度的經濟預測，再從這預測數據中，去計算合理的貨幣供給，即便是執政黨或央行總裁個人，都無法撼動這些報告。但歐元其實是牽一髮動全身，歐盟在政治上雖然希望最終能成為一個像美國一樣的聯邦政府，但如果詳讀歐洲歷史就會知道，這條同心之路可說是千里迢迢，即便先從經濟高度融合作為地基扎根，但各國之間至今都還是彼此有所算計和疙瘩，而貨幣供給和財政問題就是個活生生的武鬥大會。

歐洲央行訂立的政策目標，最適通貨膨脹率為接近二％，當然，這是整個歐盟的平均水準，各個國家都會有不一致的狀況，最明顯的例子就是二〇一〇年爆發債券危機的希臘，當年突然暴增至四．七％，若不是整體歐盟傾力相救，恐怕這數字會相當高。正因為各國的狀況天差地遠，而且東歐幾個國家都正處於開發中階段，通膨率也會偏高，所以每年的十二月，歐洲央行管理委員會就會召集所有央行會員國進行隔年度的貨幣供給分配。

大致上，有三個主要證據來分配貨幣供給的數量。首先最重要的根據就是統計處的貨幣和經濟分析數據，這是歐洲央行最重的兩大支柱，央行從數據中了解各個國家過去的貨幣存量、通膨率、

➤ 2021年歐洲各國央行紙鈔預計發行數量

面值	數量（百萬紙幣）	價值（百萬歐元）	歐元體系國家
€5	973.8	4,869.1	BE，ES，AT，PT
€10	1,176.1	11,761.2	GR
€20	1,403.6	28,071.2	DE，EE，IE，FR，IT，CY，LU，MT，NL，SI，SK，FI
€50	1,951.4	97,572.0	DE，ES，FR，IT，LV，LT
€100	0.0	0.0	
€200	0.0	0.0	
總計	**5,504.9**	**142,273.5**	

自2002年以來，歐元紙幣是由歐元體系各國中央銀行（NCB）聯合生產。各國NCB負責一種或多種面額的年度總產量的一部分，並承擔其成本。

失業率、經濟預測、國際情勢因素、匯率等等，來計算基礎份額；其次，歐元體系各國依照兩個部分來提出需求，第一部分是「一般貨幣傳遞存量（logistical stocks）」，這包括換新鈔數量、市場貨幣需求預測、季節性貨幣高低峰流動數量，還有各國中央銀行需求量；另外一部分則是「策略性貨幣存量（strategic stock）」，用來應付無法預期的經濟狀況所需，很像台灣公務體系第二預備金概念；最後一個根據就是來自一般理事會的建議與協調，這會影響到歐洲央行對於數據的解讀。

有了額度的分配之後，歐元各國依照所拿到的額度開始印鈔或鑄幣，至於要多少面額幾張，就由各國央行自行決定，但貨幣的編號一樣要通知歐洲央行，所以想偷偷多印，編號不符則會被視為偽鈔，而且被罰錢事小，最嚴重恐怕會被踢出整個歐盟體系。

整體來說，歐洲央行若以最廣義的M3定義來看，最近三年因為持續寬鬆貨幣政策，歐元區貨幣供給增長率約在四～五%之間，但並非所有歐元國家都是用這樣的增長率來印鈔，歐洲央行也會透過一些購債方式來讓一些國家拿到所需的歐元額度。像是二〇〇九年爆發歐債危機，整體歐元區的M1（主要是現金）增長率就衝高到一〇%以上。

社會主義、資本主義、舊共產主義能否共同遵守財政制度？

一個國家對於經濟發展或掌控，手段不外乎就是貨幣政策及財政政策這兩大支柱。在歐洲，歐元體系國家的貨幣政策受到歐洲央行的調控和監督，等於是在這部分的權力已移交出去，而對整個歐元體系甚至所有歐洲國家來說，貨幣政策也一直都是穩定經濟第一道防線力量。但是，當貨幣政策失效，進入凱因斯所說的流動性陷阱時，財政政策就必須適時加大力量撐起穩定經濟的工作。不過，貨幣體系有歐洲央行來統籌，那歐盟的財政體系又是如何？另一方面，整體歐盟二十七個會員國，有偏向社會主義國家的瑞典等；也有舊共產主義國家，例如波蘭、立陶宛、捷克等東歐為主的國家；更有偏向資本主義的西班牙、盧森堡等國，這之間又該如何協調呢？

〈馬斯垂克條約〉與〈阿姆斯特丹條約〉

就廣義的定義來說，只要跟政府支出有關係的各種服務、投資、建設、稅、補貼等，雖然它們可能各別屬於不同部門所管，但都是廣義的財政政策。每個國家的政府往往必須在一個年度的預算當中去分配這些事情，若有不足之處，可能就會以融資、公私合作或舉債的方式來進行。以台灣為例，近幾年推動的前瞻計畫就是一種大型的財政政策，不僅僅是透過特別債務預算來執行，也包括許多公私合作在裡頭，而台灣本身也是偏向社會福利為主的國家，像是健保、勞保等，往往都是政府相當龐大的支出，幾乎每年都可以聽到勞健保要破產的相關新聞。

財政政策和貨幣政策其實是相輔相成，如果簡單問哪個政策對經濟比較有幫助，這其實沒有答案且有點無厘頭，當然，各經濟學派有自己的觀點，但主要還是要看各國經濟結構而定，例如在太平洋上的一些海島國家，他們需要大型基礎建設來提振生產效率就會比單純提升貨幣供給來得重要。然而在歐洲，歐元體系國家則主要仰賴貨幣政策作為主要手段，財政政策是輔助貨幣政策的工具，但這樣的操作方式，在政治體制如此複雜的歐元體系內，往往形成歐洲議會內關鍵爭論所在。

〈馬斯垂克條約〉是歐盟和歐元區各國最重要的法律依據，在條約中，針對全部會員國明訂三項基本貨幣及財政政策：

1. 通貨膨漲率不得超過通膨率最低三個成員國平均值的一．五個百分點

2. 年度財政赤字不得超過國內生產總額（GDP）的三%

3. 政府債務占GDP的比率不得超過六〇%

因為歐盟並非所有會員國都有加入歐元體系，所以更進一步的貨幣政策規範則由歐洲央行的規章來約定，而就如之前所說的，部分沒加入歐元體系的歐盟國家，其實對於歐洲央行的運作也有一定的發言和提出意見的權利。不過，財政政策的部分，並沒有相關的運作機制，甚至財政赤字和政府債務相關規範，在歐盟裡也僅僅只是道德規範，並沒有相對應的懲處或介入機制。坦白說，要倚賴各國憑良心遵守規範幾乎是天方夜譚，一旦部分國家若無節制擴大舉債等等，恐怕會引起嚴重的通膨，以至於整個歐盟單一市場及單一貨幣的目標更難達成。

一九九七年歐盟根據〈馬斯垂克條約〉為原則，另簽訂〈阿姆斯特丹條約〉作為〈馬斯垂克條約〉的補充和細則執行條約，而該條約同時也為了共同貨幣的推行而加強規範各會員國財政。大致來說，〈阿姆斯特丹條約〉並沒有變動〈馬斯垂克條約〉的內容，最主要是增加各歐盟會員國財政協調機制、增加懲罰條款以及建立監督預警機制，並且共同訂下目標：以五至十年內，使歐盟預算平衡或有盈餘為宗旨，也因此，〈阿姆斯特丹條約〉又稱為〈穩定及成長公約〉。

有了公約作為背景，歐盟得以在執行上透過兩個機制來有效規範，第一個是多邊監督機制，會員國每半年必須向歐洲執行委員會提出未來財政穩定計畫及中長期財政規畫；第二個是超額赤字程序討論，如果有會員國赤字超過GDP的三％，則執行委員會將報告給部長理事會，決議是否懲處、該如何懲處，甚至是否干預等決策。不過，公約簽訂二〇年來，赤字比例或舉債比例違規的國家很多，被懲處的案件則一件都沒有，甚至德國和法國也曾有違規的時候。

相比貨幣制度，財政規範其實是難上加難，以美國為例，美國聯邦政府會針對各別政策給予特定幾州相關財政支持，其實台灣也有類似機制，但歐盟卻相當謹守分寸，既沒有統籌補貼的機制，也沒有嚴格法律來懲罰違約國家。另一方面，為了維持住貨幣政策空間，「樽節」往往成為歐盟對會員國最常見的財政干預手段，許多歐盟小經濟體的國家都對此表達強烈不滿，多數認為「樽節」只是讓赤字數字和通膨數字可以短期內變好看，但對一個小國家來說，只是讓經濟雪上加霜，也因此，財政問題衍伸出了許多政策爭議。

兩種主要的財政矛盾情結

若能先閱讀過歐洲歷史，不難理解為何歐洲各國多有左右派路線之爭，也因此，高稅率、高福利成為多數人對歐洲國家的深刻印象。就以失業補助來說，引用歐盟官方至二〇一八年的統計，芬蘭、比利時、法國、西班牙、奧地利失業補助皆高達GDP的一．六%以上，為歐盟的前五名國家。一．六%乍聽之下並不高，但若以台灣為例，台灣因失業所得到的救助支付約占GDP的〇．〇八六%，不僅可見歐洲失業率問題嚴重，也顯見社會保障支出（SPE）相當沉重。多數新興東歐國家失業給付比重則約占〇．五%，並不算太高。如果我們再用整體社會保障支出來看，包括醫療、職災、房屋補貼等，二〇一七年歐盟成員國中，法國、丹麥、芬蘭、德國、荷蘭，社會保障支出占GDP都在三〇%左右，法國甚至高達三四%，而整體歐盟（不含英國）在二〇一七年社會保障支出則是在二八．二%，同時期的台灣，約莫只占GDP的一一%，新興東歐國家則比台灣稍微高一點而已。

從這些統計資料不難看出，一個歐盟兩個世界其實相當明顯，不過，一個國家內的城鄉差距也是如此，這樣的差距應該也是很正常不過的事。但一般國家若要提高支出，只要社會取得共識且議會通過即可，在歐盟的規章內，若要提高某方面的支出，則還必須向會員國提出合理說帖，政府的預算彈性其實不大。這時候就必須在歐洲議會中互相爭取支持，例如用社會福利支出換取支持他國的農業補貼等等，導致歐盟的財政規範大打折扣。

第一種財政上的矛盾就是來自於各種補助預算的爭議。歐盟其實一直朝向單一市場再努力，

2018年歐盟成員國失業補助支出占GDP的百分比

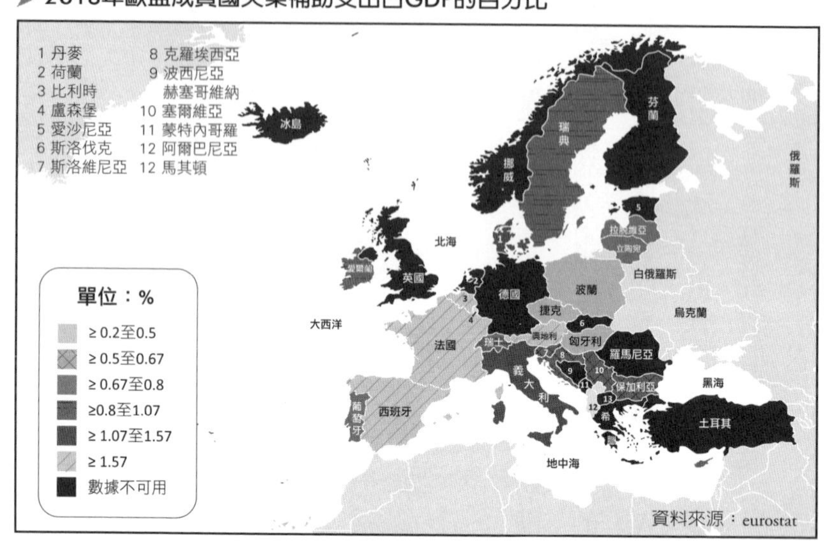

大致上九九％的商品和服務在歐盟單一市場境內都免稅且可自由移動，但是當歐盟決定推出新的環保、能源、農業等政策，會造成各國不一的成本，並影響各國政府的財政規畫。像近年來的天氣變遷計畫，就不被立陶宛等東歐新興小國所接受，此外，農業問題更是很常見的例子。

歐盟在其組織底下成立共同農業政策基金（CAP），這項政策可以追溯到一九六〇年代，當初成立該政策的目標就是為了支持各種農業收入以及保障共同市場內的糧食安全。其實面對農業進出口，絕大多數國家都有設立類似的機制，像台灣的農委會就會針對高麗菜等作物發出生產過剩的警告，而國外進口的肉類、水果，也有很多的檢疫必須逐步過關，把整個歐盟想像成單一國家，歐洲部分國家工業化和農業商業化得早，如果放任市場機制，恐怕會壓縮到新興國家的農業發展，而且容易造成供給的不平衡。但在一九九〇年歐盟成立之後，主要國家像是法國、德國的人力和物料成本大幅上升，美國農業強勢進口更大幅威脅歐盟農業發展，農業補貼甚至一度達到歐盟財政預算的六〇%，在二〇〇〇年後共同農業政策開始改革，尤其是將直接給付所得的方式改成單一給付制度，和供給脫鉤，另外也加強綠色措施（green box），也就是休耕或運銷推廣等不會扭曲貿易效果的計畫。

看似和諧的共同農業基金，但卻充滿角力，尤其法國和西班牙是歐洲農業大國，其中像是葡萄酒、威士忌都提供了相當高的收入，而歐盟改革後的共同農業基金，造成法國及西班牙成為最大的受惠國家。歐盟這個組織的預算跟一般國家不一樣，從二〇〇〇年開始，每七年舉辦一次預算框架議案，由領袖峰會做成決議，在這總數中，再逐年由歐洲議會討論各單位年度的收入與支出，這樣做的原因正是因為歐盟所執行的任務都有長期性，各單位例如歐洲原子能會等，不用每年都必須為下年度預算燒破腦筋。而二〇〇七～二〇一三年框定的歐盟共同農業基金約為五七〇〇億歐元，二〇一四～二〇二〇年則被砍剩約四九〇〇億歐元，引起法國政府強烈抗議。法國認為每年農業的收入大量填補歐盟收入，農業預算沒有理由縮減，但其他國家則認為這樣的基金補助方式只會導致農業發展的貧富差距。類似案件還有難民問題、區域融合政策等補助，爭搶資源戲碼不時上演。

第二種矛盾就屬樽節與成長之爭，這也是歐盟各國在財政上的大戲。二〇一〇年率先由希臘爆發政府公債違約風險升高之後，義大利、愛爾蘭、葡萄牙、西班牙陸陸續續出現違約風暴，歐盟被迫必須在剃除歐豬五國和出錢紓困這兩條路做出選擇，雖然最後選擇了紓困的方式，但也因此埋下對這些國家財政管理的不信任，除了要求樽節之外，還是樽節。

歐豬五國當中，對歐盟樽節政策最不滿的就是義大利，義大利認為自己是全球八大工業國之一，不僅有技術能力，各種工業產品也有市場競爭力，歐盟對義大利應該要取消嚴格的樽節政策，讓義大利政府可以增加支出和投資，為整體歐盟帶來更多收入，反而是經濟能力較好的國家應該樽節，讓後段班國家政府增加支出，這才是聰明的做法。

然而，當時法、德、英等大國並不向歐豬五國妥協，即便義大利政府債務赤字占GDP比重從二〇一五年開始，都很穩定在二．六％以下且逐年降低，完全符合〈穩定及成長公約〉規範，但二〇一八年年底的歐盟各國預算大會中，歐盟還是否決了義大利二〇一九年預算維持二．四％赤字比例的提案，最後雙方妥協以二．〇四％成交，而義大利政府也很有趣，二〇一九年的政府收入大不如前，年中陸續砍了相當多的政府支出計畫，最後縮減至一．六％的赤字比例，才免於二〇二〇年的預算遭到歐盟懲罰。義大利算是在歐洲政治上比較能夠吭聲的國家，其他像是希臘、愛爾蘭等國，對於歐盟的要求，也只能敢怒不敢言。即便如此，歐盟也常常會因個案給予財政鬆綁，像二〇二〇年的武漢肺炎問題，歐盟就緊急達成協議，不僅鼓勵各國增加醫療支出，而且這些支出還可以

➤ 歐盟成員國債務占GDP百分比

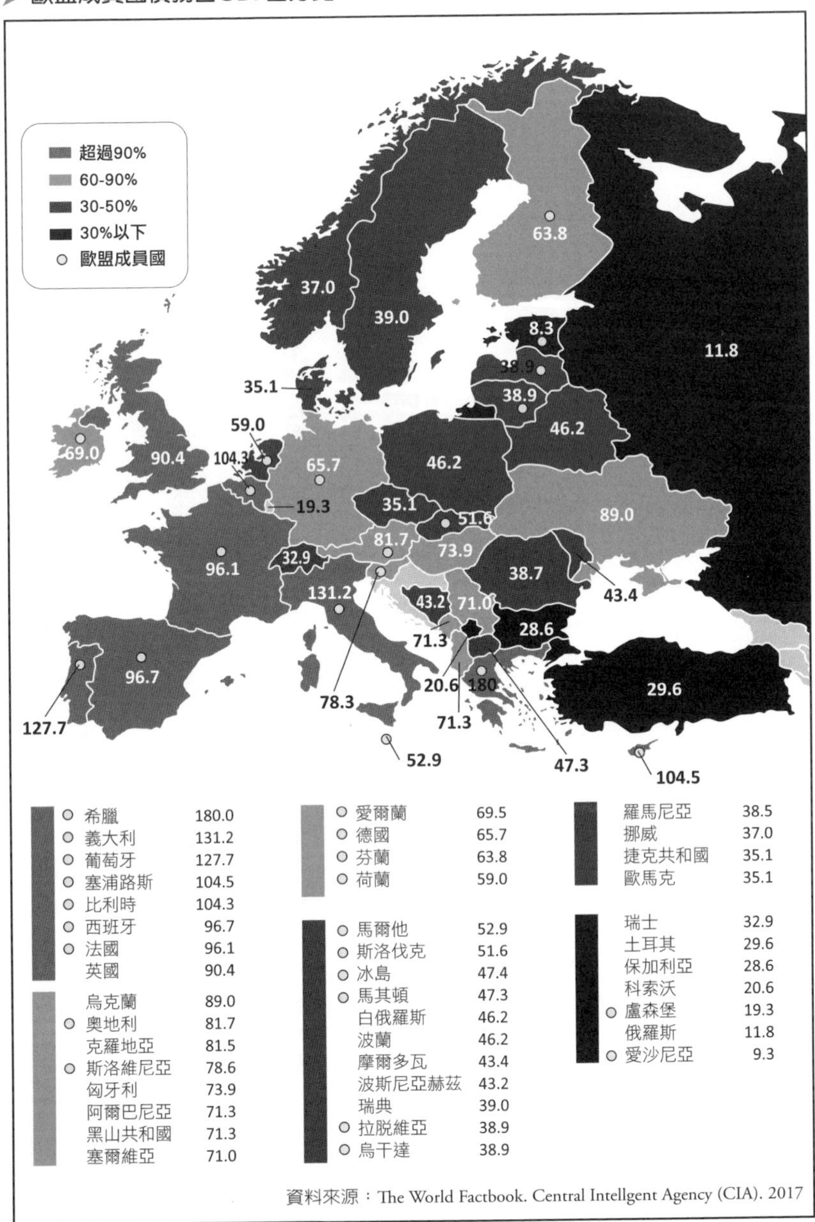

歐盟成員國	國家	債務占GDP百分比
○	希臘	180.0
○	義大利	131.2
○	葡萄牙	127.7
○	塞浦路斯	104.5
○	比利時	104.3
○	西班牙	96.7
○	法國	96.1
	英國	90.4
	烏克蘭	89.0
○	奧地利	81.7
	克羅地亞	81.5
○	斯洛維尼亞	78.6
	匈牙利	73.9
	阿爾巴尼亞	71.3
	黑山共和國	71.3
	塞爾維亞	71.0
○	愛爾蘭	69.5
○	德國	65.7
○	芬蘭	63.8
○	荷蘭	59.0
○	馬爾他	52.9
○	斯洛伐克	51.6
○	冰島	47.4
○	馬其頓	47.3
	白俄羅斯	46.2
	波蘭	46.2
	摩爾多瓦	43.4
	波斯尼亞赫茲	43.2
	瑞典	39.0
○	拉脫維亞	38.9
○	烏干達	38.9
	羅馬尼亞	38.5
	挪威	37.0
	捷克共和國	35.1
	歐馬克	35.1
	瑞士	32.9
	土耳其	29.6
	保加利亞	28.6
	科索沃	20.6
○	盧森堡	19.3
	俄羅斯	11.8
○	愛沙尼亞	9.3

資料來源：The World Factbook. Central Intellgent Agency (CIA). 2017

不列入債務赤字。

平心而論，歐盟國家之間的財政問題就像一般的民主國家一樣，吵吵鬧鬧且不具效率，但這樣的互相約束和牽制，確實是平衡發展的必要條件，所以未來也不會因為吵吵鬧鬧而走向集權。只是，相比貨幣政策之下，財政政策的愛恨情仇，更容易造成歐盟的瓦解，例如歐債紓困計畫，未來是否產生歐盟各國之間的道德危機（moral hazard）？還有像是歐盟的權利義務關係所帶來的不平衡，例如過去英國就認為每年淨貢獻歐盟達四八億歐元，卻必須忍受不利於英國的邊境及難民政策，導致英國政府支出大幅上升，最終選擇了分手。歐盟的財政統一之路，恐怕可見的十至二十年內，紛紛擾擾應該還是唯一的共識。

歐盟與非歐盟國家該如何相處？

從一九五〇年代起，歐盟的三個前身歐洲煤鋼聯盟、歐洲經濟共同體、歐洲原子能會，一直到一九九三年〈馬斯垂克條約〉後合而為一，這些組織過程目的無非都為了減少國與國之間的任何交易壁壘以及促進對話，避免合縱連橫般的政治仇視，因此對於那些尚未加入歐盟的國家，歐盟其實並沒有關起門自己玩自己的，反而創建許多溝通平台讓這些非歐盟國家可以共同加入，強調歐洲的團結，其中，單一市場政策和申根簽證就是最好的例子。

歐洲自由貿易聯盟

多數人都知道歐盟（EU）幾乎主導了歐洲國家內部的貿易、貨幣、財政等等，是一個相當有權力的國際組織，但其實，並非所有歐洲國家都有加入歐盟，而這些沒有加入歐盟的國家當中，有四個主要國家也組了一個小聯盟，叫做歐洲自由貿易聯盟（EFTA），分別是冰島、瑞士、挪威、列支敦斯登。

歐洲自由貿易聯盟其實只比歐洲經濟共同體（EEC）稍晚成立，最初是由英國於一九六〇年發起成立，成員有挪威、奧地利、葡萄牙、丹麥、瑞典、芬蘭、瑞士等親英的國家。當時成立的目的幾乎和歐洲經濟共同體的一樣，主要是藉由關稅的豁免，來促進貨貿及服務貿易等流動，也就是自由貿易區（FTA）的概念。不過，英國在成立自由貿易聯盟後的隔一年，便立即夥同聯盟其他三位成員，挪威、丹麥、瑞典，一起申請加入歐洲經濟共同體，但當時由法德主導的歐洲經濟共同體對英國和其夥伴們的加入並不領情，所幸這兩個聯盟並沒有真的用戰爭來解決問題，在法國強硬派戴高樂總統過世後，英國、瑞典、丹麥於一九七三年正式加入歐洲經濟共同體。奧地利、葡萄牙、芬蘭後來陸陸續續也加入歐洲共同體組織，挪威則因為公投的關係，至今都沒加入歐盟，所以歐洲自由貿易聯盟在九〇年代後就由挪威作為主導國家。

這段組織過程乍看之下是為了自由貿易，但之間卻隱藏了英法之間相當深厚的政治角力意味，除了參雜歷史紛爭的延續，此外英國也為了避免在二戰之後被歐洲內陸國家孤立因而失去政治影響力，可以說是其外交戰略的一個手段。畢竟，有了這樣的聯盟，一旦進入共同體體系，能夠有自己的夥伴互相照應；若無法進入，則還保有一個聯盟可以與之抗衡。所以，英國在二〇一六年最後還是選擇了脫歐，但這一路下來的恩恩怨怨，其實不難看出端倪。

歐洲單一市場的各種發展（共同市場）

在歐洲自由貿易聯盟多數國家轉戰加入歐洲經濟共同體之後，一九九二年歐洲經濟共同體就與當時歐洲自由貿易聯盟七國簽訂〈歐洲經濟區協約〉（EEA Agreement），也就是俗稱的單一市場條約。這是歐盟與非歐盟國家相當重要的歷史進程，對歐盟來說，經過單一市場協約，相信在未來將有助於歐洲的政治和經濟團結；而對歐洲自由貿易聯盟來說，該條約其實就形同是加入歐盟的準條約，在行政預算上，EFTA成員雖然不用繳交費用給歐盟，但為了減少歐洲各國社會和經濟差距，EFTA另成立歐洲經濟區基金（EEA Grants）來協助弱小國家；在貿易相關稅務及法規上，則必須遵從歐盟相關約定；惟在財政和貨幣方面不受歐盟監督和干預，也不受控於歐盟的共同農業、漁業政策及部分貿易政策。大致說來，歐洲單一市場的規範幾乎等於歐盟的政策規範，強調四個自由，也就是勞動、貨物、服務、資金流動的自由。

為了和歐洲自由貿易聯盟達成共識，兩者也合組歐洲經濟區聯合委員會（EEA Council），規定每兩年舉行一次，討論歐洲單一市場的經貿問題。不過，這聯合委員會其實影響力並不大，議案多半在於表決歐盟的總體經濟政策而已，畢竟只有三個國家，且挪威部分海外屬地並沒有加入，而瑞士則因為政治關係，單獨和歐盟簽署雙邊協議，其商品、服貿等開放程度和模式都是另外辦理，不完全與EFTA成員相同，金融相關行業更是完全不開放，但關於勞動力的流動，瑞士則有同意加入申根簽證。

單一市場的定義相當嚴格，在經濟整合的強度上僅次於歐盟，除了EFTA三國順利整合外，其他非歐盟國家無論是經濟規模或財政制度，都不適合馬上就加入單一市場。不過，歐盟的政策並不打算要孤立這些不加入歐盟的國家，因此，除了EEA這個單一市場之外，根據歐盟官網的定義，還有三種常見的方式來維繫歐洲及周邊亞非國家的貿易合作，可以說是歐洲單一市場政策的補充版本。

第一種：聯繫協定（Association Agreement，AA）

通常會簽署聯繫協定，多半是指兩簽約國之間有一個明確的未來共同合作目標或目的，例如促進兩國統一、共同關稅或貨幣等等。歐盟的聯繫協定最初多用在與地中海國家之間的政治與貿易，在聯繫協定下，可能再組成關稅同盟、貨幣同盟或者自由貿易區等，可以說是為了政治和經貿上合作的前期過渡條約。

歐盟眾多聯繫協定中比較特別的是土耳其，雖然至今歐盟因為政治和經濟因素仍然在審核土耳其的加入，但雙邊目前已存在關稅同盟（安卡拉協議），當初尚在聯繫協定時，包括邊境關稅、農業關稅、智慧財產權、人員流通等，雙方約定分成三階段執行，歐盟期待土耳其能夠逐步遵守關稅同盟協議後再成為歐盟會員，目前土耳其已成為歐盟的關稅同盟國家。類似土耳其的聯繫協定也包括一九九三年簽訂的歐盟與中東歐協議，當時主要是為了讓這些脫離共產主義的國家加入歐盟的準備程序，現在已經廢止了。

地中海國家除了土耳其之外，北非的摩洛哥、埃及、阿爾及利亞、茅利塔尼亞、利比亞，中東的以色列、約旦、黎巴嫩、巴勒斯坦、敘利亞，南歐的阿爾巴尼亞、波士尼亞、摩納哥、蒙地內哥羅、突尼西亞、塞爾維亞、馬爾他等共十七個國家，都是最早期和歐盟簽定聯繫協定（Euro-Mediterranean Partnership）的國家，其中馬爾他和塞爾維亞已經加入歐盟，在二〇一四年後，烏克蘭、喬治亞也陸續加入協定，甚至表達加入歐盟的意願，而歐盟類似的協定更拓展至智利，尋求更廣大的市場。但嚴格說起來，這些聯繫協定多半與地緣政治的穩定相關（或稱穩定聯繫協定），在經濟上，除了協議規範的商品之外，歐盟也正逐步與其中一些國家建立起自由貿易區，追求實質互惠平等。

除了聯繫協定之外，歐盟也會採用合作夥伴協定（Partnership and Cooperation Aagreement，

PCA）來和其他國家合作，合作夥伴協定很類似聯繫協定，但經濟整合強度上略遜不少，重心主要仍在政治上，目前僅有和伊拉克、亞塞拜然、亞美尼亞、哈薩克等四國簽有合作夥伴協定。

第二種：經濟貿易夥伴（EPA）和自由貿易區（FTA）

經濟貿易夥伴關係（Economic Partnership Agreement）及自由貿易區（Free Trade Area）主要是歐盟對歐洲境外經濟關係的合作方式，經貿夥伴關係在經濟整合的強度上更高於自由貿易區，除了貨品關稅幾乎全免，夥伴關係代表雙方對於往後任何雙邊貿易障礙，都有階段性共同排除的任務。截至二〇一九年底，歐盟僅與新加坡、南韓、烏克蘭等三個國家簽署自由貿易區協定，而與三十三個國家簽署經貿夥伴關係。

區域對區域的組織關係上，例如東協十國、南美共同市場等，歐盟也有類似自由貿易合作的簽署，但內容多偏向商業資金流動、貨物稅、商品認證、環保、勞工議題等規範，這是因為區域組織不見得能代表國家，因此，歐盟和區域組織的經濟合作，不會用自由貿易區或經貿夥伴關係來認定，但其實性質很接近。

這裡需要提醒一下讀者，EPA和FTA在歐盟有著不同程度的關係，但在很多國際政治經濟學術文章中，自由貿易區（FTA）其實是一個很廣義的雙邊優惠協定的概念，範圍相當廣，上述提到的經貿夥伴、關稅同盟、共同市場等等，都會被視為是自由貿易區；也有直接就以TA（trade agreement）方式呈現的名稱，加拿大和瑞士就屬於此類。

所以當我們在閱讀歐盟相關文獻的時候，要避免和這些觀念混淆，還是要理解歐盟本身的定義最為清楚。

第三種：關稅同盟（Custom Union）

關稅同盟和自由貿易區都有貨物關稅減免排除的共同方向，但最大的不同在於，關稅同盟對非盟邦國家，有著統一的關稅稅率和合議的外貿政策，在經濟整合的強度上，僅次於共同市場，比經貿夥伴關係還強。歐盟的關稅同盟主要是針對境內的國家或屬地，整個歐元體系其實有許多非歐盟的歐洲國家，其中四小國：梵蒂岡、安道爾、聖馬利諾、摩納哥等，與歐盟之間的相處狀況最為特殊，其他加入關稅同盟的還有各國的海外屬地，例如英屬曼島等，土耳其則是歐盟會員候選國。

梵蒂岡除了與歐洲央行有貨幣上的協議之外，在經貿上，梵蒂岡因為是宗教國家，並沒有相當規模的工業產品和商業活動，所以沒有和歐盟有任何貿易協議，但梵蒂岡透過與義大利之間的協議，其與歐盟之間經貿貨完全流通不受阻。摩納哥也是採用一樣的方式，與法國之間取得經貿協議，進而推展到全歐盟；其他兩個微型國家，雖然也都有加入歐元體系，原本歐盟有考慮採用單一市場的方式將其納入架構，但這兩個國家國內需求和一般國家大不相同，像安道爾其稅收主要來源都是觀光旅遊業，占其GDP將近八〇％，聖馬利諾則是以金融業為主，是著名的避稅天堂。微型四國總人口約十萬人，若加入共同市場，並沒有實質意義，因為它們也無法負擔共同義務太多，且因為這四國也都加入了歐元體系，基本上，國家的貨幣政策實質權力掌握在歐洲央行，因此歐盟做出決議，以關稅同盟的方式來與安道爾和聖馬利諾合作，而梵蒂岡和摩納哥也都透過第三國取得歐盟關稅優惠。

英國在二〇二〇年一月正式脫歐之後，照條約規定，英國等於是離開了歐洲單一市場，因此近年來，歐盟對英國提出關稅同盟的協議，希望可以作為脫歐後的合作方式。不過英國內部意見相當分歧，因為關稅同盟意味著沒有獨立的貿易政策，這並非當初脫歐的用意，不過英國為了減緩衝擊，仍然提出了自己的關稅同盟版本和歐盟協中，目前歐盟和英國的貨物關稅仍保留單一市場時的狀態，但若在二〇二〇年底沒有協調出結果，那雙邊貿易壁壘勢必開展。比較特別的是北愛爾蘭的狀況，英國脫歐之後，北愛爾蘭在政治上將跟著離開歐盟，但經濟上，英國尊重北愛爾蘭的狀況，並且協助北愛獲得兩年的緩衝期續留在單一市場，並且視英國和歐盟之間的關稅同盟狀況，之後再公投決定方向。

申根在手，歐洲任遊（Schengen Visa and Area）

有造訪過歐洲的朋友相信對於申根簽證一點也不陌生。簽證其實是一個國家邊境過關很重要的一份合格證明，因為邊境檢查對國家安全是非常重要的一環，不管是難民、疾病、犯罪、恐怖攻擊等，邊境檢查是這些問題的第一道防線，特別是歐洲多數國家土地相連，甚至連鐵軌也都相通，過去各國在邊境上部署了許多軍警人員，彼此之間相當不信任，例如在二戰時期，甚至出現邊境圍牆等軍事措施，許多跨境商業也因此停頓。

歐盟在經貿上利用各種協議來促進歐洲共同市場，不過，商業上要有密切的流動，國與國之間的邊境簽證則必須也給予合理待遇，因為這是國與國彼此信任的重要表現。

有鑑於此，一九八五年，當時歐洲共同體五個主要國家，法、德、比、盧、荷共同於盧森堡申根鎮簽署取消邊境控制的協議，也就是眾所皆知的〈申根公約〉。公約除了讓境內國民得以自由通行之外，簽約國也得以對外國發行簽證，且該簽證為所有簽約國認可，換言之，簽一次申根簽證，就可以在所有申根公約國家自由移動，差別在於，申根公約國家的公民並無期限的限制，例如一個法國人可以自由選擇長期居住在德國或在德國就學，但非申根公約的外國人，則一樣會有旅行、商務、就學等日期限制。此外，公約國家也必須互相協助跨國法律警調任務，以及外國人入境及飯店居住等資料共享。

協定雖然在一九八五年簽署，但直到一九九五年才正式實施，不過在一九九三年底歐盟正式成立之前，其他歐盟最初成員國也都陸陸續續簽署，這意味著彼此之間的信任，也代表共同發展歐洲市場的決心。而在一九九七年，歐盟進一步正式將〈申根公約〉法律化，換言之，歐盟會員國也當然是〈申根公約〉的簽署國，不過目前新加入歐盟的克羅埃西亞、保加利亞、賽普勒斯還未正式被接受為〈申根公約〉簽署國，而愛爾蘭和英國則是因為非歐陸國家，加入〈申根公約〉對其幫助不大，所以自始至終都沒有加入，但英、愛兩國對於〈申根公約〉國家公民一樣給予免簽證自由入境的優惠待遇，就像台灣人去日本一樣。

除了歐盟大多數會員國可發行申根簽證之外，歐洲自由貿易聯盟四國，也著眼於歐洲單一市場的發展，一同將〈申根公約〉納入單一市場的規範，因此冰島、挪威、列支敦斯敦、瑞士在一九九六年後也陸續加入〈申根公約〉行列。微型四小國雖然是歐元區一份子，但沒有加入歐盟，也沒有另外加入〈申根公約〉，雖然他們無法發放申根簽證，但因為國土連接的關係，其實對於申根公約國家的公民，採取相同的態度，例如梵蒂岡和聖馬利諾直接和義大利政府簽署邊境自由開放的協議，只要是義大利政府認可的簽證或公民，都可以自由進出該國。摩納哥則是和法國簽署類似的協議，確保雙方邊境的開放；安道爾則是與西班牙和法國簽署，不過非申根國家的公民要繳納落

➤ 申根區簽證國

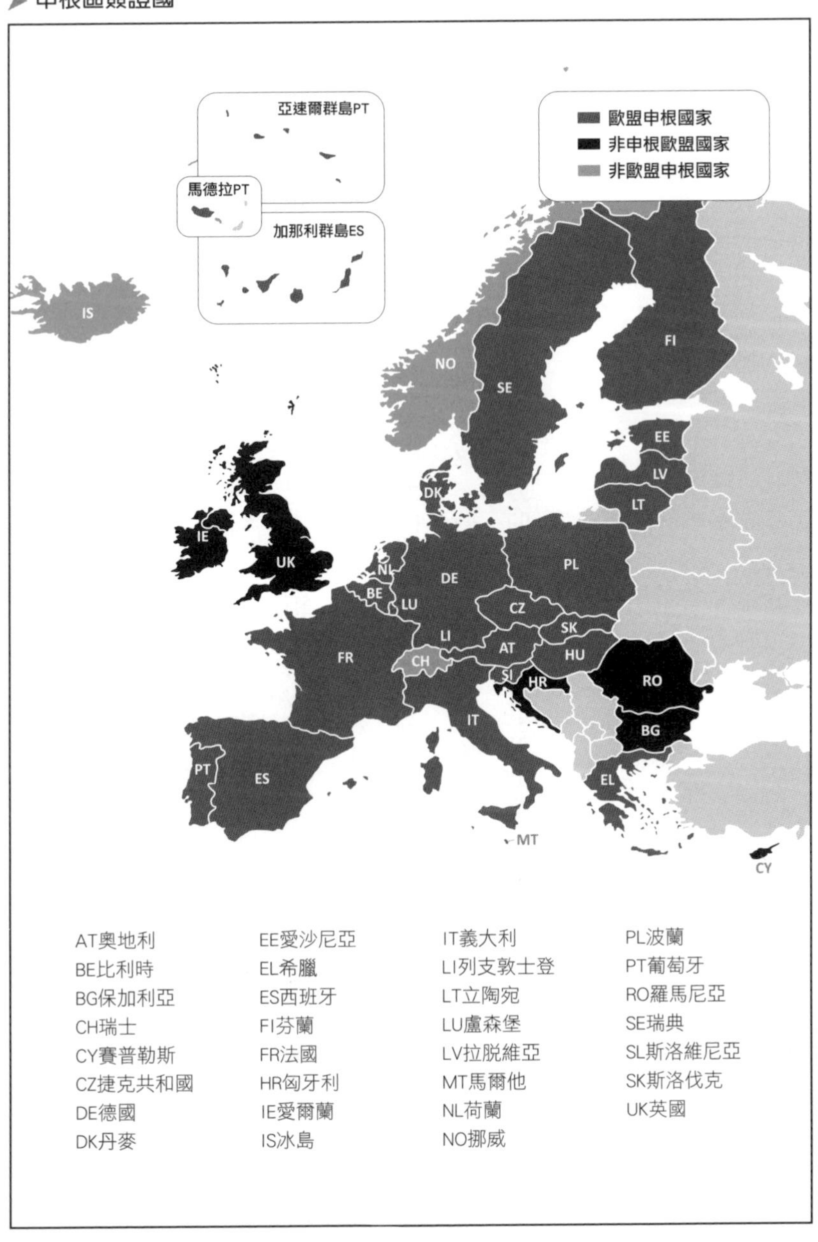

亞速爾群島PT
馬德拉PT
加那利群島ES
歐盟申根國家
非申根歐盟國家
非歐盟申根國家
IS
NO
SE
FI
EE
LV
LT
DK
IE
UK
NL
BE
LU
DE
PL
CZ
SK
LI
AT
HU
FR
CH
SI
HR
RO
BG
IT
PT
ES
EL
MT
CY
AT奧地利
BE比利時
BG保加利亞
CH瑞士
CY賽普勒斯
CZ捷克共和國
DE德國
DK丹麥
EE愛沙尼亞
EL希臘
ES西班牙
FI芬蘭
FR法國
HR匈牙利
IE愛爾蘭
IS冰島
IT義大利
LI列支敦士登
LT立陶宛
LU盧森堡
LV拉脫維亞
MT馬爾他
NL荷蘭
NO挪威
PL波蘭
PT葡萄牙
RO羅馬尼亞
SE瑞典
SL斯洛維尼亞
SK斯洛伐克
UK英國

地簽證費用。

總計，目前全歐洲有二十六國加入了〈申根公約〉，尚未加入的地區多半集中在巴爾幹半島，而多數小國家甚至歐洲境內的各國屬地，除了英國和愛爾蘭，也都準用申根簽證供旅客通行，這些加入〈申根公約〉的地方就統稱為「申根區」，這是歐盟相當不凡的成就之一。

不過，水能載舟亦能覆舟，〈申根公約〉給了歐洲多數國家人才和各種資源流通的方便，但隨著中東和南歐地區的難民入境問題，引起了歐盟相當大的對立，尤其是中東地區和巴爾幹半島對政局相當不穩定，歐洲基於人權，雖然收容了部分難民且也給予了政治庇護，但無論是基於宗教還是經濟，保守的歐洲政黨認為這破壞了歐洲內部的社會，因為難民帶來相當多負擔，且中東國家很難有結束戰火的一天，人數只會越來越多。難民問題已經迫使申根區加強了邊境管制，歐盟各國都在觀察德國的處理方式，如果德國內部單方面宣布封閉國境，恐怕會造成〈申根公約〉停擺的骨牌效應。

歐盟產業經貿現況

為了歐洲單一市場的整合，歐盟很努力向歐洲境內所有國家採取合作，即便是英國脫歐，歐盟也不放棄和英國成立關稅同盟的協議。歐洲在經濟上的整合幾乎是個不可逆的方向，只有個別國家程度高低的不同，不過，雖然商品和服務在歐盟努力下幾乎免除了關稅等貿易壁壘，但實際上，各個國家彼此之間仍有競爭，像是汽車工業就是兵家必爭之地。此外，也因市場開放且消費力強而誕生出超大型品牌，像是早期芬蘭的Nokia，一度在全球市占率高四〇％，許多小廠只能俯首稱臣或是被併購，整個歐洲內部對於產業經貿可以說既合作又競爭，相當有趣。

歐盟的各產業狀況

如果把英國也算入的話，歐盟在二〇一九年仍然是全球第二大經濟體，其GDP生產總值約為十八兆美元，名目人均所得約為三・六萬美元，不過所得差距在歐盟內還是有顯著差異，所得最高的盧森堡有七・一萬美元，而最低的保加利亞則只有約八〇〇〇美元，幾個新加入的東歐國家平均約在一・四萬美元，和傳統西歐強國的四萬美元人均所得有著不小距離，再次印證歐盟內部貧富差距的事實。

如果我們再以支出的形式來看細節，歐盟光是消費支出就占了七五・三％的GDP，而總體貿易總額約為四・五兆美元（這裡所指的數字是指歐盟出口到二十八國之外），雖然國際貿易收支還算接近平衡，但近兩年則出現逆差的趨勢，可見歐盟經濟相當仰賴消費市場，和美國類似，但比起以貿易出口為導向的中國，有著截然不同的經濟結構。

歐盟重視消費支出，因此貿易相當重要，歐盟在全球貿易總額中，排名高居第一，但單以出口產值來看的話，整個歐盟也是全球第三大出口經濟體，僅次於美國和中國。出口最大宗的物品與交通動力密切相關，整體交通工業在二〇一九年出口總值就占了整體歐盟出口總值的四五％，約為九一〇〇億美元，歐盟則從中獲取貿易順差一九〇〇億美元，其中汽車與航空引擎是出口值最大的品項，眾所皆知的雙B汽車、法國幻象、義大利小牛超跑等等，足以證明歐洲交通工業絕非浪得虛名。

除了動力機械之外，醫藥化學類則是排名出口第二名，二〇一九年出口總值為四二八〇億美元，但卻賺取了一八〇〇億美元的順差。化學產業所垮的領域相當大，包括生技醫療、化學製品、原料等等，歐盟不僅在這些產品出口是強勢國家之外，在化學這方面歐盟控有全球的標準制定力量，像是台灣電子廠商一定會知道的RoHS（歐盟電機電子設備有害物質限用指令）標準，還有REACH（化學品註冊、評估、授權和限制法規），這些不單單是進出口歐盟必須遵守，許多國家也會以此作為國內標準的參考，共同打造高品質的環保要求。化學原物料幾乎是所有產品的最源頭，尤其是塑料產品，像是兒童玩具的甲醛含量、電子產品的成分等等，通通都有在規範內，所以身為製造大國的台灣，其實受到歐盟各種工業規範影響相當深，有時候並不是國內環保標章過關就說得算，否則我們的產品根本無法旅行全球。

歐盟境內的消費產品則是相當仰賴進口，舉凡電子類產品和工業所需零組件，幾乎多是從外地進口，二〇一九年這一類的進口總額約為七二〇〇億美元。進口部分更值得一提的就是石油類原物料，歐盟雖然擁有許多天然資源，像是煤、鐵、木材等等，但唯獨石油資源掌握在挪威、英國和俄羅斯手中，除了英國之外，二〇一九年歐盟整體向俄羅斯和挪威購買動力燃料高達一一〇〇億美元以及四〇〇億美元，遠高於中東OPEC產油國家的一二〇〇億美元，這項進口也是歐盟貿易產生逆差最主要的來源之一。這項數據大致可以說明為何挪威不需要加入歐盟，此外，對歐盟來說，石油不僅僅是貿易問題，這也牽扯出很複雜的美、歐、俄三方的國際政治角力。

歐盟亦敵亦友的重要貿易夥伴們

就貿易對象來看，歷年來，美國一直是歐盟最大出口國家，也是最大貿易順差的來源，二〇一九年從美國賺取約一七〇〇億的貿易順差，僅次於中國，不過歐盟是很多國家分攤這個數字，且歐盟的出口多與高附加價值的工業品為主，所以美國過去鮮少對歐盟提出貿易平衡的強烈要求，但是川普上台之後，為了達到製造業回流的政策目的，美歐貿易戰其實也悄悄地開打，第一戰就是控告歐盟對空中巴士的補貼。不過美歐雙方在經濟發展上，長期存有互補的關係，就研發和新創的能力而言，歐盟和美國幾乎是並駕齊驅，但在資金方面，美國的金融市場可謂世界超強，美國對歐盟的投資也是世界第一，根據歐盟官方資料，美國每年約投資一五〇〇億美金在歐盟國家。美歐之間雖然尚未有正式的自由市場協議框架，但實質上，美歐可以說是唇亡齒寒。

中國則是歐盟第二大出口國家，但也是第一大進口國，所以也就成為第一大逆差來源，二〇一九年的貿易逆差高達二二〇〇億美元，跟美國情況相當類似，不過因為歐盟畢竟有二十八國，所以反彈並沒有像美國如此強烈。雖然中國從歐盟賺取了相當多的貿易外匯，但中國也是歐盟最重要的投資國，根據中國官方統計，二〇一七年中國企業直接投資在歐盟的資金高達一八四．六億美元，年增率七二％，內容包括航太、汽車、電力等等，但也因為中國大幅度的增加投資，尤其是對歐洲企業的併購引起歐盟不少的討論，甚至引起美國政府的關切，從二〇一八年起，歐盟也對中資的進入嚴格審查，以至於投資逐漸放緩，不過，中國的一帶一路政策直驅地中海國家，尤其是義大利和希臘等南歐國家，造成歐盟對於中國的態度一直存有不同雜音，時寬時鬆。

嚴格來說，二〇一八年開始，歐盟在經貿上採取對美國和中國互不得罪的謹慎態度。法國總統馬克洪更在二〇一九年歐盟的演講當中，明白呼籲歐盟應該提高自主性，採取中立的角色來平衡對待美國和中國之間的貿易戰爭，川普政府則批評歐盟至少不該為中國科技服務，尤其5G和資安的建設，而隨著新冠肺炎的情勢變化，或許會讓歐盟在經貿策略上對中國更加強硬一些，值得後續觀察。

台灣與歐盟之間的關係

在台灣，只要聊天提到歐洲，很難不跟觀光旅遊搭上話題，特別是蜜月旅行，歐洲幾乎是每個新家庭的首選。台灣人很愛去歐洲，但其實歐洲企業也是很愛台灣！從二〇一四年起，台灣與歐盟之間的貿易往來越趨頻繁，從原本第二十五大貿易夥伴躍至二〇一九年的第十四大貿易夥伴國家，歐盟則一直是台灣第四大貿易夥伴，雙方二〇一九年貿易金額達到六三〇億美元，台灣享有一四〇

➤ 2019年台歐盟雙邊貨品貿易

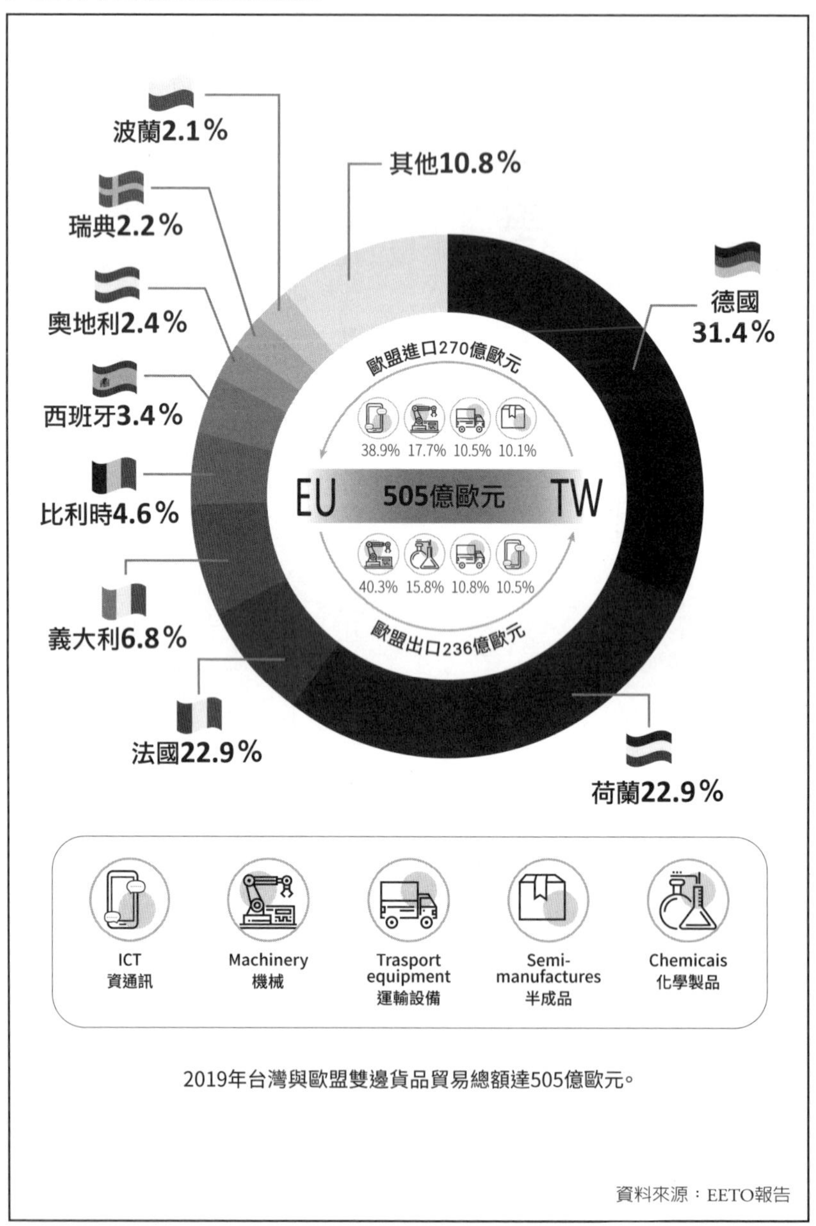

2019年台灣與歐盟雙邊貨品貿易總額達505億歐元。

資料來源：EETO報告

億的貿易順差，是台灣第三大順差來源地，其中德國、荷蘭、英國這三地就占了台歐出口的五〇%以上，可說是台灣堅固的貿易夥伴。

台灣出口到歐盟的產品一樣以電子零組件及產品為主，除了積體電路之外，伺服器相關成品是近年最重要的出口產品。其實不只零組件，早期台灣品牌Acer及ASUS，曾經盤據歐洲筆電占有率的第二和四名，相當不容易，HTC也曾是歐洲智慧型手機的霸主，近幾年則是電競產品竄起，像微星電腦在歐洲和北美都是第一名的市占率，台灣在多數歐洲人心中幾乎和電子產品畫上等號。

除了幾個老牌西歐國家之外，因為東歐國家的經濟逐步開放，許多電子及工具機廠因為區位因素，選擇在捷克、匈牙利、波蘭等地設廠，台灣大型面板廠都偶在捷克和波蘭當地布局，例如友達、群創等，近五年有更多廠商瞄準捷克積極擴大布局，像鴻海在二〇一九年剛簽訂三〇億台幣合約擴建其捷克廠，國內工具機大廠也是積極投入東歐市場，特別是打入其航空和汽車材料的供應鏈。整體來說，東歐近五年逐步成為台灣進軍歐洲最重要的戰略踏板，不僅補足了台歐地裡遙遠問題，因為其人力素質和價格相當優秀，相信未來台灣會有更多廠商向歐洲前進。

歐洲進口台灣的東西則是玲瑯滿目，除了一般消費者最愛的精品時裝等等，從金額來看大致可分為兩大類：最大宗的就是家家戶戶最熟悉的汽機車等交通工具類，包括引擎、車等等相關組件，平均一年約有九〇億美金的進口；其次則是台灣電子廠商所需要的精密儀器，像台積電在二〇一九年就編列了一〇〇億美元預算要分批購買荷蘭廠商的儀器，完全不輸汽機車等產品進口金額。總體來看比較枯燥，如果以個別歐盟國家來看的話，其實又很不一樣，台灣出口到歐洲各國的結構較為類似，但從歐洲各國進口的項目很多元，像法國的化妝品及烈酒就是出口台灣主要產品之一；台灣和西班牙之間的貿易多是鋼鐵產品居多，不過西班牙豬肉和橄欖油已經成為台灣第三大供應國；其他像是德國、英國、瑞典，都有其他不同且有趣的項目。

不僅僅是緊密的貿易，歐盟也是台灣近三年第一大外資直接投資來源地，約占台灣每年外資投資的三一%將近四〇億美元，其中荷蘭分量最大且最重，二〇一八年就投資三五億美元，二〇一九年也有二三億美元。引起歐盟投資除了電子業的成就之外，二〇一六年民進黨政府上台之後，宣布朝向非核家園前進，這更帶動歐盟嗅到參與能源改造的商機，例如法國的鐵路公司、西、荷、丹麥等風力廠商、德國各種再生能源廠商等等，都正在排隊進入台灣市場，當然，台灣也很積極地以歐盟先進國家和指標為未來國家發展的藍圖。

換個角度來看，台商在歐洲雖然很難跟在中國的情況相比，台商也不是歐洲外來投資（FDI）最大來源，但在東歐陸續民主化後，像是捷克、波蘭、匈牙利，台灣每年都有數千萬台幣的資金進入投資，而且投資標的多是以汽車、電腦製造業為主，像是台灣有名的宏碁電腦、華碩電腦、廣達、鴻海等等，也已經在捷克當地設廠經營，台灣幾家輪胎和汽車零組件廠，也計畫未來五年進駐

➤ 1988～2020年8月台灣投資歐洲市場的前十大國家

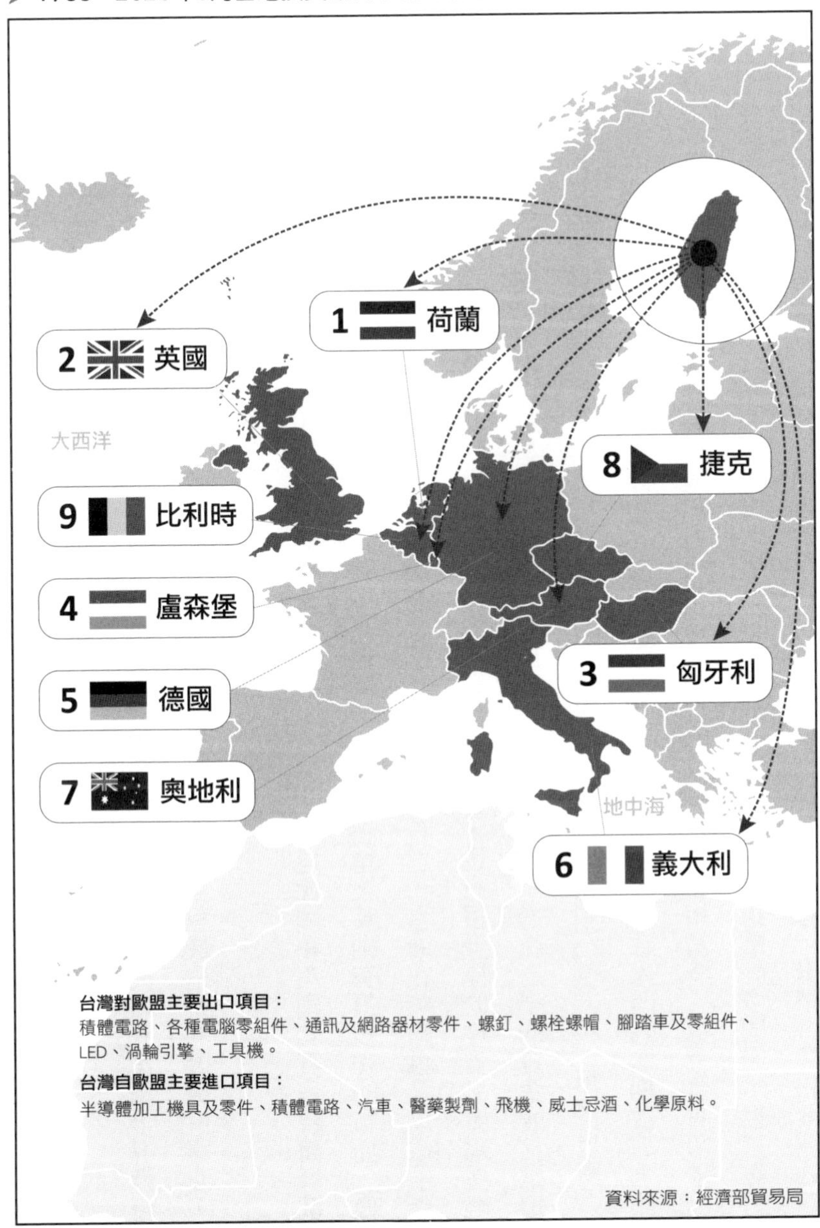

東歐。此外，今年雖然全球深受疫情阻礙，但台灣的金融業者仍然前進匈牙利投資了一三億美元，一口氣讓匈牙利成為台灣投資歐洲的第三大國，相信日後能讓東歐當地台商的融資更加有利。

如果以長期累積的總量來看，荷蘭則是台灣投資歐洲首選，電子產業占最大宗，這和半導體設備的投資有很大的關係，尤其是荷商ASML，可以說是全球先進半導體製程最重要的設備供應商，這次美中貿易戰，ASML和台積電幾乎被美國放在同一個天平來看待。

最受關注的英國和德國，其實才分居台商投資的第二、五名，不過德國和英國其實是台灣對歐洲投資最元老的兩個國家，可以追溯到七〇年代，不僅老牌，台商在德、英則有很多元的布局，像德國金屬、化工、運輸等製造，還有科技技術服務，都是台商插旗首選，台商在英國也是以電子產品為投資主力，但其他還包括食品業、教育業、旅遊業和零售批發，也有很豐厚的投資。盧森堡雖然是台灣投資歐洲的第四位，但和匈牙利一樣，只有放在金融業而已，不過盧森堡的資金通常是短期金融投資，並非長期資金，雖然如此，台商在二〇一九年投資金額也達到六億美元，相當可觀。

台灣投資歐洲，距離其實不是最大問題，複雜的語言和嚴謹的制度，導致入門門檻相當高，此外，因為西歐各國發展得早，其商業環境和規模相當成熟且穩定，競爭者相當多，也令台商卻步。不過，隨著東歐的崛起，台灣重新找到了進入老歐洲市場的有力跳板，而東歐許多國家，也正努力和台灣學習電子業的發展技術和經營，加上美中貿易戰下的供應鏈重組問題，未來台灣和歐洲的關係會更趨緊密。

在坊間許多學術資料或科普書籍，有時候不會把歐盟視為一個貿易個體來看待，而是以歐元區來為劃分，因為共用歐元更能凸顯這些國家的相似之處；不過，也有研究報告會以歐洲單一市場來做統計，因為單一市場內部的貿易關稅制度幾乎一致，可以對比為一個國家。無論如何劃分，謹記，我們都必須思考很多細節末微的國家定義，還有以此作為統計標的的意義，例如要採取歐盟二十七國或二十八國、歐元體系還是歐元區、內部貿易是否列入等等，各種定義都會有不同的解讀方式和統計意義，有時候在寫作時，也常常搞混用錯名詞，新聞報章雜誌的錯誤率也是相當高，所以各位讀者往後在閱讀相關資訊時，也要有清楚的輪廓概念，千萬不要混為一談。

這一章節主要是以介紹歐盟為主，而英國又在二〇二〇年才正式脫鉤，因此統計資料皆是以歐盟二十八國為主。又因為考量文字長度和介紹意義，故沒有辦法按照各種其他分類形式一一介紹歐洲，畢竟太過龐雜且重複，反而讓讀者對歐盟經貿更加迷惑。

Chapter

03

繽紛多元的經貿產業

前言

牛頓曾經自謙形容自己是站在巨人的肩膀上，所以可以看得更廣、更遠。這句話如果用來形容歐洲各國的產業發展，其實也相當貼切。相較於美國各種產業和商品往往給人資本主義霸權的浮誇感，歐洲的產業和商品則常常令人讚嘆其細膩的設計和工法，不僅是產業商品，包括各種球類運動、建築設計、教育、觀光旅遊等，我們往往可以很輕易地感覺到那股歐洲style。不僅如此，歐洲各國也同時展現出不同的品味，像是德國的精實、英國的紳士風範、北歐的簡約純樸，還有法國和西班牙的浪漫等，這些或許是刻板印象，但不可否認這些似乎就是歐洲多元的文化底蘊，一個由希臘羅馬文化和基督教文化融合而成的氣質。現在就來一窺這些歐洲產業神祕的經濟面紗吧！

金融

老當益壯的世界金融推手

歐洲的海上貿易發展得相當早而成熟，西元前五百年，希臘和羅馬各城邦就已經相當頻繁地往返地中海和當時小亞細亞地區之間。雖然貿易仍是「以物易物」為主，但希臘當時的銀幣和金幣也很受波斯人的歡迎，後來許多古希臘錢幣也多在波斯地區被發現。不少人應該會有一個疑惑：兩地之間的匯率關係應該是存在的，只是當時並沒有足夠的機制和技術去計算，那麼，為何希臘城邦的貨幣還是會被接受呢？

其實，西元前的貨幣給付，主要還是仰賴貨幣金屬含量的純度，這就與一個國家的工藝技術和礦儲存量有很大的關係。因此，貿易若以貨幣來給付，通常這些貨幣要嘛會被熔掉以重新鑄成本國貨幣；要嘛留存下來，作為下一次交易來給付；或者，少數商業機構准許使用外國貨幣交換商品或勞務。換言之，工藝技術、貨幣儲存、貨幣轉換的需求就必然產生，而這三個基本需求，就誕生出了「銀行」的雛型。根據史學家的推斷，全世界第一家類似銀行的商業組織，就出現在當時的希臘神廟。

希臘神廟不僅存放和製造貨幣，廟宇同時也接受人民的捐獻，因此擁有不少財富。另一方面，神廟與統治者的關係也相當密切，除了「君權神授」的概念普遍存在於早期的人類社會，金融行為也提供貴族相當大的財富，甚至提供軍事所需的費用，這意味著神廟與政治之間是相輔相成的，神廟資本逐漸雄厚且有政治權力作為信任基礎，所以當時神廟也辦理放貸的業務，像是土地放貸、海事貸款、典當等。但並非所有人都有能力去借錢，因此在神廟與市井小民之間，有許多商業掮客就開始從事放貸來賺取利息。希臘三大哲人蘇格拉底、柏拉圖、亞里斯多德便曾針對這些賺取利息的行為加以批評，認為這是不道德的行為，可見歐洲有關商業、金融系統的發展相當早。後來，透過波斯和羅馬帝國的相繼擴張，這些銀行行為也拓展到中亞和歐洲各地。

至此，大家或許會想：那同為文明古國的中國呢？其實當時的周朝也有類似的組織，周朝在各地方政府底下設有「泉府」，除了掌管地方政府的稅收，也會收購或接收一些民間滯銷品的抵押，讓貨幣得以流動。不過金融功能上遠不如希臘神廟的多樣性，這或許與中國遠古較少海上貿易有很大的關係，要一直到唐朝才出現銀行商人的雛形。

推動資本主義的知名家族

希臘羅馬時代之後，歐洲進入一連串分分合合的旅程，但隨著工藝技術及殖民、貿易的需求，加上礦產資源的穩定，金融行業的發展開始蒸蒸日上。不過，過去從神廟發展出來的銀行模式，到了中世紀則改由「基督教會」成為國家的大金主。雖然封建時期的教會對於放貸收取利息的行為相當斥責，因為這不僅違反聖經教義，也違反教會本身的宗教任務，但另一方面，教會跟過去的神廟一樣，終究充滿了與政治的連結，也持續接受許多人民的捐獻，為了維護其有利的政經地位，遂改用罰金制度取巧變相為利息的一種，開始大肆經營銀行業務，這也成為後來宗教改革的導火線之一。

文藝復興時期，由於人們對基督教會各種違背聖經宗旨的發展日益不滿，除了面臨教義上的分裂之外，因為對教會的反感，金融業的運作也逐漸擺脫教會與政府的直接控制，此時最繁榮的義大利佛羅倫斯和威尼斯等地，就有不少商人從國際貿易買賣跨足銀行。根據哈佛經濟學教授德魯福（Raymond de Roover）的著作，十四世紀初的佛羅倫斯至少有八十間銀行的存在，不僅如此，銀行也在各地成立分行機構，並聘請專業的分行經理人來管理資產和投資業務，包括股票、債券、保險、提存款、匯兌等，不只具備現代銀行的功能，更發展出金控公司的概念。當然，雖然銀行競爭激烈，但要能成立銀行仍然需要雄厚資本和政治背景，當時的義大利就誕生了三大傳奇家族：阿奇亞奧立家族（Acciaioli family）、佩魯奇家族（Peruzzi family）以及名聲最響亮的梅迪奇家族（Medici family），三大家族不僅為文藝復興時代帶來豐厚的資本投入，也重新為歐洲海上貿易帶來新的生機。

不過長期以來，各國皇室常將金融銀行家視為提款機，因為金融業，特別是鑄幣權力，本身就是一種特權，而銀行本身要取回債務，也必須透過皇家法律來保障。因此皇室透過這些權力的賦予來交換對金錢的需求，甚至借錢發動戰爭來獲取更多的資源來還債。部分皇室即曾因戰敗還不出錢，導致中世紀前期的銀行業常遭到貴族倒債。

到了十八世紀末的工業革命開始，資本需求快速上升，資金不再多是為了參與海外貿易和掠奪，更多用於投入工業生產，至此，歐洲的金融產業才逐漸趨於穩定，甚至許多金融家從歐洲移民至北美地區，著名的包括摩根家族、洛克斐勒家族、梅隆家族等。最值得一提的是德國羅斯柴爾德家族（Rothschild Family），這是一支非常神祕低調的金融世家，從十八世紀末開始他們的金融傳奇旅程，據傳，到了十九世紀末，羅氏家族財富已足以買下整個英國大不列顛島，至今對於該家族的財產計算也有相當多有趣的說法，有雜誌甚至估計現在羅氏家族應約有五十兆美元，大約是台灣二〇一九年全年GDP總值的一百倍。

羅斯柴爾德家族對金融業的發展影響甚大，特別是十九世紀初在倫敦成立全世界第一間跨國銀行，打破了金融業只能在地發展的窠臼。家族創辦人邁爾，更因此被富比士雜誌評論為國際金融業之父。因為同是猶太人的關係，羅斯柴爾德家族同時也牽起了同為猶太人的摩根集團、高盛集團、洛克斐勒集團等，造就了猶太金融圈，影響力之大應該無需贅述。

整體來說，羅氏家族銀行除了基本的銀行放貸儲蓄、購買債券和控股功能，也開辦商業保險並經營證券業，堪稱是現代金控的先驅。不僅如此，整個十九世紀西歐的工業發展和羅氏家族幾乎也脫離不了關係。羅氏家族成立鐵路公司，直接用資金挹注德、法、英等國的工業和鐵路運輸；戰爭更是其所愛，無論是拿破崙征服歐洲還是普法戰爭，都可以看到該家族出手購買債券，同時壓注兩邊的商人手法；也因為戰爭殖民盛行的關係，羅氏家族更成為當時全球最大的鑽石生產者，著名的戴比爾斯公司（De Beers）就是其家族於十九世紀所成立的。

羅氏家族堪稱是十九世紀歐洲真正的帝王，無怪乎其創辦人邁爾曾說過一句話：「只要我能控制貨幣，我不在乎誰訂立法律！」

歐洲金融中心的現況

資本主義的浪潮從歐洲開始，特別是在工業革命之後，全球對於技術設備的投資需求相當大，不僅僅是在歐洲，此時的日本、中國、美國甚至俄國，都有龐大的資金流動，而現代歐洲大型金融銀行企業，也多在十九世紀時成立，並且很迅速地襲捲全世界，歐洲金融可說是撐起世界半邊天。

歐洲在十九世紀達到前所未有的強盛，連帶使得歐洲各大城市成為全球重要的金融中心，其中最值得一提的便是倫敦市。現在所稱的倫敦其實是一個都市圈的概念，跟東京或大台北的意思一樣，但真正的倫敦市（The City of London）正是倫敦都會圈中心大約一平方英里的小城市。倫敦市人口只有約一萬人，但每天在這二・九平方公里地區上班的人口卻超過三十萬以上，超過半數都是從事金融業相關人員。倫敦市在十九世紀時的金融地位是全球第一，一直到二十世紀中都是全球金融交易的重鎮，目前有超過五百家的銀行在此設立據點，倫敦交易所的外匯交易量也高居世界第一，根據國際清算銀行（BIS）的統計，二〇一九年四月全球外匯金融商品平均每天的交易量約為六・六兆美元，其中五三％經由英國倫敦交易結算，第二名的美國僅約為二〇・六％的交易量。

另外根據英國智庫Z/YEN於二〇〇七年起所公布的全球金融中心指數，倫敦和紐約幾乎不分軒輊長期盤據前兩位，足見英國倫敦的老字號魅力。不只倫敦有其金融魔力，全球金融指數在二〇二

➤ 2020年全球重要城市的金融中心指數

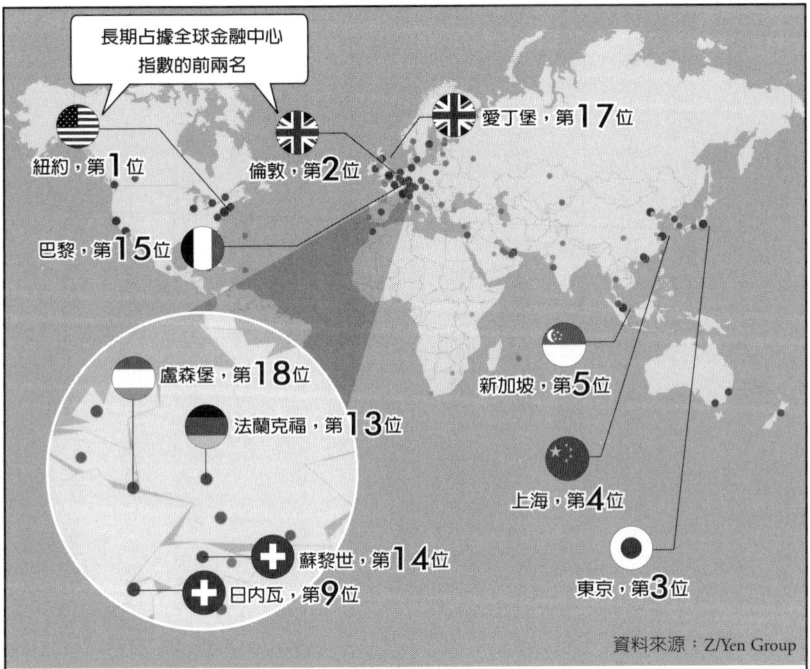

長期占據全球金融中心指數的前兩名
紐約，第1位
倫敦，第2位
愛丁堡，第17位
巴黎，第15位
盧森堡，第18位
法蘭克福，第13位
蘇黎世，第14位
日內瓦，第9位
新加坡，第5位
上海，第4位
東京，第3位
資料來源：Z/Yen Group

全球金融中心指數：排名依據由商業環境（business environment）、金融業發展（financial sector development）、基礎設施（infrastructure factors）、人力資本（human capital）、聲譽及一般性因素（reputation and general factors）等5大指標構成。

➤ 2019年全球外匯金融商品平均每日交易量

全球外匯金融商品日均交易總量約為6.6兆美元，英國、美國就占約60%的比重。
其他 40.4
英國 43.1
美國 16.5
資料來源：BIS（2019）

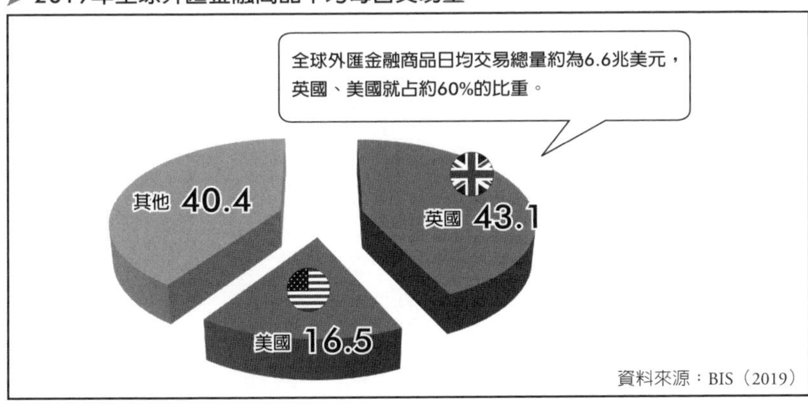

○年三月所做的調查當中，排名前二十的歐洲金融重鎮還有五個，分別是瑞士蘇黎世、德國法蘭克福、瑞士日內瓦、法國巴黎、英國愛丁堡、盧森堡等城市。

二○一九年金融服務業的產值在歐盟二十八國中，平均約占國民生產毛額的四・四%，台灣則是六・七%，但這並不表示台灣金融業比歐盟更為發達，這是因為歐盟各國產業差異性甚大，像盧森堡的金融業產值約占整體GDP的二五%，瑞士、賽普勒斯也有一○%的比重，老牌金融家英國、法國則與台灣相當，而東歐和巴爾幹半島國家很多都在三%以下。

除了金融交易之外，歐洲於二○○○年左右開始出現避稅天堂（Tax Heaven）的競爭，或稱境外金融中心（offshore financial center），為其資本主義的擴張更往前邁進一大步，但也帶來相當多的洗錢及逃漏稅問題。根據國際貨幣基金（IMF）於二○○○年的報告，全球當時約有六十三個主要的境外金融中心，提供給各國企業一個低稅率及低金融監督的融資環境，企業不必在當地真的從事服務或生產，僅需繳交一定的稅務費用，便可取得跨國金融服務或移民，例如英屬開曼群島，最低僅需一千美元即可在此設立跨國公司，從此便可藉由外資的名義回到母國進行投資和避稅。歐洲在這六十三個主要避稅天堂中，包括其海外屬地，共有二十三個地區屬於歐洲國家，其中英國就占了十四個之多。

瑞士因為擁有中立國的地位，且因位居歐洲心臟，在二次戰後成為最老牌的境外金融中心，不僅是海內外富豪最愛的藏錢地方，也是全球富豪最愛移民的國家首選。無獨有偶，歐洲境內的小城市國家也是此類服務的最大供應國，包括盧森堡、聖馬力諾、列支敦斯敦、馬爾他、安道爾、摩洛哥也都靠著這樣的金融服務獲得重要經濟支柱；英國更是將其海外殖民地多給予金融自由化，包括眾所皆知的開曼群島、維京群島、直布羅陀、還有剛獨立不久的賽普勒斯等等。多數的境外金融中心不太願意跟國際貨幣相關組織合作，更遑論與個別國家進行資訊的交換，所以常常疏於監理造成他國經濟紛爭，但在二〇一六年爆發「巴拿馬文件」避稅醜聞後，配合美國祭出肥咖條款（FATCA）以及國際洗錢防制合作，歐盟和OECD組織紛紛開始列出境外金融中心黑名單，阻止企業利用這些地區作為跳板來獲取國際金融服務。有趣的是，在二〇二〇年二月英國脫歐後不久，英屬開曼群島也被歐盟列入黑名單之一，這件事形成英國和歐盟之間新話題，也直接挑起英國金融業的敏感神經，實在是剪不斷理還亂。

備受挑戰的金融地位

從歷史的演進我們不難發現，哪裡有資金需求，哪裡就有旺盛的金融產業。過去海上貿易是資金需求的主力，而二十一世紀的現代，資金需求主要來自於技術的掌握及商品市場，所以在二次世

資料來源：Based on Errico and Musalem （1999）, IMF Working Paper WP/99/5 （unless otherwise indicated）

➤ 全球各地的境外金融中心

界大戰之後，美國很迅速地取代過去歐洲國家的金融地位，紐約、芝加哥、波士頓等地更成為近代相當重要的金融重鎮，除此之外，由於中國市場的開放，在人口優勢和世界工廠的政策引導下，深圳、上海、新加坡也成為全球新的金融重鎮。

再從銀行市值排名來看，根據全球金融雜誌（Global Finance）所做的統計，回顧二〇一三年可以發現前十大銀行中，有五家銀行來自於歐洲，英國滙豐銀行（HSBC）排名第二，法國巴黎銀行（BNP）、德意志銀行、法國農業銀行、英國巴克萊銀行也都是全球前十大銀行，而前五十大銀行來自於歐洲的就占有二十五間；到了二〇一九年，前十名只剩兩間來自於歐洲，分別是第七名的英國滙豐銀行（HSBC），還有第十名的法國巴黎銀行（BNP），而前五十大銀行中，歐洲的銀行也只剩下十八間之多，甚至德意志銀行在二〇一九年一度面臨破產的危機。

從短短七年的排名變化，可以看出這個世界金融產業的輪動，從二十世紀初的歐洲獨大，至今已變成山頭林立的現況，金融業變得更加激烈競爭。不過，銀行資產的計算背後有許多複雜的政治和經濟因素，往往國家政治力的介入，雖然能讓資產擴大，但往往也表示其負債越大，操作也越難靈活，台灣過去的三商銀就有這樣的問題。所以，光用資產來看，或許可以說明地區經濟成長的力道，也可以看出該國家的發展潛力，但是否是一個有競爭力的銀行，或許還要從其他角度來加以辨別。

➤ 2013及2019年全球十大銀行排名

名次	2013年	國家	總資產	2019年	國家	總資產
1	中國工商銀行	中國	2,789,090	中國工商銀行	中國	4,041,958
2	匯豐控股	英國	2,692,538	中國建設銀行	中國	3,388,690
3	三菱日聯金融集團	日本	2,659,850	中國農業銀行	中國	3,299,208
4	德意志銀行	德國	2,655,137	中國銀行	中國	3,103,353
5	法國農業信貸銀行	法國	2,649,626	三菱日聯金融集團	日本	2,721,762
6	法國巴黎銀行	法國	2,516,545	摩根大通	美國	2,622,532
7	摩根大通	美國	2,359,141	匯豐控股	英國	2,558,124
8	巴克萊銀行	英國	2,351,777	國家開發銀行	中國	2,360,984
9	中國建設銀行	中國	2,221,582	美國銀行	美國	2,354,507
10	美國銀行	美國	2,209,974	法國巴黎銀行	法國	2,337,575

（單位：百萬美元）

2019年全球最安全銀行

名次	銀行	國家
1	復興信貸銀行	德國
2	蘇黎世州銀行	瑞士
3	荷蘭市政銀行	荷蘭
4	農業銀行	德國
5	巴登-符騰堡州銀行	德國
6	荷蘭水利銀行	荷蘭
7	地方銀行	挪威
8	北威州銀行	德國
9	瑞典出口信貸公司	瑞典
10	國家儲蓄銀行	法國

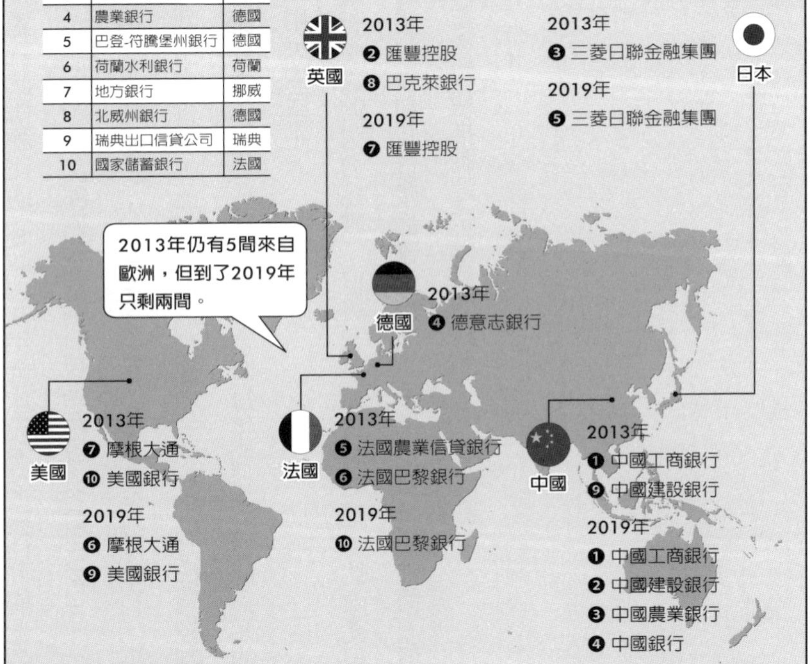

資料來源：Global Finance

即使歐洲經濟不復從前，但根據全球金融雜誌所評比的二〇一九年全球最安全銀行，前十名全部由歐洲的銀行包辦。不僅如此，從二〇一六年開始，全球掀起金融科技創新投資（FinTech），歐洲不僅成功培養出許多新創金融服務公司，例如Worldpay、TransferWise、eToro等新創公司，英國首創金融監理沙盒，讓原本受政府高度監控的金融行業，能夠在沙盒規範中，不受既有法規控制。這項法律的沿用，為金融科技創新開闢一條康莊大道，也成功為歐洲帶來每年約二〇〇億美元的投資，台灣目前的金融科技創新法規，便是採用英國版本。

老字號的歐洲金融業雖然面對來自美國和中國的強力挑戰，但終究薑還是老的辣，比資產但更比智慧，比創新但更比品質，或許歐洲金融業的獲利及資產都難以回到二十世紀初時的強勢，但一路走來，歐洲金融不曾缺席，未來，也一定還會繼續推動這金融業的巨輪。

製酒——歐洲的酒類經濟學

自古以來，酒不只是一種飲料，它是生活文化的象徵，更是相當有價值的經濟商品。相信大家都有經驗，在出國上飛機前逛逛免稅店，琳瑯滿目的各式美酒，絕對是伴手禮的最佳選擇，但不知道大家有沒有試著計算過，架上有多少品牌或產地是來自歐洲呢？如果只算蒸餾酒類的話，一般在免稅商店大約有八成酒類商品來自於歐洲！不是只有台灣如此，無論在日本、美國、香港、新加坡等大機場，也多是歐洲酒商的天下。如果是啤酒的消費，台灣人還是愛喝自己最青的台啤啦！

歐洲名酒大點名

歐洲的酒類實在多如繁星，舉凡威士忌、紅酒、白蘭地等知名酒種，不少饕客都會指名歐洲酒莊才是正港美酒。因為濃醇滿溢，酒也是歐洲許多國家重要的農產品，更是外貿出口相當重要的主力，雖然這些增添GDP的數字比起歐洲最強的汽車工業、生技醫療等來得小，但其實數字無法這樣解讀，我們知道歐洲是個相當倚重消費內需的國家，酒這種商品所帶來的社交活動和上下游供應鏈，從小麥、葡萄等農業，一直拓展到廣告、旅遊、節慶、體育活動等，酒的附加價值相當可觀，坊間甚至傳聞，歐洲人日常消費一百歐元，其中就有三成貢獻給酒類，足見酒在歐洲的地位可是舉足輕重。

英國——威士忌的故鄉

如果你品嘗過威士忌，一定會發現，大多數的酒瓶上面都會印有Scotch Whisky的字樣，沒錯，英國蘇格蘭威士忌就是稱霸全球的威士忌。不過，相傳愛爾蘭才是威士忌的發源地，因為Whisky一字在古愛爾蘭語是生命之泉的意思，且根據史料，威士忌在十二世在愛爾蘭就有飲用的紀錄，反而蘇格蘭要到十四、十五世紀才開始釀造。雖然蘇格蘭晚人一步，但兩者威士忌在市面上還是有些差異，愛爾蘭多屬於以大麥為主的蒸餾方式，而蘇格蘭則可分成三種，主要是大麥芽、穀類、調和威士忌等蒸餾方式。

蘇格蘭憑藉著優良的穀物耕作環境，還有英國王室的東征西討做宣傳，現今大多數的威士忌酒廠都要向蘇格蘭取經，甚至酒廠也會在當地購買二手酒桶，也因為威士忌經濟學的發威，蘇格蘭當地酒商屢次面對獨立公投都站在反對立場，因為若失去英國作為市場跳板，則恐怕會重挫威士忌生意。不過，在英國脫歐之後，這些酒商又一百八十度大轉變，他們聲稱如果英國最後未能保有和歐盟之間的關稅優惠同盟等條件，蘇格蘭當地會因為酒類被課稅而導致經濟衰退，將不惜代價脫離英國皇室，尋求獨立參加歐盟的機會。威士忌不僅有經濟魅力，連政治問題也是令人如此迷茫。

威士忌除了好喝，它的銷售還有一些有趣的統計，根據英國蘇格蘭威士忌協會二〇一九年的資料：

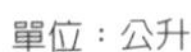

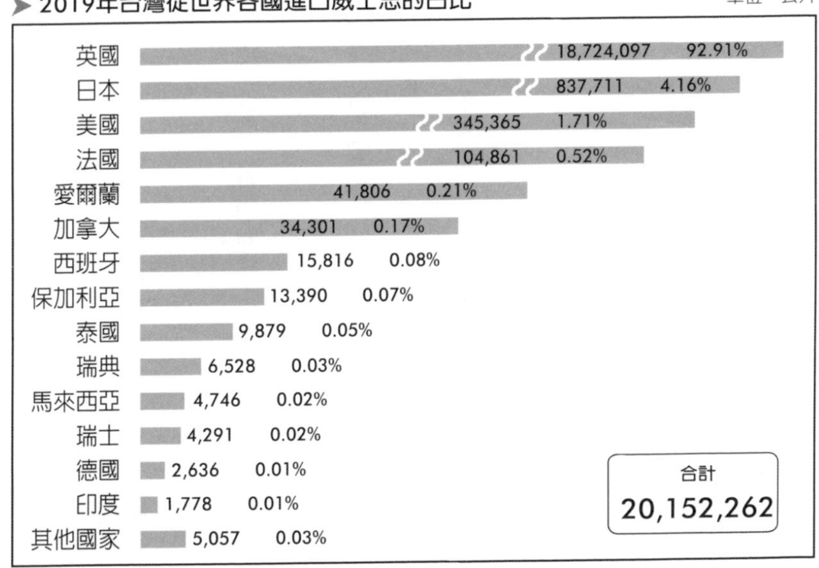

資料來源：依據財政部關務署提供的資料統計

1. 蘇格蘭出產的威士忌橫跨一七五個國家，平均每秒賣出四十二瓶（720cc），一年總銷售為十三億瓶。
2. 蘇格蘭二〇一九年威士忌出口產值為四九．一億英鎊，占英國總出口的一．三%，相當於一九一〇億台幣。
3. 二〇一九年蘇格蘭威士忌貢獻給英國GDP約五十五億英鎊，且所有威士忌產業一共提供了四萬個工作機會。
4. 蘇格蘭地區一共有一三三個大型酒廠，除了釀造酒之外，每年還接待超過二〇〇萬的遊客前往。
5. 整個歐洲市場是蘇格蘭威士忌最大的客戶，占出口三〇%，約一四．八億英鎊；北美和亞洲相當，占出口二五%；非洲市場約占九%，但卻是成長最多的地方，二〇一九年成長了一一．三%。

如果換個方向從各國角度來看，美國是最大的消費國家並不難理解，但兩千萬人口的台灣，卻是第四大消費國，僅次於法國和新加坡。再從我國的經貿資料來看更為驚人，去年一整年，台灣從英國進口一八七二．四萬公升的威士忌，占所有威士忌進口量九三%，光就數量，其他酒類公升數相加都不足以匹敵。換個角度來想，如果平均一瓶威士忌是一公升的話，那意思就是台灣所有成年人，一人一年至少喝一瓶的意思。

其實還有很多國家都有產威士忌，像美國、丹麥、加拿大、愛爾蘭、日本都有很不錯的品牌，只是台灣市面上相當少見，值得一提的是，台灣本土的威士忌近幾年在國際市場也是異軍突起，不過相比老字號的蘇格蘭威士忌，幾乎所有國家都還要跑很長的一段路才能追上！

法國、義大利、西班牙——葡萄酒的兵家必爭之地

一般來說，以葡萄為主原料的酒可以分為五種，最常見的就是紅酒、白酒、香檳和波特，另外一種則是相當昂貴的烈酒白蘭地，不過前四者是屬於發酵酒，白蘭地則是屬於蒸餾酒，因此在分類上，所謂葡萄酒（wine）還是以前四者為主。

葡萄酒的歷史眾說紛紜，相傳可能要追溯到六千年前的地中海地區，不過上古歐洲歷史上許多皇室慶典都有飲用葡萄酒的紀錄。雖然葡萄酒歷史悠久，但全球開始出現葡萄酒熱潮大約是與WTO的成立有關，尤其是中國的加入，在中國快速成長的這二十年間，葡萄酒的銷售幾乎是倍數成長，而且葡萄酒也不再是高檔牛排餐廳才能看見的酒飲，現在甚至便利商店架上四百元的紅酒也是唾手可得。

粗略估計，二〇一九年全球葡萄酒消費約為三千億美元，若以貿易來看，根據歐盟提供的

➤ 2018年歐盟進出口葡萄酒的總額

單位：歐元

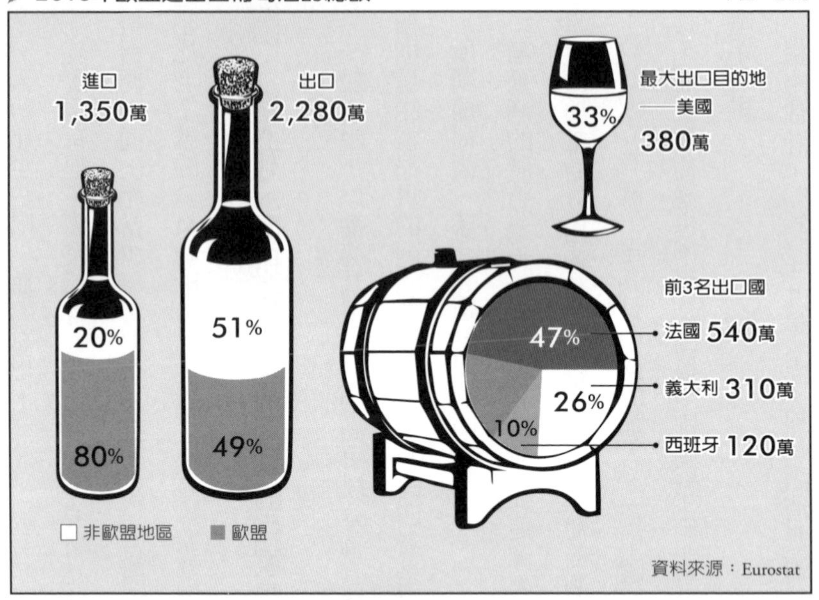

➤ 2019年台灣從世界各國進口葡萄酒的占比

單位：公升

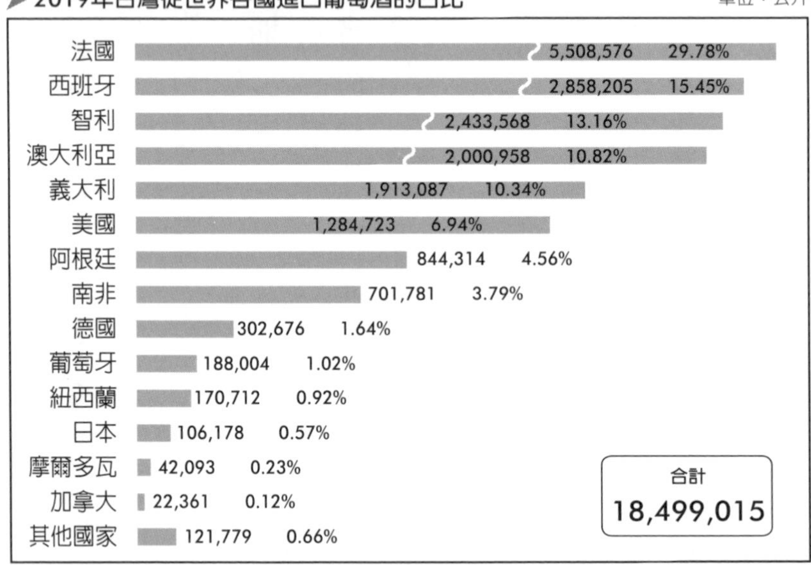

資料來源：依據財政部關務署提供的資料統計

報告，全歐盟二〇一八年出口至非歐盟地區約為一二〇億歐元，其中最大出口國就是法國，約占四七％；其次是義大利，約占二六％；西班牙第三，約一〇％。若以出口目的地來看，美國是最大的市場，占歐盟出口的三三％；瑞士和中國同為第二，約占一〇％；其次是加拿大八％、日本和香港七％。台灣近年葡萄酒的消費也一直再上升，去年已經來到一八〇〇萬公升的水準，只是進口來源相當多元。根據關務署的統計，台灣二〇一九年從法國進口了五十五萬公升的葡萄酒，占所有進口的二九・七八％，西班牙進口也有二十八萬公升，占一五・五％，其他如澳洲、智利、義大利、美國、阿根廷等，都差不多約五％。

葡萄酒其實不僅提供舌尖上的美味，跟威士忌酒莊一樣，像法國、西班牙當地的紅酒酒莊，常常會辦一些相當有趣的活動吸引遊客和買家。舉法國為例，全境大約有上千個酒莊，像隆河區的酒莊和波爾多地區的酒莊各有自己的分類評級，其中波爾多的中級酒莊評比大賽每年吸引數十萬全球饕客前往；還有波爾多梅鐸酒莊所舉辦的紅酒馬拉松，每年從海外十五萬報名者中抽出一萬個幸運兒，全長四十二公里讓人一次嘗遍所有當地酒莊的拿手紅酒佳餚，不少人沒抽中仍然組團前往享受樂趣，這個馬拉松也是全球各旅行社相當熱銷的旅遊商品。

歐洲的紅酒更被倫敦國際葡萄酒交易所化做紅酒指數（The Liv-ex Fine Wine 100 Index），因為紅酒消費代表生意交際熱絡、有產階級上升，和奢侈品雷同，所以成為一種景氣領先指標，在台灣就有不少新聞評論都會寫到葡萄酒進出口狀況，並以此來推斷當年景氣。不過是否完全符合景氣，這恐怕還是見仁見智，金融圈總是無奇不有。

法國──不僅紅酒香，白蘭地更香

一般說來，只要是用水果為蒸餾原料的酒，都可以說是白蘭地，不過，若以白葡萄為主，才是一般我們熟知的白蘭地，如果它來自法國的干邑和雅邑地區，尤其是X.O以上的等級，無疑是高級中的高級、上流社會的必備物品。

法國的白蘭地因為屬於精品，出口產值比不上紅酒或威士忌。根據法國安邑白蘭地酒管理局報告，干邑地區二〇

➤ 2018年法國干邑地區銷售白蘭地數量統計

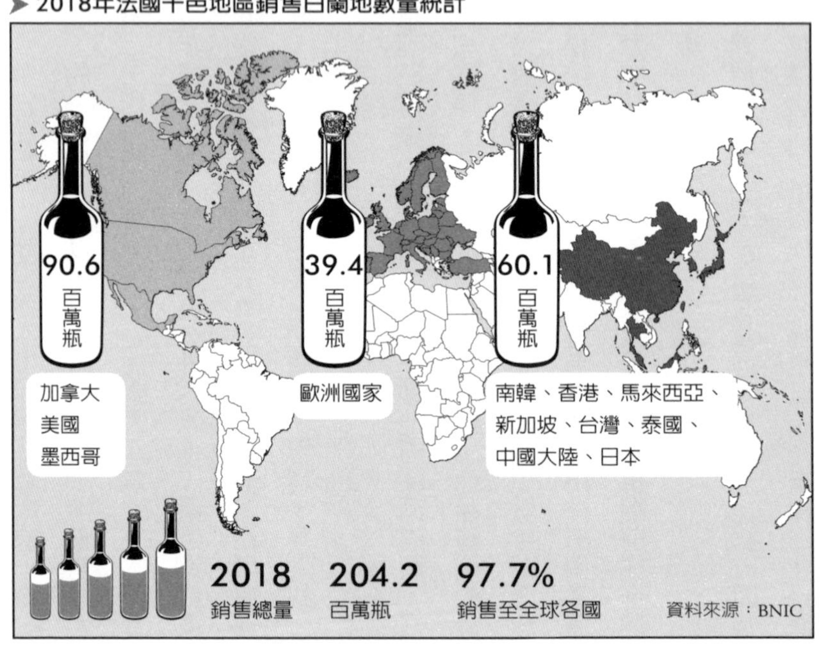

一八年生產了二・〇四億瓶的白蘭地，其中九七・七%向全球市場銷售，共創造三十二億歐元的產值。北美仍舊是最大市場，銷售將近九千萬瓶，但亞洲市場的成長幅度是最大的。台灣的白蘭地消費也是很強，不輸給威士忌，單是二〇一九年就從法國進口了一二九二萬公升的白蘭地，占所有白蘭地進口的九七・七九%，可以說，在台灣要喝白蘭地，僅此法國一家，別無分行。

其實全球白蘭地出口最多的國家是墨西哥，不過除了法國干邑地區的白蘭地，其他國家生產的白蘭地其實都遜色不少，這種感覺很像精品的概念，如果是made in非歐洲國家的地方，多半都會認為是次級品。二〇一七年在倫敦的一家酒館裡，一瓶一八九四年的白蘭地，one shot（約40cc）最後拍賣成交價為一四一五四美元，創下史無前例的紀錄，可見干邑白蘭地是何等高貴！

德國、比利時、捷克——瘋狂的十月啤酒節

應該不會有人否認，啤酒絕對是全世界的國民飲料，無論是慶祝的時候來一杯，心情鬱卒的時候也要來上一杯，而且光是啤酒知名品牌，全球更不少於一百間公司，各有所長，也各有所擁護者。不過提到啤酒聖地，德國慕尼黑啤酒和比利時啤酒，絕對是啤酒愛好者必定要朝聖的城市。

啤酒在歐洲一直扮演著農產品火車頭的腳色，除了本身製造所需要的農產原料之外，啤酒所帶來的餐飲消費附加價值相當可觀。根據歐洲釀酒者組織所統計的資料，二〇一八年歐盟地區一共釀造

了四〇六億公升的啤酒，其中八十八億公升出口至歐盟地區之外，而整個啤酒工業的附加產值為五一〇億歐元，粗估有二三〇萬人投入啤酒相關行業，釀酒廠更高達一〇一五〇多個。另外根據日本麒麟研究單位指出，二〇一八年全球人均消費八十九美元在啤酒身上，但西歐地區卻高達三〇一美元，在從數量來看，而歐洲人則平均一年消費七十二公升的啤酒，可見啤酒在歐洲的魅力的確不同凡響。

德國是歐洲第一名的啤酒釀造國，擁有全歐盟四分之一的產量，約九三．六億公升，產量全球排名更是世界第二，小輸給美國；此外，德國全境有

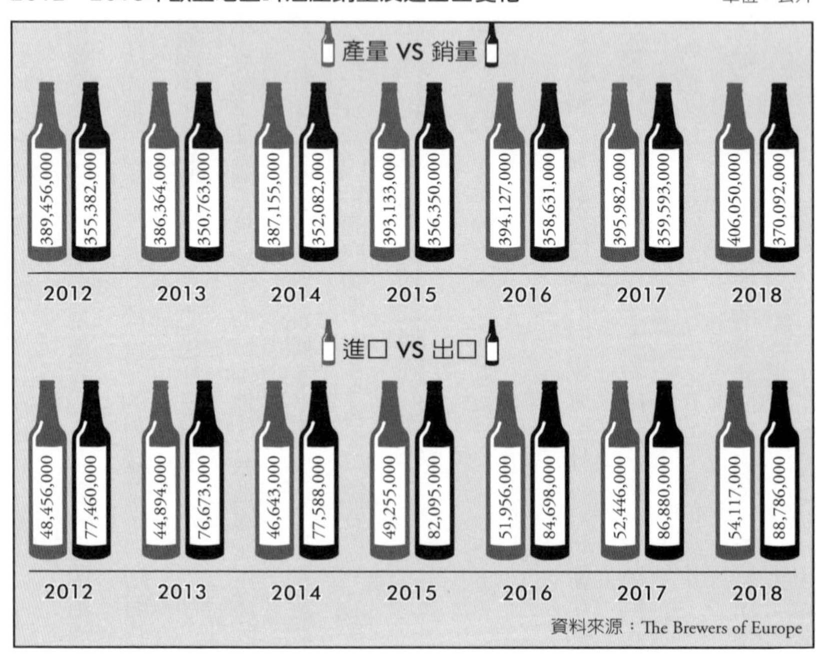

一千五百多家的啤酒廠，平均個人年均消費則是一〇二公升，都是全球數一數二的強。德國啤酒歷史相當悠久，不僅具有相當特殊的釀造工法，還附有許多當地農產特色，美國許多大酒廠也多從德國酒廠學習技術並拓展。而德國的巴伐利亞邦更可稱得上是啤酒天堂，最瘋狂的當屬每年十月的慕尼黑啤酒節，據報導，二〇一九年的慕尼黑啤酒節一共迎帶來六三〇萬人朝聖，消耗了七三〇萬公升的啤酒在兩個禮拜內，總計帶來約十二億歐元商機，不過，二〇二〇年新冠肺炎的影響，德國慕尼黑啤酒節已經確定宣布停辦，為當地投下相當大的震撼彈。

除了德國之外，比利時啤酒也是相當著名，二〇一六年聯合國教科文組織將比利時啤酒文化列為世界遺產，起因於比利時釀酒的獨特精釀方式以及啤酒與其社區生活的高度連結。比利時啤酒產量雖然比起德國和英國都少，不過每年仍有二十億公升的產出，且全境有高達三〇四間釀酒廠，密度堪稱歐洲最高。捷克共和國則是全球啤酒王，平均每人年均消費一四一公升的啤酒，輕鬆擊敗所有國家，而其境內年產二十一億公升的啤酒，與比利時相當，也在歐洲名列前五。

台灣在二〇一九年從全球進口約兩億公升的啤酒，其中從歐洲進口四三．三%，其中約九成集中在荷蘭酒商海尼根，相信其他歐洲啤酒在台灣一定還有很大的商機！

其他酒類——琴酒、伏特加、雪莉、波特

除了上述介紹的幾種歐洲基本款，其實還有很多很多有趣的酒等待各位旅行時去挖掘，像是荷蘭和英格蘭的琴酒、俄羅斯和波羅地海三小國的伏特加、南歐的茴香酒、葡萄牙的波特酒及西班牙的雪莉酒等等，愛酒人士這輩子絕對不能不去歐洲朝聖一次。

要詳細記載這些酒的故事恐怕要另起專書，不過，從酒的文化再次見證，歐洲就是一個這麼多元的地區，彼此相互競爭但卻又相互照耀輝映。坦白說，酒不見得是好喝的飲料，但若有機會仔細品嚐這些歐洲名酒，那份職人用心釀造的精隨，相信每個人一定都可以深深感受得到。

觀光

觀光客撐起大半的歐洲經濟

歐洲旅遊的魅力實在令人無法擋，無論是文化、購物、娛樂或是風景，處處可以看見歐洲人對於軟硬體建設的用心，比起美國或中國用金錢堆積出來的觀光娛樂，不難看出歐洲更有其特殊的氣息，這是因為長期思想的爭辯產生而出的人文環境精神，這中間包括法治精神、環保主義、人道關懷、還有職人精神，甚至可以說，歐洲人心中並沒有觀光，所以才能造就出真正的觀光，正所謂「桃李不言，下自成蹊」。

歐洲旅遊不僅迷人，它所產生的觀光業產值也是世界之最，像是安道爾這類的小國家，面積約兩個台北市大小，人口僅十萬，二〇一九年觀光業產值就占其GDP高達八〇％以上，約七五〇億新台幣。所以，歐洲觀光業並不是附加產業，還有不少國家就是以觀光業收入為主，甚至可以說，觀光業就是其國家發展的火車頭。如此驚人的表現，很值得讓我們來一揭其神祕面紗！

歐洲觀光經濟大車拚

在二〇〇〇年迎來新的一波全球化運動之後，各國之間的旅遊消費市場相當蓬勃發展，據報導，二〇一八年全球旅遊觀光業相關投資約為九六四八億美元，二〇一九年則一舉突破九七〇〇億美元，因為中國經濟的崛起，亞太區的旅遊投資近兩年都占有三二%左右的投資比例，成長最大的則是中東地區，和亞太相當，都有五．四%，但是如果論最吸引人觀光的地區，歐洲仍然蟬聯旅客心目中的第一名。

歐洲的觀光產業發展很有趣，彼此競爭卻也彼此合作，因為申根簽證的關係，一般遊客到了歐洲都會一口氣走訪好幾個國家，旅行團也多是這樣的安排。歐洲本身也是國際國內雙驅動型國家，不像泰國多仰賴國際入境，所以歐洲人內部的旅遊也是相當可觀的數字，尤其是駕車旅行最受當地人青睞。此外，歐洲的鐵路多數相連，就像去日本鐵道旅行一樣，往往搭上一班過夜列車也是別有風味。除了鐵路，歐洲各過更充斥著廉價航空公司往返各大城市，目前台灣旅行社可以買得到機票的約有三十家，不過受到二〇二〇年肺炎疫情的影響，恐怕後續兩年內，整個交通運輸應當會有很大的變化，尤其是航空運輸業，減資、倒閉、合併等等，恐怕難以避免。根據聯合國統計，二〇一八年整個歐洲旅客來源最大宗運輸工具為飛機五三%、汽車四〇%、郵輪四%、鐵路運輸三%。

再從整體數據來看歐洲觀光。根據歐盟的官方統計，觀光旅遊業占歐盟二〇一九年整體GDP的一〇．三％，不僅如此，觀光旅遊業在歐盟二十八國提供了二七三〇萬個直接的工作機會，等於將近十個歐盟成年人中，就有一人是從事觀光業；二〇一九年進入歐盟觀光的遊客約有五．八億人次，一共帶來四千億歐元的外匯收入。以上數據還沒有算進其他歐洲國家，若根據聯合國旅遊組織的資料，整體歐洲觀光業約占GDP的九．八％，而進入歐洲的遊客高達七．四二億，幾乎是全球旅遊人次的一半。

另外，以歐盟普遍高度工業化程度來看，觀光占GDP一〇％的比例其實相當高，相比工業化程度較相近的日本，日本

2018年至歐洲旅客使用的交通工具

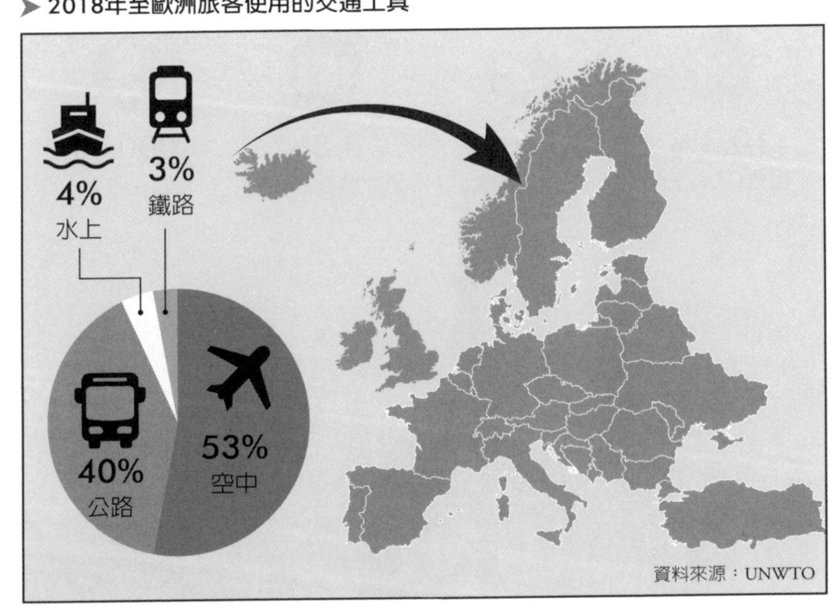

近五年旅遊業僅占整體GDP大約七．四五％左右，美國也差不多在七．八％左右，而台灣大概在五～六％之間。這數據正說明了，歐盟整體不僅僅工業能力強、消費市場大、連生活品質都是名列前茅。

不過，若以區域來看，排除像安道爾、梵蒂岡這樣的微型國家，我們會發現，目前多數東南歐國家對於旅遊業的依賴相對較高，二〇一九年的統計中，喬治亞觀光業占其GDP的三三％，阿爾巴尼亞和克羅埃西亞都有二五％以上，賽普勒斯和希臘也都在二〇％以上；工業較為先進的西歐和北歐國家，大約落在八～一三％之間。

這些數據意味著，東南歐國家在非金融服務業的發展太過集中和單一，容易受到市

2019年觀光旅遊業對歐盟帶來的收益

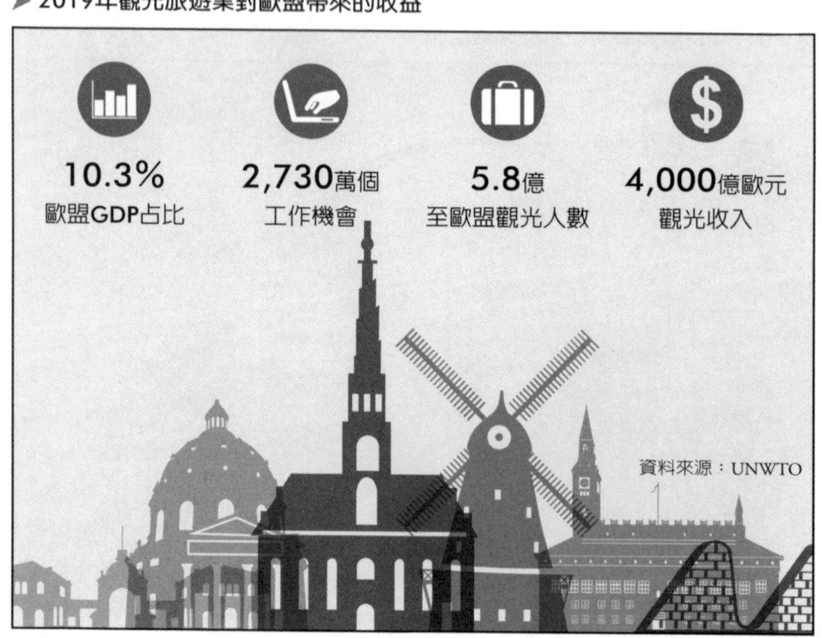

場需求不足而導致嚴重衰退，這次肺炎就是很好的警惕，而二〇〇七年金融海嘯，也幾乎癱瘓整個希臘和葡萄牙經濟。

進一步來觀察歐洲各國的旅遊狀況，因為歐盟申根條約邊境開放的關係，且遊客多半都會從各種交通工具進行跨國旅遊，要實際統計遊客數不容易。歐盟在資料庫裡是以留在當地國家過夜的非該國籍旅客來計算其觀光人數，根據官方二〇一八年的統計，前三名分別是西班牙、義大利和法國，分別接待了三億、二·一六億和一·四億過夜人次，這三個國家也占了全歐盟的二三%。英國和法國幾乎相等，是非歐盟國家的第一名，而遠在歐亞交界的土耳其，也一共接待了六五〇〇萬人次的過夜旅客。若改用城市來看，前十大過夜旅客消費大城，西班牙一舉就包辦了五個城市。如果只是單純看非本國籍的遊客人數，包括過境、商務、停留不足一日等等，根據世界銀行二〇一八年統計，法國一年共有八九三二萬旅客人次，高居世界第一；西班牙八二七七萬排名第二，而前十名就有六個歐洲國家，可見歐洲旅遊絕非浪得虛名。

最後，若一樣從過夜人次的角度來分析，排除歐洲國家任何公民，則根據二〇一六年較舊的世界銀行資料，美國人最愛去歐洲地區旅行，每年約七五〇〇萬人次在歐盟國家過夜，中國則為二七〇〇萬人次排名第二；澳洲、日本、加拿大則都有一千萬人次以上，堪稱是歐洲地區前五大的貢獻者。而根據觀光旅遊局的統計，二〇一九年台灣實際去歐洲旅行的人次為三十六萬人次，大致可以

➤ 至歐洲（過夜）旅遊人數的前十大國家

單位：百萬人

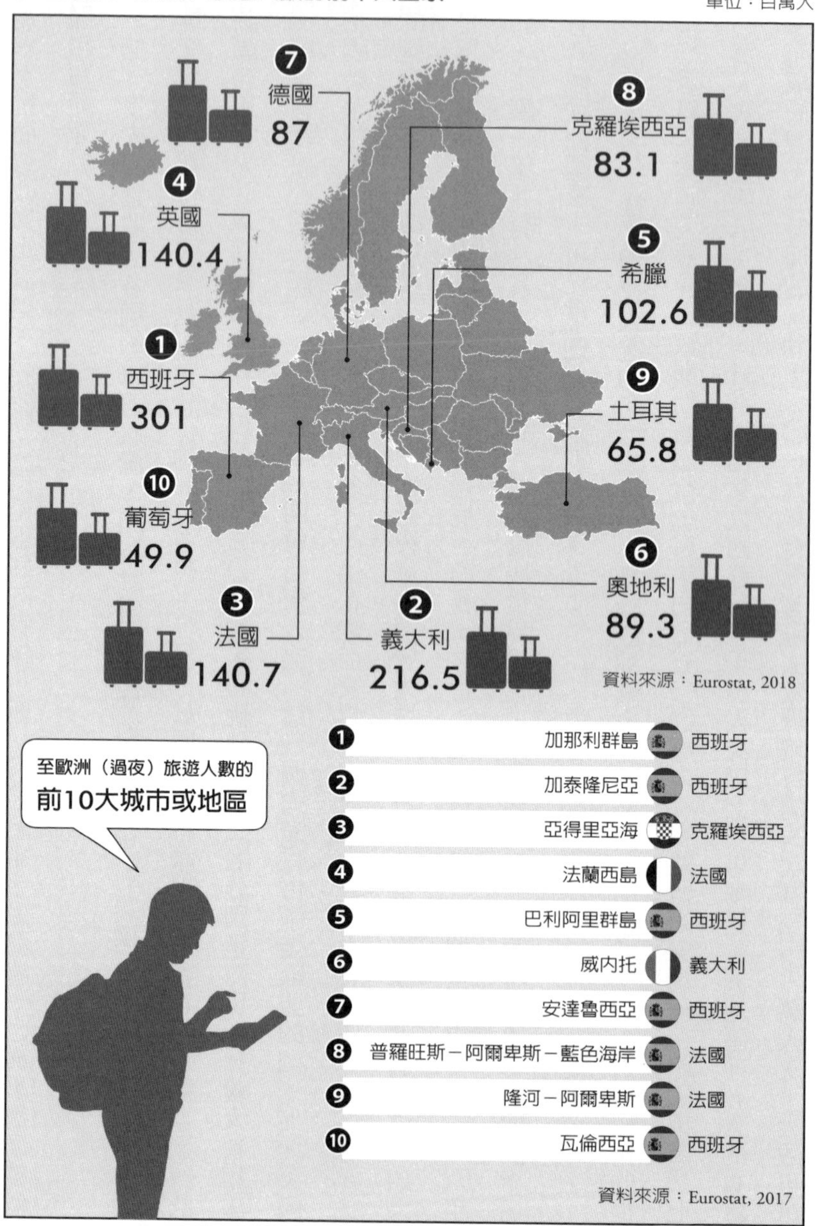

換算為接近二五〇～三〇〇萬人次的過夜人數，在歐洲旅遊統計中，算是中間偏少的國家。

關於觀光業的爭辯與改變

為了提振歐盟整體收入，歐盟在二〇一九年首度編列三億歐元的觀光預算投入歐洲單一市場的發展，預計在二〇二八年前，還要增加六百萬個工作機會，並且要廣大與周遭非歐盟國家合作，包括交通運輸，入出境服務等，讓觀光產業在整個歐洲加快邁向單一市場的發展。

不過觀光旅遊業高度發展的結果，對各國家都有正反不一的評價。先前說到幾個相當仰賴觀光旅遊的國家，其中像是冰島，在二〇一九年之後就飽受觀光衰退所苦，冰島人口相當稀少，約三十七萬人，近三年平均約有二三〇萬人次的遊客，等於每一個冰島人要服務七位旅客。不僅如此，由於冰島本身消費物價高居歐洲第一名，這是遊客的大量入境推升的結果，從飲食到住宿甚至交通，年年都在上漲，特別是住宿問題，大量房屋轉作共享租屋型態，導致租屋價格高漲，這讓冰島人對觀光旅遊產生很大的反感。

除了物價問題之外，由於全球連鎖企業也對旅遊投資虎視眈眈，美國甜甜圈、英國咖啡入駐，將原本與世隔絕的冰島傳統文化氛圍破壞，知名景點的環境也逐漸髒亂，由於人口不多，勞動力較不足，原先的道路等基礎建設變得不敷使用。二〇一八年冰島一家沃奧廉價航空公司倒閉，整年度減少了近二〇%的遊客，竟引起冰島經濟危機，緊接著在二〇二〇肺炎疫情下，導致冰島整個國家債券違約的風聲再度被渲染，有人哀號但也有人叫好，重現冰與火之間的矛盾。

其實不只冰島如此，義大利水都威尼斯也面臨同樣的難題，人口約六萬的威尼斯，據當地政府估計，每年迎來將近兩千萬人次的觀光，除了和冰島一樣環境和經濟不堪負荷，甚至聯合國教科文組織都發布危險訊號，將威尼斯列入瀕臨人為破壞的世界遺產。

東歐各國在蘇聯解體後，因為物價相較於西歐各國仍然偏低，加上其上千年的歷史文化魅力，成為亞洲人歐洲旅遊的新選擇。像波蘭、捷克、匈牙利等，在台灣都是各旅行業者主力商品，但也一樣開始不堪負荷，克羅埃西亞針對湛藍海灣就發布旅遊人數限制，捷克首都布拉格則是限制觀光客夜晚聚會場所，並試圖把住宿帶往近郊城市。由於東歐是歐洲製造業新興火車頭，在這次肺炎疫情當中，雖然也是受到重挫，但比起冰島對觀光的高度倚賴，東歐還有第二條路在支撐，但由於觀光和製造業並駕齊驅的發展，人力需求成為東歐很重要的課題，也因此，難民或移工議題逐漸成為歐洲很頭痛的政治攻防。

還有很多西歐著名觀光大城也同為天崖淪落人，像是柏林、巴塞隆納、阿姆斯特丹等等，都有遊客行為禁令。無庸置疑的，觀光業的發展一定可以帶動境內消費市場以及服務業的就業，但所涉及到的人力資源、學術研究、政策方向等等等，需要不斷地去改善和規畫，沒有這些背後力量作為支撐，沒有妥善的規畫，最後都難免走向資源的盡頭，也就是所謂的吃老本觀光。回過頭來看台灣的現況，對於一貫用補貼來救觀光的手法，相信了解歐洲觀光之後，會更加不勝唏噓。

足球

歐洲人可以沒有工作，但不能沒有足球

每四年一次的世界盃足球賽不僅席捲全球人的目光，就連足球運動人口較少的台灣，透過各種媒體傳播，都能在各角落感受到台灣人對世界盃的熱情，不管是追星也好看熱鬧也罷，足球的魔力就是那麼的誇張和可怕，而對歐洲人來說，足球跟生命幾乎可以畫上等號，曾經聽過一個有趣的比方，對所有的歐洲人來說，足球、空氣、水，才是生命最重要的三要素。歐洲熱愛足球運動的程度，用瘋狂來形容還不足夠，不僅僅是贏球或輸球的各種街頭躁動狂歡，背後龐大的休閒消費動能以及上百億的賭金，更是足球運動最迷人的原因。

歐洲政治經濟的整合有歐盟在做領導，在歐洲足球中，歐洲足球總會（UEFA）就等於是歐洲足球運動的大家長。歐洲足總成立於一九五四年，它並不隸屬歐盟，而是屬於國際奧林匹克總會所認證的歐洲官方體育單項協會，也就是國際足球總會的歐洲分支，乍看之下是個體育單位，但從來不會有人小看這個組織，因為其背後的金融實力以及政治影響力，往往能夠左右歐洲甚至全球的經濟脈動。如果我們用營收來看，根據歐洲足總的資料，近五年舉辦賽事所帶來的營收大約在三十二億歐元，差不多是一千億台幣，除了職業運動之外，沒有任何一個奧運單項協會能夠有這樣的收入，如果再把歐洲各國家職業賽事的收入加總起來，二〇一八年規模已經來到三一〇億歐元，這還不包括周邊連帶倍帶動的產業，像是服飾、餐飲、球衣廣告、特別是賭金，規模絕對可達上兆歐元。

歐洲主要國家足球概況

歐洲足總底下共有五十四個會員國，共有七一一支球隊，不過會員並非以國家為主體，為了尊重每個國家的治理方式，像英國屬於國協體制，因此拆解成四個會員，分別是蘇格蘭、威爾斯、英格蘭和北愛爾蘭，丹麥也有海外自治屬地加入歐洲足總。此外，歐洲足總也不是只有管歐洲的足球，前蘇聯解體後的歐亞交接國家，也都加入了，像以色列、哈薩克、俄羅斯，都是歐洲足總的一份子。

每一個會員國底下都有不同層級的職業聯賽，就連人口僅僅十萬的微型小國安道爾，都能夠養活六支甲級聯賽（premier league）職業足球隊，可見歐洲人對足球的瘋狂。歐洲籍球員在歐洲足總

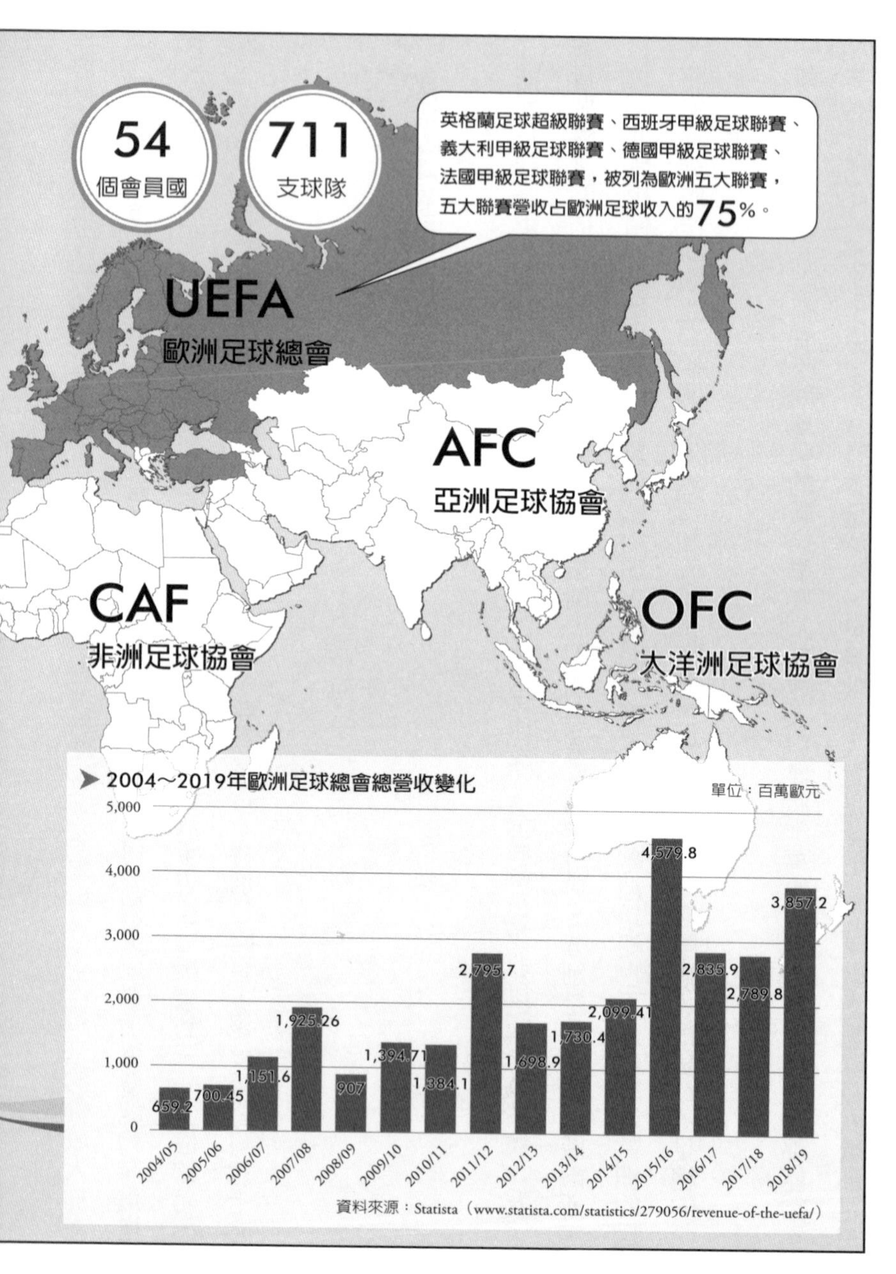
54
個會員國
711
支球隊
英格蘭足球超級聯賽、西班牙甲級足球聯賽、
義大利甲級足球聯賽、德國甲級足球聯賽、
法國甲級足球聯賽，被列為歐洲五大聯賽，
五大聯賽營收占歐洲足球收入的75%。
UEFA
歐洲足球總會
AFC
亞洲足球協會
CAF
非洲足球協會
OFC
大洋洲足球協會
2004～2019年歐洲足球總會總營收變化
單位：百萬歐元
5,000
4,000
3,000
2,000
1,000
0
659.2
700.45
1,151.6
1,925.26
907
1,394.71
1,384.1
2,795.7
1,698.9
1,730.4
2,099.41
4,579.8
2,835.9
2,789.8
3,857.2
2004/05
2005/06
2006/07
2007/08
2008/09
2009/10
2010/11
2011/12
2012/13
2013/14
2014/15
2015/16
2016/17
2017/18
2018/19
資料來源：Statista（www.statista.com/statistics/279056/revenue-of-the-uefa/）

➤ 歐洲足球總會及五大聯賽

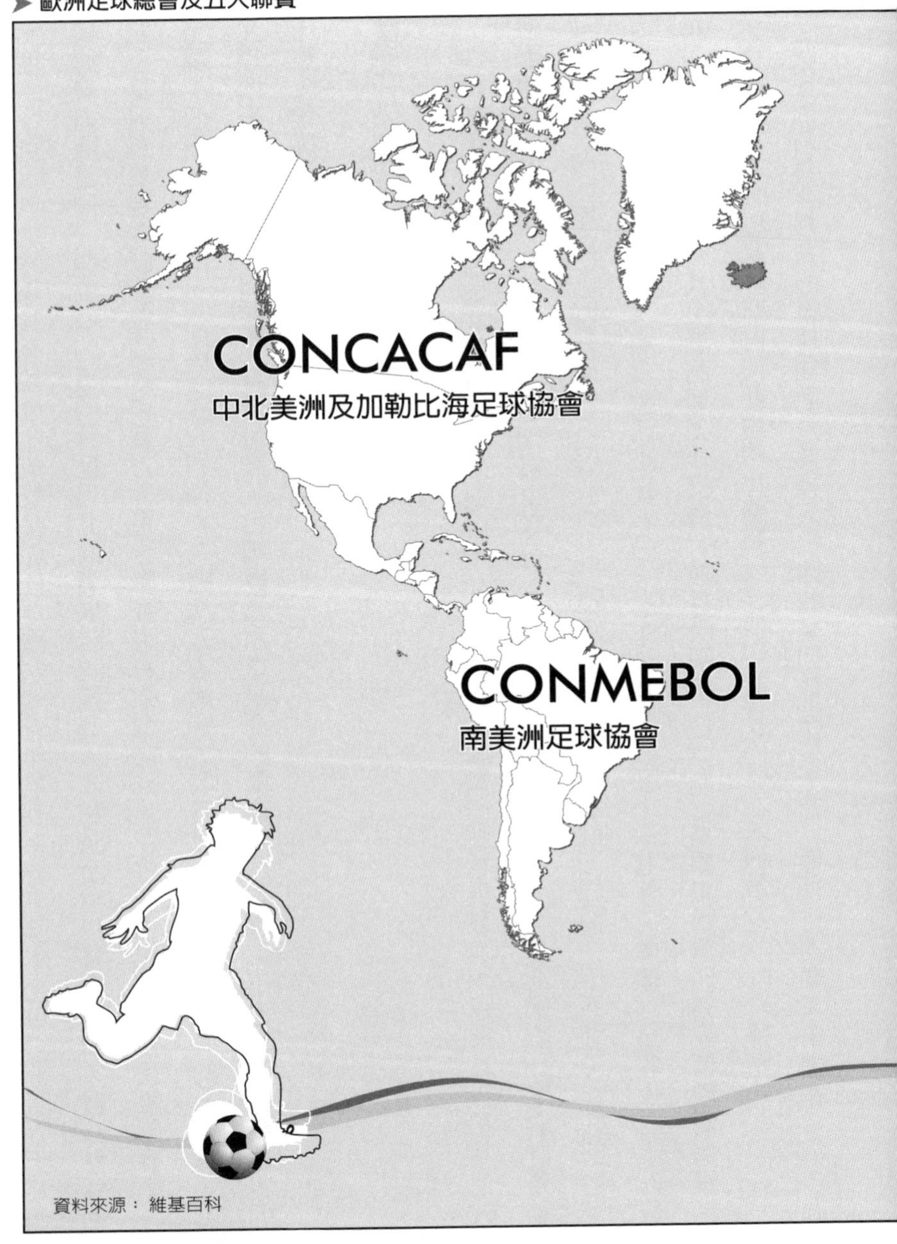

的制度下，可以自由轉隊甚至轉會，或是參加任一國家的青年培訓系統，基本上可以把這五十三個職業聯賽看成是同一個聯盟的不同分區但共同發展。也因為人才和資金可以移動自由，貧富懸殊的問題不是只有表現在歐洲各國政經實力，足球聯賽也有強弱之分，在這五十三個國家頂級聯賽中，英格蘭、西班牙、法國、德國、義大利被列為歐洲五大聯賽，其營收占歐洲足球收入的七五％，其中又以西班牙甲級聯賽的球員身價最高，也被評為水準最高的職業足球聯賽，不過，英超或德甲的球迷應該會抗議這句話。

身價非凡的西班牙甲級聯賽

西班牙甲級聯賽目前一共有二十支球隊，如果要把整個職業賽會都算入，包括乙級和其他較低層賽事，一共有十個級數，將近兩百支隊伍。根據西足聯盟（La Liga）委託國際知名會計事務所 PwC（資誠）所調查的數據，二〇一六／二〇一七年賽季，西甲和西乙兩大賽是一共創造了一五七億歐元的市場經濟，相當於西班牙二〇一七年GDP的一．三七％，聯盟則是收入二十八億歐元，此外也提供了一八．五萬個工作機會，並且吸引了一〇五〇萬觀眾購買門票入場觀看比賽，而全國也有五八％的家戶有訂閱西甲的比賽頻道。西甲的直接收入大約是二八．五億歐元。

西甲因為有非常多的全球知名企業投入，因此豪門球隊相當多，像是日本樂天集團在二〇一九年，就和巴塞隆納簽下四年二．三五億美元，平均每年約十八億台幣，買下巴塞隆納胸前的Logo廣告位置。二〇二〇年六月，巴塞隆納更開出一紙一年五千萬歐元的合約給阿根廷球星梅西（Lionel Messi），換算約為十七億台幣，差不多等於台灣職棒四支職棒隊的價值總和，這也是全世界職業運動史上最大的合約。根據德國足球雜誌「轉會市場」的最新評估，二〇一八／二〇一九年巴塞隆納球隊收入約為一〇．六億歐元，總價值約為三十二億歐元，而同聯盟的另一支相當有名的勁旅皇家馬德里，則是一〇．八億歐元，身價三四．八億歐元，其餘像是馬德里競技、瓦倫西亞等，都有五億以上的淨賺，身價在十億歐元左右，實在令各職業球隊望塵莫及。

風雲萬變的英格蘭超級聯賽

如果說西甲賽事像是華麗的一場派對聚會，那英超就像是詭譎多變的一場橋牌牌局，往往沒有到球賽最後一分鐘，你永遠無法知道誰是冠軍。

英格蘭超級聯賽一共分為三級，除了和其他國家一樣分為甲乙兩組，第三級為十八歲為主的青年隊。根據英國勤業眾信（Deloitte）在二〇一八年所公布的報告，英超是歐洲足球賽事中收入最高的聯盟。二〇一六／二〇一七年賽季，直接營收約有五十三億歐元，進場觀眾人數達將近一五〇〇萬人，媒體廣告收入是英超最大的收入來源，占所有收入的六一％。此外，根據英國安永會計師事務所所提出的報告，二〇一六／二〇一七球季英超共創造約八十億歐元的附加價值，主要是旅遊業受惠最大。

英超也有不少豪門球隊，但不像西甲長期由皇家馬德里和巴塞隆納盤據第一名，英超每年的變化性發常大，足球迷每年都在期待大黑馬的誕生。根據德國轉會市場雜誌的報告，歐洲十大賺錢球隊，英超就有五支隊伍入列，其中又以曼徹斯特聯隊最賺，二〇一八／二〇一九賽季共收入約七億歐元，而曼聯身價高達三十四億歐元，和西甲的皇家馬德里常常被相提並論；其他像是來自倫敦的阿森納兵工廠、利物浦、曼城、切爾西都也是歐洲十大賺錢球隊並且身價

➤ 2020年歐洲球隊價值前10名排行

單位：億歐元

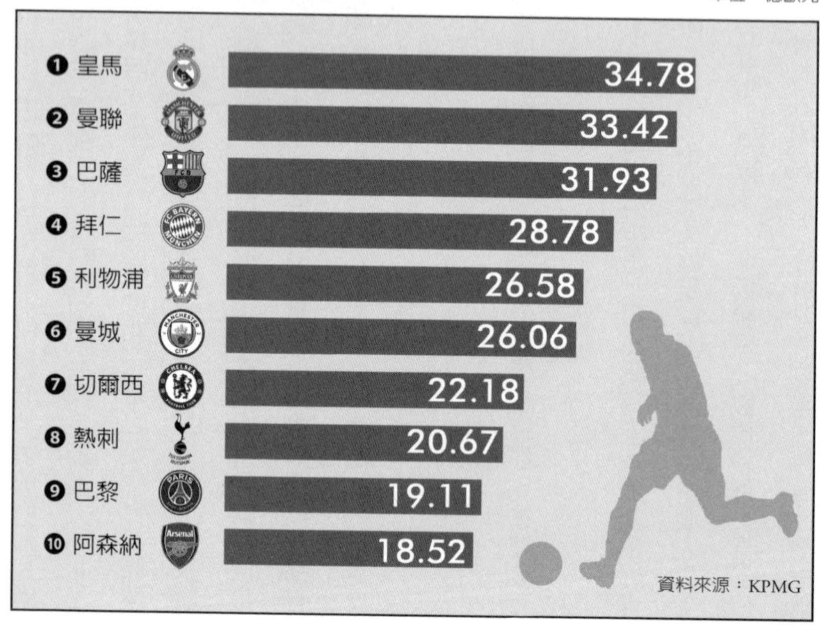

平均在二十億歐元。

各有所長的義甲、德甲、法甲

相較於西甲和英超的星光閃閃，義甲、德甲、法甲以各自獨特的球風，仍然殺出重圍在歐洲足球占有一席之地。以義甲來說，是愛看防守的球迷首選；而德甲注重團隊組織進攻，是喜歡團隊戰術的球迷最愛；法甲雖然起步較晚，且法國國內球星也多流向英超，但法甲一直是非洲球員進入歐洲足球的最佳跳板，也是歐洲許多年輕球員的初試身手最好的舞台，是喜愛看新秀和非洲球風的球迷第一指名。

在二〇一六／二〇一七的收入排名中，德甲約有二十七億歐元的成績，收入雖然略輸給西甲，但德國國家隊近年在世界盃表現相當亮眼，而德國足總近幾年更相當努力在多角化宣傳，包括網路轉播、門票販售等，許多報告均指出德甲將在五年內超越西甲的營收，成為第二大足球聯盟。義甲已經有一百多年的歷史，是歐洲最老的職業賽會之一，在上個世紀是公認職業足球賽會的最高殿堂，可惜，隨著義大利經濟的崩盤，尤其是在歐債危機開始之後，義甲也逐漸走下坡，一六／一七年營收約為二十億歐元；法甲因為大量吸收非洲球員的關係，除了本地之外，在非洲也是相當歡迎，很像我們台灣以前愛看王建民比賽一樣瘋狂，所以法甲的電視轉播收入和德甲差不多，但整體營收只有約一六・四億歐元。

其他國家的職業盃賽

歐洲這五大聯賽幾乎占據了七五%的歐洲足球市場，據報導，光是二〇一八／二〇一九賽季，全球約有四十億人次觀看過或購買這五大聯賽的相關產品。五大聯賽固然精彩，但歐洲還有其他職業賽事很值得球迷朋友欣賞。像是冰島的甲級足球聯賽，是以半職業的方式進行，很多球員都還各自有自己的工作，像是入選二〇一六世界盃國家隊的守門員，他另外一個工作是導演，而球隊教練甚至還是牙醫，相當有趣。而人口僅僅只有三十三萬人的冰島，近三年足球聯賽也都有將近一五〇〇萬歐元的收益，二〇一八年世界盃更踢和足球強權阿根廷，冰島足球的拼勁很值得注意；另外還有葡萄牙的甲級聯賽，歐洲第六大聯賽，因為文化的關係，葡甲和巴西南美球風相當類似，相當華麗流暢，節奏分明，葡萄牙國家隊也常常是國際賽事的奪冠大熱門之一，而一千多萬人口的葡萄牙，也孕育出了二十支甲級球隊，可見其對足球的瘋狂，據報導，葡甲一年收入約四億歐元。

其他像是克羅埃西亞、匈牙利、捷克、挪威、瑞典、俄羅斯等等的足球也都有不同的球風，近幾年隨著訓練科學化以及許多國際企業的投資，這些地區的職業聯賽雖然仍比不上五大聯賽熱門，但其國家隊都相當有競爭力，近三屆的世界盃足球賽更屢屢爆冷。足球迷人的地方就在於此，比起籃球會想到美國、棒球想到日本，硬要說誰才是全球足球的老大，相信沒有人可以說得準。

歐洲足總UEFA的三大聯賽

歐洲足球除了各國的甲級聯賽之外，還有由歐洲足總所舉辦的三大賽事更是歐洲人絕對不可能錯過的，那就是「歐洲冠軍聯賽（歐冠杯）」、「歐洲聯賽（歐聯）」、「歐洲錦標賽（歐錦賽）」。

歐冠杯是歐洲各甲級足球聯賽的冠軍爭奪戰，於每年年底舉辦，除了積分前四名的甲級聯賽球隊之外，其他國家聯賽必須經過預選賽、資格賽、附加賽，才能進入最後的三十二強爭奪歐洲總冠軍。

歐洲聯賽則是每年年中舉行，歐洲聯賽的性質和歐冠杯很類似，都是以各國家職業球隊為主，但歐洲聯賽納入了更多國家當年排名前面的職業隊伍，光是外圍資格賽事就有一一〇支隊伍參加，而最後的分組賽總計只剩四十八支球隊，取得歐州聯賽前面名次的隊伍可以參與年底的歐冠杯分組賽，因此歐洲聯賽是很多小市場球隊鹹魚翻身的重要賽事。

根據UEFA官方公布的數據，甫停辦的二〇一九／二〇二〇歐洲足總賽事，包括歐冠和歐聯賽的門票、企業贊助、電視轉播等，一共收入三二．五億歐元，發出的總獎金高達一九．五億歐元，其中歐冠的冠軍球隊共可拿下約一億歐元。也因此，歐冠長期一來一直都是全球獎金最高的職業賽事之一，不僅是歐洲球迷瘋狂，各球隊也無不卯足全力去拚搶這些獎金。這兩項賽事的轉播權利金更是相當可觀，今年賽事就約有二．九億歐元收入，不過在新冠肺炎的干擾之下，後續賽程和獎金或許還有些調整，但無論如何，都不可能影響歐冠和歐聯賽在球迷心目中的重要性。

還有一個歐洲足總賽事實在是非看不可，那就是每四年舉辦一次的歐洲錦標賽。因為歐洲足球水準相當高，所以歐錦賽也被暱稱為小世界盃，既然是小世界盃，那比賽的收入必然也是荷包滿滿。歐洲足總每四年會選出二十個積分前面的球隊來參與比賽，另外開放四個外圍賽資格，讓其他積分較差的國家來爭取，最近一次比賽是二〇一六年於法國舉辦，根據法國財政部的新聞稿，該年歐洲錦標賽短短一個月為法國帶來一二．二億歐元的收入，其中五．九六億元來自賽事本身，另外六．二六億則是來自於觀光旅遊人潮。本來預計於二〇二〇舉辦的歐冠杯，因為疫情而延後，但也讓歐洲足總苦吞兩億多歐元的損失，並不小於日本延後奧運所造成的損失。

其實歐洲足總還有舉辦相當多的賽事，像是有年齡上限的U21、U19、U17歐錦賽，還有歐洲女子足球國家盃等等，這些賽事加上各國的職業會賽事，歐洲幾乎一年四季都有足球比賽在進行，不過，要買熱門門票絕對要提早買，因為跟隨著足球滾動的，正是歐洲最瘋狂的消費經濟學！

能源

北歐各國及俄羅斯的重要命脈

石油改變了中東近代的命運，也開啟了全球國際政治和貨幣的新局面，雖然科技進步相當迅速，電動車、瓦斯車、核能發電等等快速進步著，也漸漸地取代石油的用量，但據估計，人類光是在動力車輛上要完全放棄石油，至少還要五十年，另一方面，根據國際能源總署的統計，全球石油需求其實還在不斷攀升中，這就表示石油並不如外界預期的失去經濟地位，反而有了更多的新用途，重要性不斷增加。相信有更多人想知道，那到底還有多少石油儲量可以開採？這問題從一九七〇年代被猜測到現在，直到今年因為新冠肺炎造成原油期貨產生負四十元這種奇異的現象，原油即將耗竭的說法，幾乎消聲匿跡。

有鑑於人類對於石油的需求依然非常強，石油依舊是中東國家至今賴以為生的經濟命脈，很多人可能曾聽說，像中東一些伊斯蘭國家的教育，從國小到大學都不用學費，甚至生育補助高達一百萬新台幣。這些訊息有假有真，不完全是我們想像的那樣，但無論如何，我們都會有一個刻板印象，那就是這些費用都是賣石油賺來的。其實，事情沒有那麼單純，同樣都是產油地區，北歐國家就和中東國家有著不一樣的經濟風貌。

歐洲最大的採油場：北海油田

北海不是日本的北海道，也不是蘇武牧羊的地方，如果有看過卡通北海小英雄應該就會知道北海的真正位置！這個位於大不列顛群島東北方、挪威西南方一帶的海域，正是北海油田的所在，加上東南面有丹麥及荷蘭控制著，因此，這四國也順理成章的成為了北海油田的最大開採國。

二次世界大戰之後全球才開始有提煉石油的規模石化工業出現，而最早被挖掘的油田都分布在陸地，這是因為開採成本的關係，一來因為海上開採

➤ 全球石油市場供需預估

單位：百萬桶

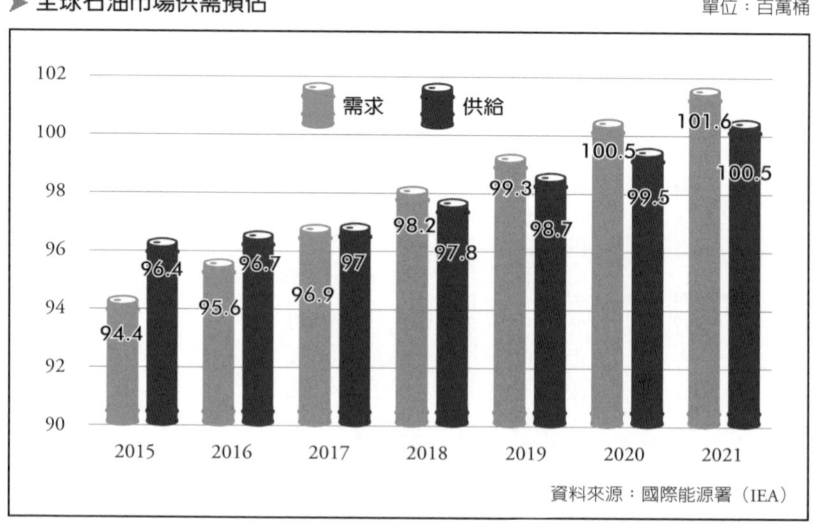

資料來源：國際能源署（IEA）

➤ 北海石油的分布狀況

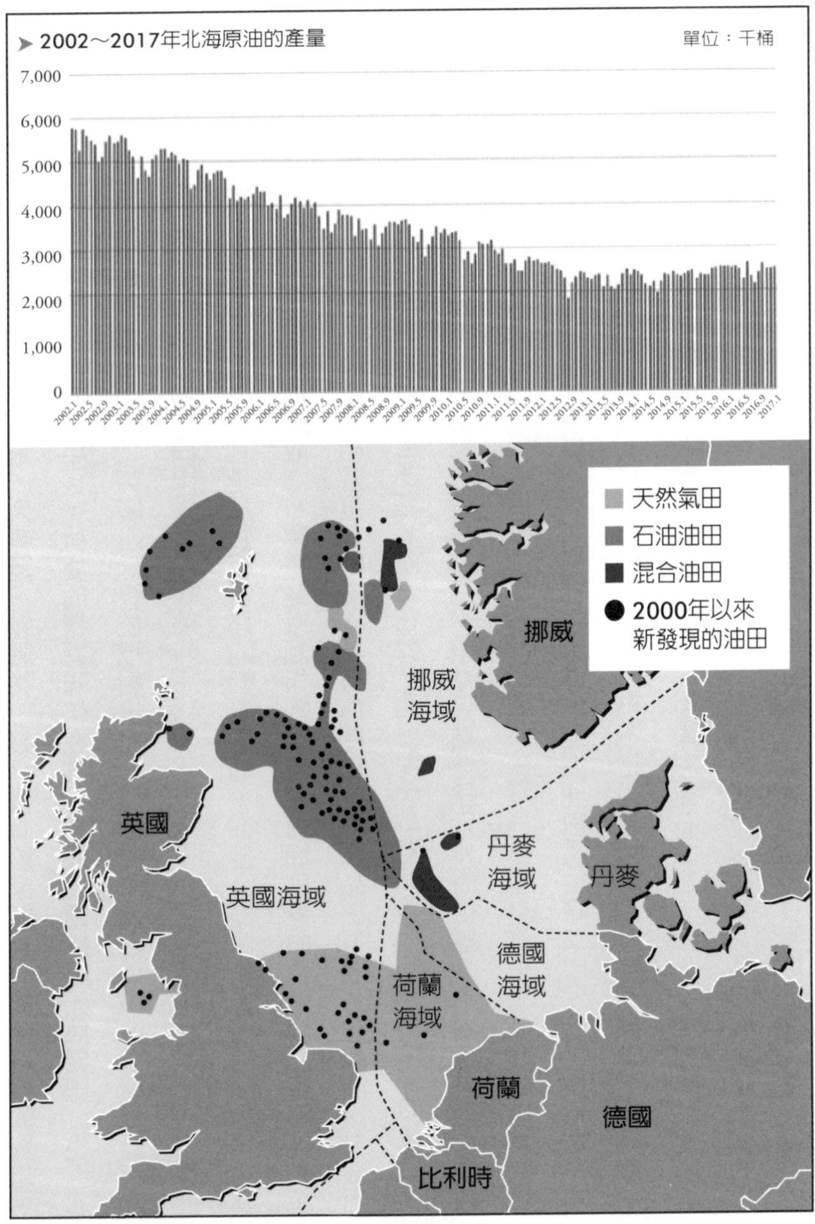

➤ 2002～2017年北海原油的產量
單位：千桶
7,000
6,000
5,000
4,000
3,000
2,000
1,000
0
天然氣田
石油油田
混合油田
2000年以來新發現的油田
挪威
挪威海域
英國
英國海域
丹麥海域
丹麥
德國海域
荷蘭海域
荷蘭
德國
比利時

機具技術不夠成熟，二來海上輸油也是一大難題，在戰後，幾乎沒有國家能夠負擔起這樣的費用，更不用說私人企業。一直到一九六〇年代，荷蘭的探勘隊伍在其外海成功鑽探出天然氣田，也引起周遭國家重視和介入，到一九七〇年，英國船隊終於挖掘出第一口油井，北海油田的名稱從此不脛而走。而整個一九七〇年代也是北海油田投資最狂熱的年代，其中又以布蘭特油田（Brent）產量最豐，是當時全球第三大的石油產地，且是品質相當好的輕質原油，很適合提煉較多樣的油品，尤其是柴油和汽油；一九八八年英國推動成立布蘭特輕原油指數，將北海油田推向金融商品市場，和紐約輕原油指數至今都是國際油品市場相當重要的價格參考指標和避險商品。不過，北海油田對歐洲來說最重要意義不在於石油的供需市場多寡，而是在於，北海等於是歐洲各石油集團堅強的後盾。

不過嚴格說來，北海油田的供給量不斷被超越，至今只剩全球六%的供應量不到，若以探明儲量來看的話，根據美國油氣雜誌的報導，西歐地區（泛指北海一帶）僅僅只剩十七億噸的儲量（約一五〇億桶），約占全球的一%，所以不少新聞都在報導，北海油田恐怕在二〇三〇年後枯竭。不過也有持相反的看法，北海油田確實有可能會停止開採，但不是因為枯竭，而是不敷成本；另外一個可以觀察的指標，就在於中國海洋石油公司的併購案，中國海洋石油在二〇一二年併購了英國石油開採公司Nexen，從此進入北海油田。不到十年光景，中國海洋石油已經成為北海產量最大的採油商，每日約產二十萬桶，占北海油田每日均產量的一〇%。如果二〇三〇年北海油田將枯竭，那

➤ 2019年世界六大地區石油儲量

單位：億噸

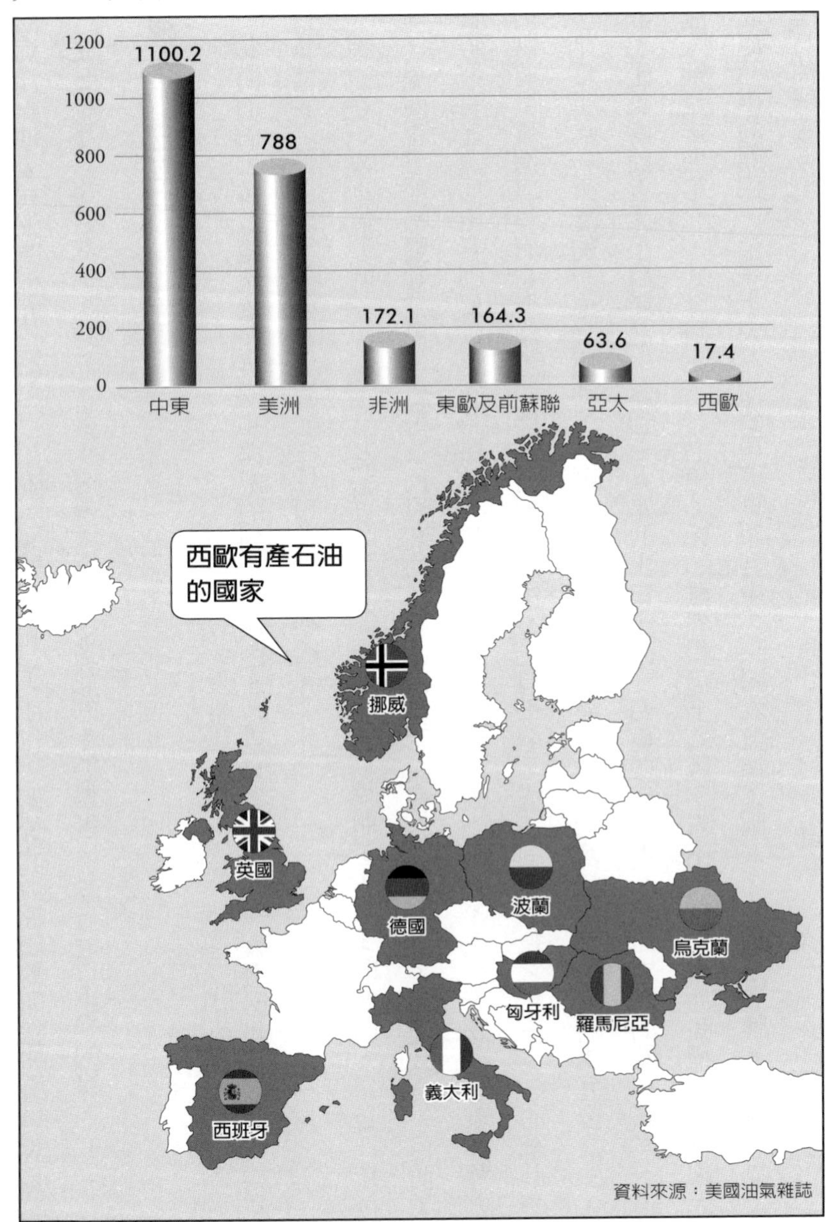

資料來源：美國油氣雜誌

中國海洋石油公司又為何在二〇一二年進入該市場呢？所以，關於北海油田的開採興衰可說是莫衷一是，但不管事實如何，這二十多年來擴大開採所造成的生態傷害，是百分百不爭的事。

英國與北海油田

北海油田大多數範圍落在英國和挪威的領土海域內，特別是英國，在一九五〇年代除了工業技術較為進步之外，來自美國資金的挹注是相當重要關鍵因素。

英國在一次世界大戰之前，由於其海外殖民的強盛，其實控制了相當多的油田，像是波斯灣地區、墨西哥等地都屬其殖民，隨著殖民浪潮的退燒，這些開採權力逐步還給了當地政府。目前英國實際擁有北海油田五〇％以上的開採權，其他油田都不屬於境內領土，不過，英國產油雖然豐富但仍需要少量進口，而在全球產油排名上，也還排不上前十名，據美國能源總署（EIA）的統計資料，全球平均一天產約一億桶原油，英國本土含領海油田僅產一一七萬桶，是美國的十九分之一。原油也是英國前五大出口產品，二〇一九年共出口了四一四億美元，占其出口總額的八．八％，但其收入則是排名第三，共計賺入二三七億美元。雖然帳面上的數字看不出來是石油強權，但英國因為北海油田的開採，全球十大石油公司總資產當中，英國就盤據了兩家，分別是殼牌（Shell）以及英國石油（BP）。

殼牌公司的歷史相當悠久，早在一八九〇年代由荷蘭皇室特許成立，在一九〇七年與英國殼牌運輸公司合併，英國占四〇％，荷蘭占六〇％，成為當時能與美國石油公司相抗衡的大油商。BP石油成立的比較晚，前身設立於一九〇八年，沒多久在一次世界大戰的時候，在英國，BP曾經一度與殼牌合併，配合英國政府一起打造英國在全球的石油利益，而在一九七〇年代英國成功開採北海油田後，BP也正式獨立出來成為現在的面貌。

這兩家公司不僅在全球石油業相當重要，對英國外交及金融也有舉足輕重的地位，堪稱是英屬東印度公司的翻版，只不過現在控制的對象是中東國家，而非印度，所以美國屢屢對中東國家發動報復攻擊，英國總是最有力的盟友。此外，深入到這些地區的方式不再是用武力占有，而是大量資本操作，除了實際現金的投入，透過布蘭特原油指數，英國更和美國合作拿下了全球輕原油的定價權，奠定了英國石油強權的基礎。

一百多年來，這些以美英為首的石油企業集團，因為多來自於美國標準石油的分裂，加上錯綜複雜的交叉持股，故在業界被稱為七姊妹（The Seven Sisters），和以中東國家利益為首的石油輸出國組織（OPEC）總是相抗衡著，二〇二〇年四月因為疫情的關係造成紐約輕原油期貨價格崩盤，就是很鮮明的OPEC與英美集團互鬥的下場。

北海油田帶給英國相當多的經濟利益，在政治上，除了給予英國獨立於歐盟的勇氣，但也帶來蘇格蘭的獨立需求。英國畢竟是一個聯邦政府，蘇格蘭當地政治人物認為，若是獨立成功，那英國目前掌握的北海油田，將近九成的開採必須還給蘇格蘭政府，除此之外，英國脫歐導致蘇格蘭農工業出口損害，失業率在短期內會上升。蘇格蘭在二〇一四年的獨立公投運動中，已有四五％蘇格蘭公民認為要脫離英國，而在二〇二〇英國確立完成脫歐之後，下一次的獨立公投將成為世界注目的觀點。

挪威與北海油田

長久以來，北海一直是斯堪地半島維京人最重要的捕魚場，在二〇世紀初才獨立建國的挪威，其實在北海油田發現前，還維持

▶ 開採北海油田的各大石油公司占比

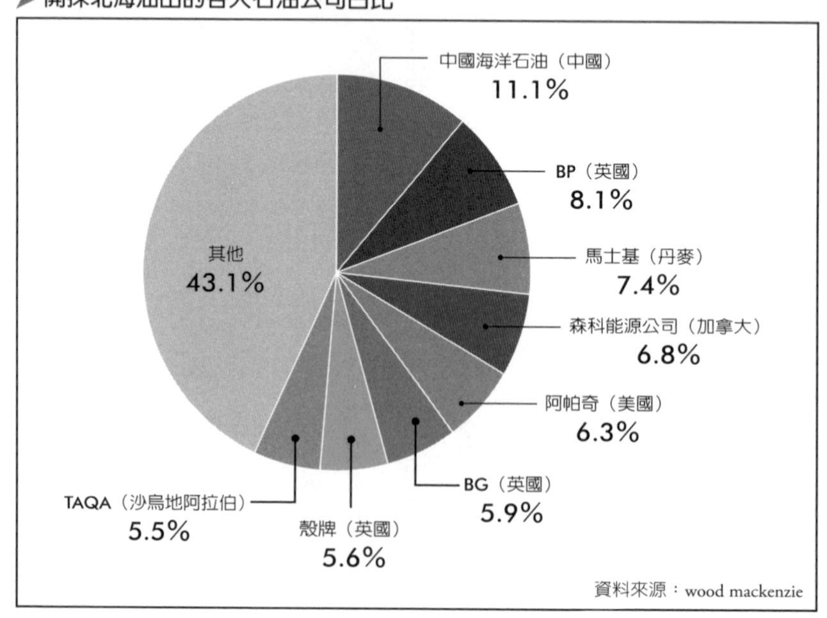

資料來源：wood mackenzie

著傳統，是個靠捕魚維生的貧窮國家。一九七〇年代因為北海油田的開採，挪威政府成立了第一家石油公司，挪威國家石油（Statoil），這才開始了挪威不平凡的經濟發展。

整個北海為挪威帶來相當可觀的外匯收入，曾一度在一九九〇年左右成為全球第三大石油出口國。二〇一九年，原油相關出口占其總出口的五五．六％，約為六九〇億美元，這項數字下滑不少，二〇一八年以前幾乎都達出口的六成以上。

產量的部分，二〇一九年僅有平均每日一七五萬桶，相比過去五年，足足少了近二十萬桶，和英國一樣，如今已非產油大國。此外，根據二〇一八年當地的新聞指出，挪威的石油業營收占全國GDP將近一二％，貢獻給政府將近三百億美元的稅收，全國五四〇萬人口中，有將近二十萬人口在這些石油公司上班，扣除非就業年齡，差不多每一百人有六至八人從事原油開採或販售的工作，可見北海油田對挪威的重要性。

在北海油田的加持之下，一九七〇年代以後的挪威，其GDP開始呈現火箭般的成長，豐富的收入使得社會福利、財政、貿易、教育、技術等等得到相當好的發展，但這一切並不是單單只因為發現石油就能擁有的，挪威人克服了「石油的詛咒」，這才是最值得書寫的地方。

石油詛咒也有人直接翻成「荷蘭病」，主要是由荷蘭的經濟學家發現荷蘭的經濟問題而命名。因為發現石油就像是中樂透一樣，初期會帶來暴富的現象，挪威在一九八〇年初各種國內外投資資金都往石油業傾斜過去，勞動階層也是趨之若鶩，又因為薪水高，導致其他製造業或工業遭資源配置上的排擠，因而喪失競爭力；另一方面，這些外資和外匯收入的不斷投入，加上挪威政府長期由社會主義政黨領導，公共支出不斷增加，社會不利不斷增加，通貨膨脹也因此不斷上升，這些狀況就是著名的「石油的詛咒」，所以很快地，一九八五年後石油危機再現，挪威面臨第二次的石油價格崩盤，但這一次也是受傷最重的一次，當時幾乎賣一桶賠一桶，這讓挪威全國上下痛定思痛去思考這問題，也因此產生了一項影響世界金融的大決定：挪威國家主權基金的誕生。

挪威因為相當仰賴原油收入，其出口前十大產品，除了原油之外，漁產和鋁業是其他大宗項目，因此，挪威政府害怕這些原油和礦業的海外收益匯回，會再度造成國內產通貨膨脹，並且壓制其他產業的發展，於是成立了主權基金來管理這些海外收益，試圖用國家的力量來管理這筆錢，並由此來支柱國內退休金等社會福利項目。

另一方面，挪威政府也將油田開採設立上限，透過合理的產出來防止油價大跌以及保護漁業免於汙染，以取得產業平衡發展。如果我們從聯合國頒布的人類發展指數（HDI）來看，從二〇一〇年開始挪威一直是全球第一，可見這些策略是成功的，有別於其他中東產油國土豪式的大興土木以及大量鬆綁投資規範，挪威的成就更值得其他國家引以為鑑。

目前挪威國家主權基金依舊是全球最大的主權基金，且其獲利能力相當穩定，即便挪威雖然所得稅收相當高，挪威人不會心生不滿，因為主權基金總是令挪威人可以安心度過下半輩子。也因此，把石油當成聚寶盆的觀念在挪威人心中已悄然改變，正確來說，石油是必須留給後代子孫的遺產，因為這是上帝給予的恩惠，而石油帶來的基金，必須嚴加看管，即便有一天油田枯竭，也要確保這筆基金能夠為子孫帶來新的轉型經濟。

因此，二〇一八年挪威再度大幅轉型，挪威國家石油更直接改名為Equinor，意思就是Equi環境永續的nor挪威，而其主權基金也宣布自二〇一九年起，將減持石油、天然氣等相關持股，逐步將其水位貼近〇%，轉為大力支持綠能發展。雖然市場上有人戲稱這是因為北海油田即將枯竭所以必須轉型，但事實並非如此，因為中國、英國還在此地持續增產，由此可見挪威在其能源經濟策略上的靈活以及它們對環境理念的堅持。

丹麥、荷蘭與北海油田

同樣因為海外殖民的關係，比起挪威、英國等，荷蘭石油產業發展相當早，北海油田也是荷蘭公司率先探勘出來，但荷蘭一直不算是北海油田的強權，且國內最大的荷蘭皇家石油公司也早在一九〇七年與英國殼牌公司合併，不過荷蘭依然保有品質相當好的煉油廠，煉油產品和原油占其出口總值的一〇%，是其最大宗的出口產業。

雖然荷蘭並非豐富的原油產出國，二〇一九年每日平均不過四八〇〇〇桶，遠遠低於英國和挪威，但荷蘭卻是西歐第一名的天然氣生產大國，也是歐洲相當重要的天然氣接收港。無獨有偶的，北海油田所帶來的財富，也讓荷蘭在一九七〇年代一度因為暴富而出現舉世聞名的「荷蘭病」，所幸在一九八〇年代後，荷蘭將其發展重心轉往高科技精密工業和化學工業，才逐漸擺脫陷阱。

在過去很長的一段時間，天然氣事業護著荷蘭的經濟發展，不僅提供發電，更是出口強項，不過這個百分比其實一直在減少當中。有鑑於荷蘭再生能源的利用比率位居西歐國家最後一位，且北海油田的開採日益減少，但環境負荷卻越來越大，二〇一三年荷蘭國會通過能源協議，協議主要要求境內兩大石油公司必須在二〇一五年減產二〇%天然氣，此外，銀行也停止貸款給石油公司進行新的能源開採，希望再生能源的使用比例可以在二〇二〇年拉高到一四%，並在二〇五〇年歸零。

丹麥和荷蘭有著類似的經驗，在二〇〇〇~二〇〇四年其石油產量曾高達每日近四十萬桶，產量不大，但也是丹麥重要的小金庫，當時丹麥更是少數的原油淨出口國，直到二〇一九年產量已降低至新低十一萬桶，而丹麥也不再享有淨出口。會有這樣的發展結果其實和荷蘭及挪威相類似，有鑑於自己領海內的原油儲量恐怕不多，且開採成本也無法比得上其他油田，因此丹麥最大的石油公司快桅集團（Maersk）於二〇一八年將旗下石油部門全部出售給法國石油公司道達爾（TOTAL），丹麥從此不再有本土的石油開採企業，這是一個劃時代的大挑戰。

不過丹麥在一九八〇年代就開始積極地研發再生能源，無論是風力或太陽能的運用，還包括汽車動力上的研發，目前技術都居世界領先的地位。這些具有遠見的策略，使得丹麥得以減少對石油燃料的依賴，並且轉型成再生能源技術輸出大國，例如國內最大的風力發電公司沃旭能源，它是在二〇一七年由丹麥石油翹楚丹能集團（Dong Energy）改制而來，而沃旭能源也在去年投資七十億台幣進入台灣風力發電市場，充分展現丹麥對未來世界發展的企圖心。

是敵？是友？俄羅斯的石油與政治

講到歐洲的石油經濟，其實不能夠跳過俄羅斯的石油天然氣戰略。俄羅斯雖然橫跨歐亞大陸，且大多數油田都在其亞洲領土境內，但俄國能源發展的一舉一動，卻牽繫著全球政治經濟的敏感神經，特別是近幾年中俄、歐俄、以及俄國與中亞國家之間的關係相當微妙，局部性的地區戰爭一觸即發。

挾著龐大的國土，俄羅斯從西至東，甚至由南往北，處處充滿著鑽探商機，然而，俄羅斯的石油發展起步甚晚，一切要從蘇聯政府解體後開始。一九九二年俄羅斯政府正式成立俄羅斯石油公司（ROSNEFT），透過與BP的技術交換方式，開始建立其國內石油和天然氣開採的事業，也由於得到了西方國家的投資，俄羅斯在九〇年代產量上升相當快，從那時起至今，都一直是全球第三大產油國家。根據美國能源總署的資料，俄羅斯於二〇一九年已達到每日平均一一五〇萬桶，約占全球生產量的一二%，而其儲存量據估計還有一〇〇〇億桶。

天然氣的部分更是不遑多讓，早早已成為全球之霸，二〇一九年全年產量達六七九BCM（十億立方米），占全球天然氣產量約一七．五%，雖略輸給美國，但持續打破歷史高峰，而儲存量則是三五TCM（兆立方米）位居世界第一。其實不只石油，據BP公司的估算，俄羅斯也還蘊藏著一六〇〇億噸的煤炭，不僅仍舊維持世界第一，也占全球蘊藏量的一五．五%。

俄羅斯這些能源收益，幾乎可以和其總體經濟畫上等號。根據統計，二〇一八年俄羅斯出口產值為四二七八億美元，其中原油出口占了三一．三%；煉油出口占了一八．二%；天然氣出口六．四二%，而煤炭出口四．四三%，總計能源類原物料占共出口約二六〇〇億美元，略等於六〇%的出口總值，占總體ＧＤＰ的一七．三%，數字相當驚人。第一大貿易夥伴是中國，緊接在後就是西歐各國，荷蘭、德國、義大利、比利時等，多是以上述這些能源物料為主，而歐俄之間的矛盾點也就是在這個地方產生。

要知道，如此豐富的資源，雖然令人稱羨，但由於強人政治的關係，卻又令人生畏。歐洲過去總是防範著俄羅斯的軍事威脅，但近幾年由於發展乾淨能源的需求，且為降低發電成本，俄羅斯的

➤ 2008～2018年俄國與美國、沙烏地阿拉伯的能源狀況比較

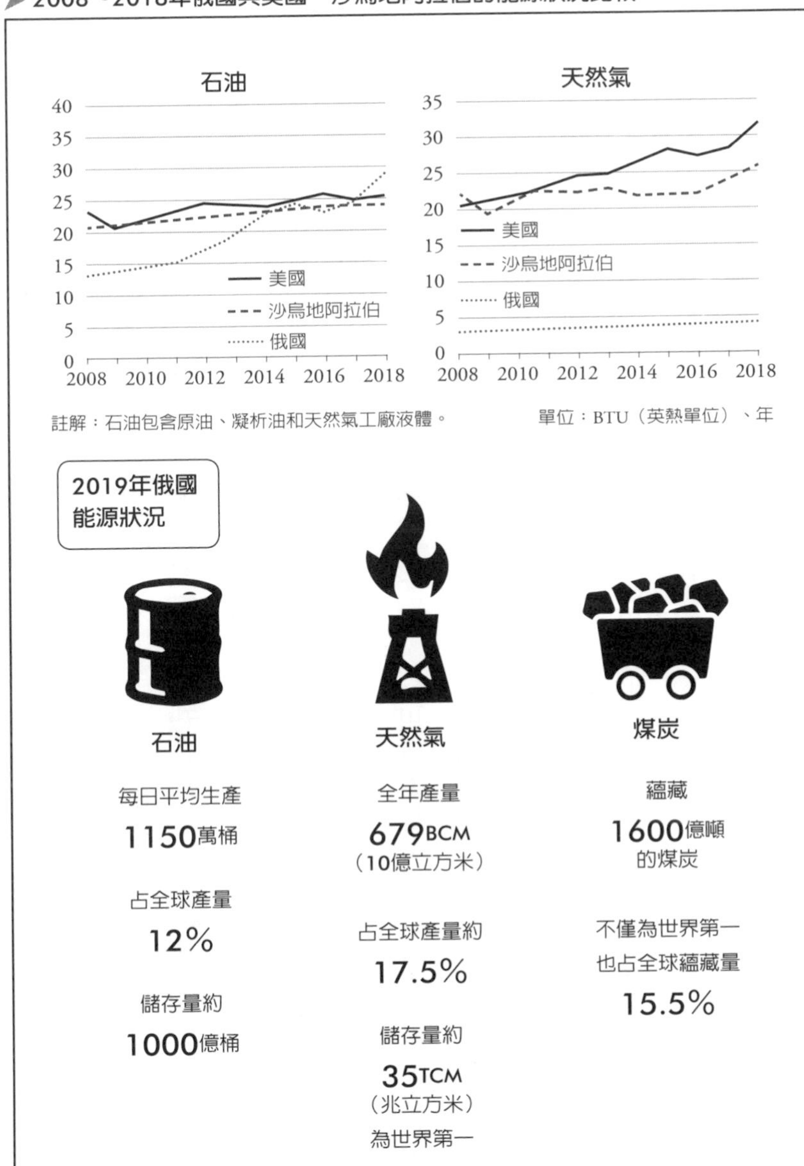

天然氣相當誘人。不僅如此，目前正在高速發展的東歐及南歐國家，電力的穩定相當重要，因此對於俄羅斯有所依賴。二〇一〇年後，荷蘭減產其天然氣，這份依賴程度更是加重，歐盟不斷在討論爭辯，到底俄羅斯值得信賴嗎？歐盟是否等於羊入苦口呢？那北約的軍事圍堵還要繼續嗎？畢竟天然氣除了發電，對於寒冷的歐洲大陸來說，冬天如果沒有天然氣，這可是會引起革命的。這些問題絕非憑空想像，因為二〇一四年俄羅斯突襲發動克里米亞戰爭的時候，就是藉由關閉天然氣的輸送迫使當地政府投降。他山之石可以攻錯，所以歐盟要如何避免俄羅斯以關閉天然氣輸送為由，來壓迫歐盟政治和軍事上的自主性呢？這在未來十年內都會是個棘手的政治談判。

俗話說，屋漏偏逢連夜雨，另一方面，在二〇一六年川普上任之後，美國不僅僅挑起對中國的貿易戰爭，也因為俄羅斯和中國之間的合作關係，以及美俄之間長期政治攻防的問題，美國轉而要求歐盟要盡量避免過度依賴俄羅斯的能源出口。不過，二〇一九年歐盟在其理事會上達成共識，為了維持美歐俄中四方的平衡，仍然批准俄羅斯至德國之間的北溪二號天然氣管，預計二〇二一年能夠完工，這讓川普在面對新冠肺炎疫情的同時，還不忘出手杯葛德國的經濟策略，不僅嗆聲從德國撤軍，更直接祭出歐盟版的懲罰關稅，美歐關係直接跌停板。

俄羅斯的能源矛盾還不只如此，長期以來，美國因為協助以色列建國的關係，與不少伊斯蘭國家產生衝突，特別是敘利亞和伊拉克，而俄羅斯因為缺少優良港口，必須向南求助，否則會影響其出口，所以必須維持南面中東關係的平衡。二〇一五年起，俄羅斯以協助敘利亞政府為名，直接出兵攻打反政府軍及伊斯蘭國激進組織，引起了土耳其和俄羅斯之間的衝突，美國不但沒有譴責或反制，甚至在二〇一九年宣布將撤軍敘利亞，引起全球譁然。爾後不僅僅產生了大量的難民問題，俄羅斯也獲得了更多的和OPEC產油國家談判的空間，這間接導致了二〇二〇年石油期貨崩盤事件。

俄羅斯和歐洲之間的愛恨情仇還有很長的一段歷史故事必須去追溯才能完全理解，近幾年歐俄關係看似朝向正面的關係前進，那為何當美國喊出撤軍德國的時候，讓北約組織冷不防顫抖了一下？石油和天然氣對多數國家來說，確實是個發大財的象徵，但對俄羅斯或美國這類的強權，更像是國家戰略佈署的一部分，錯綜複雜的國際政治角力，比帳面數字重要且精采萬倍以上。

汽車

專注完美近乎苛求的歐洲汽車工業

全球最早的工業革命起源於英國，而工業革命的本質就是機械的動力。

讓我們回想一下人類工業的演進，最初的工業人力和獸力，無論是紡織品或者是鐵製品，百分百都是純手工；真正進入第一階段的工業發展就是工業革命，利用水力、蒸氣、獸力、燃煤等，來進行機械的運行；到了二次世界大戰之後，我們開始有了燃煤發電廠、天然氣發電廠、甚至核能發電廠等等，工業部門接上這些電力，於是機械變得更有效率，也因此我們得以進入現代化的設備發展，例如冰庫、冷房、電氣化火車等；一九八〇年後，由於電腦的問世，工業也進入第三階段，也就是全自動階段，利用電子儀器的控制，掌握工業生產製作的精準，像是機器人手臂、自動化生產包裝等；即將進入5G世代的我們，第四階段工業化的聲音其實也已經醞釀許久，未來的工業將是設備與設備之間，能夠有效將彼此的資訊串連並解讀，例如用AI智慧辨別瑕疵品並統計歸納，追求的不再是大量工業產品，而是產品精準、少量客製化的能力，並減少大量純勞動力的付出，也就是物聯網的時代。

工業從對傳統動力的需求轉變成為對工業資訊的整合，而其實，在這四個進程當中，一次又一次的進步最後又將回饋到工業機械本身效能的提高，以及產品的品質提升。如果我們把這過程當作是一種工業進化循環，這一路上，歐洲對於其中機械的動力追求，至今仍然是歐洲各國不停競逐的目標，因為歐洲人深深知道，能夠掌握動力技術，就能掌控全球工業。簡單打個比方，鋼鐵人全身最重要的關鍵技術就是他那顆利用核融合打造的心臟，這也是歐洲各國追求的理想目標。

除了這份企圖心之外，加上歐洲傳統奠基良好的學術、技術、人文素養的培養之下，即便美國財大氣粗的握有許多新科技專利和製造能力，但大多數的人一定會認同，歐洲工業產品就是和美國有著不一樣的精緻和優雅，比起企圖心，這一份自信心更是難得可貴。也因此，機械動力相關的工業產品和技術也一直是大多數歐洲已開發國家最大宗的出口收入來源，尤其是德國，不僅是高級車賣得嚇嚇叫，德國的工具機產品、馬達幫浦等產品、甚至是直升機動力技術等等，德國就是名符其實的工業模範生。訪問流傳一句話，台灣人很喜歡日本的商品，但日本人其實在追求德國的境界，這其實一點都不誇張。

每個男孩都想要有一台歐洲車

動力工業運用的層面相當廣，小到一顆手機電池，大到輪船用的推進器都是屬於動力工業，但對歐洲多數國家來說，汽車工業是目前最純熟且最具商業價值的領域，就像在台灣，歐洲車就是高級轎車的代名詞，每個男生都曾夢想過要有一台自己的歐洲車。

以一般轎車市場來說，根據歐盟資料，二〇一九年歐盟二十七國（排除英國）汽車出口值高達一四〇〇億歐元，占所有出口總值將近六．六%，是出口值最大的產品，如果把整個交通相關機械工業算入，包括汽車引擎、汽車零組件、組裝工具機等等，最貴重的其實是航空或海上用的渦輪推進器，這些零零總總加

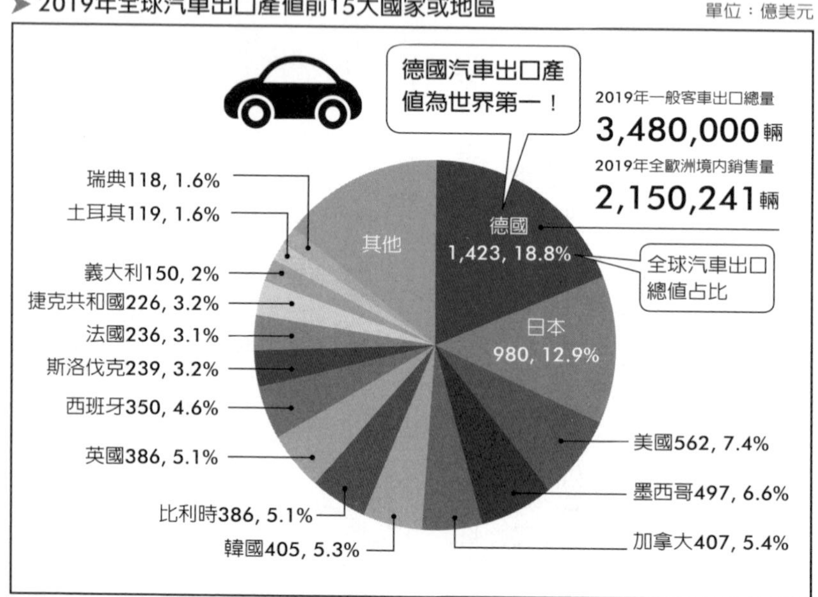

資料來源：World's Top Exports、German Association of the Automotive Industry（VDA）

起來占出口總值將近四一%，可見動力機械的輸出對歐盟來說是相當重要的。

不過，汽車的出口產值其實近五年呈現下滑，從二〇一五年的一五〇〇億歐元一路下降至今，這其中的原因有很多，包括廠商選擇到外地生產，尤其是與中國的合作案，規模相當大，甚至也包括韓國及日本汽車工業的挑戰，像俄羅斯近幾年汽車銷售冠軍都由現代集團拿下，不過歐盟各國依然很重視汽車工業的研發，特別是在環保引擎的部分，相信仍然會領導下一個世代用車習慣的發展。

德國：百年工業，引領未來

在德國，汽車工業是德國人最引以為豪的產業，它的出口及企業營收也是德國經濟最重要的觀察指標。德國最早於一八八六年開始投入汽車的研發和製造，大家所熟悉的戴姆勒集團（Daimler）和賓士（Benz）就是當時成立的引擎製造工廠，也是世界最早的汽車製造商之一，兩者於一九二六年合併，至今一直是德國最大汽車集團，這也就是為何賓士總是有一種老練沉穩，尊爵不凡的氣質。

二〇一九年，德國汽車產業一共出口了約一八〇〇億歐元的產值，占全球總出口產值約一八%，排名世界第一。如果以車輛數來看的話，二〇一九年一般客車出口總量有三四八萬台，仍然是世界第一，而這些車輛，光是在全歐洲境內就出口了二二五萬台，由此可見德國其實相當需要整個歐洲市場，這也是歐盟常常在爭吵的原因之一。不過，二〇一九年的德國車出口其實是連續下降，過去德國每年出口四〇〇萬台以上是常態，這和整體歐洲國家遇到的狀況是一致的，尤其多數車廠直接選擇在中國設立生產線，像德國第二大車業集團福斯汽車，在二〇二〇年初就宣布將投入四十億美元收購中國的車廠，並致力發展電動車。不過整體來說，即便出口產值和車輛數在衰退，但車輛的出口仍然占德國總出口量的一〇・三%，若加入相關運輸動力產業則將近二〇・四%。

如果把德國內需市場一併加入，根據德國貿易投資委員會（GTAI）二〇一八年公布的數據，汽車相關工商業占德國GDP高達二〇%，其中研發的經費投入，也達全球汽車研發的三分之一強，總附加產值高達四三〇〇億歐元，是全球產值之最。德國汽車工業協會主席去年更曾說過，在三年內預計整個汽車工業市場將投入至少五八〇億歐元研發，為人類打造下一個世代新汽車。

德國汽車工藝的成就，絕對不會只有在帳面上這些庸俗的金錢數字，德國三大汽車集團-戴姆勒、福斯、BMW，各有其精湛工業技術迷人之處，而非千篇一律的互相模仿。這三大集團都在二次大戰之前就成立，經過將近百年的淬鍊，德國許多汽車品牌都已被併購進入其麾下，例如保時捷、賓利、奧迪，都在福斯集團旗下；另外像是遊覽車、公車等大型運輸車輛，都是戴姆勒集團的天下。近幾年這些燃油車市場逐漸萎縮，德國這三大車廠也面臨大相當的轉型挑戰，必須逐步放下過去最強最熟悉的動力引擎製造，面對各種其他乾淨能源的研發難關，對手也不再侷限傳統車廠，像美國的特斯拉公司（Tesla）就是最好的例子，而蘋果電腦、Google也都曾表達進入汽車市場的意願。

面對這些挑戰，德國各汽車集團仍然奮力不懈的持續突圍，這一份工匠精神，其實是德國車最有價值的所在。

義大利：用跑車重現文藝復興的輝煌

歷史教課文上，文藝復興雖然被定義在某個時段，但文藝復興的靈魂並沒有散去，至今仍帶給義大利這片土地相當深遠的影響，特別是在工藝技術上，那種追求藝術品的浪漫和極致，發揮才華和展現天賦的個人主義思想，幾百年來，傳遞在每個義大利工匠上。不僅在那些朗朗上口的精品牌、服飾、皮件中，我們很可以感受到設計的質感和精心的製作，就連汽車工業，也被當作是精品般地創造，就像米開蘭基羅的教堂壁畫作品，如此地壯麗絢爛、巧奪天工。

義大利留著羅馬帝國的血統，雖然在海權時代並沒有跟上西歐強權的擴張速度，但在豐富的人文歷史需薰陶下，義大利的各種工業技術仍然在一次大戰後領先群雄，更在一九七五年成為全球七大工業國之一（俄羅斯退出）。但在迅速成長之下，二〇一〇年，義大利還是爆發了債券危機，引起相當多人對其工業強國地位的討論，不僅如此，二〇二〇年的新冠肺炎疫情更是重創義大利經濟，成為歐洲疫情最嚴重的地方，尤其是米蘭。

但在這個經濟結構不振，貧富差距懸殊的年代，精品永遠是炙手可熱。義大利汽車工業出口其實並不算特別大，二〇一九年僅出口一五〇億美元，大約是德國的十分之一，而整體相關汽車和零組件出口，約為其出口總值的八%左右，多家車廠因此反其道而行，反而將心力專注在超跑的研發設計上，至今所有義大利跑車的組裝和研發都留在國內，並不像一般車廠會把生產基地透過全球布局，在金融海嘯過後，義大利超跑車廠幾乎年年狂賣創新高。

根據藍寶堅尼（Lamborghini）公司發布的新聞資料，二〇〇九年全球僅銷售僅約一五〇〇台，爾後年年攀升，二〇一九年已達八二〇五台，最大市場在北美，占其銷售量四六%，不過藍寶堅尼工廠雖然在義大利，真正經營者已經變成德國奧迪汽車（Audi），也是福斯集團的一員；另外一個義大利超級知名車廠，法拉利（Ferrari），同樣也從二〇一〇年銷售量約五〇〇〇台，至二〇一九年已正式銷售突破一〇〇〇〇台，二〇一九年賺進約七億美元的營收；上述兩大品牌常年盤踞全球超跑銷售前三名，但其它像是海神瑪莎拉蒂、帕加尼（Pagani）、愛快羅密歐、蘭齊雅（Lancia）等知名跑車品牌也都是義大利車界的代表，這些品牌多來自義大利汽車第一集團飛雅特（FIAT）旗下，喜歡跑車的朋友相信都不會錯過。

提到跑車，銷售當然是很重要的獲利來源，但其背後的大堆手F1一級方程式賽車，才是真正最重要的競爭市場。F1就像是這些跑車的伸展台一樣，各大車廠出賽無不使出渾身解力來打造最強團隊和設備，平均每年約吸引五億人次的觀看，觀眾僅次於世界盃足球賽，每年全球附加產值可達到一五〇〇億美元以上，因此世界各國競邀F1來當地比賽，賽車從競技運動轉變成為一種時尚運動，能拿到F1的門票甚至是一種財富的象徵。而藉由F1賽車的全球行銷和投入，這些比賽也帶來相當龐大的汽車研發，超跑就是賽車概念車的轉換，不僅僅在引擎，包括輪胎、懸吊等等，甚至車型設計，沒有一個小零件

2009～2019年藍寶堅尼的銷量變化

單位：台

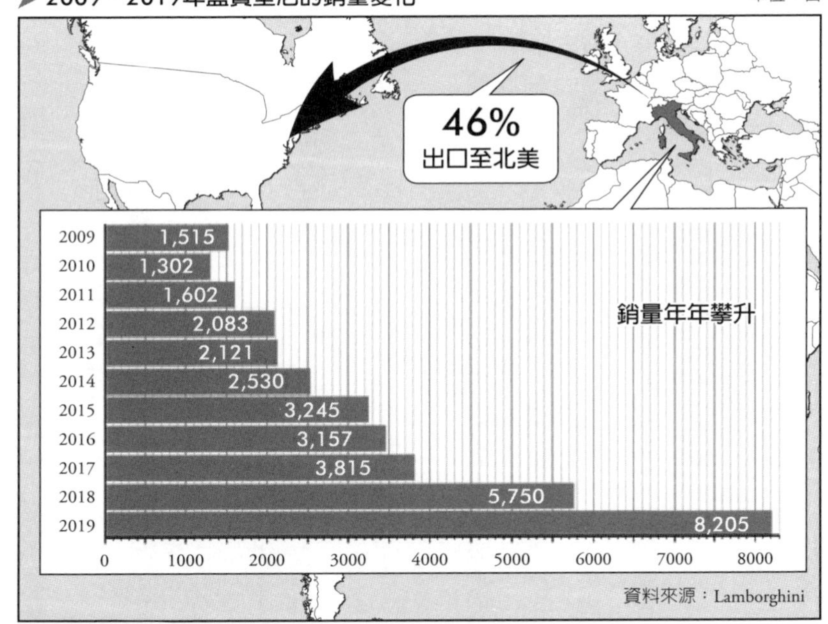

資料來源：Lamborghini

可以被忽略。此外，近幾年F1一級方程式賽車底下還新增兩個次等級的賽事，主要是培養年輕賽車手以及欲進入大獎賽事的車廠團隊，等級相當嚴謹，規模也在擴大中。

義大利的法拉利車隊在二〇〇〇年初是F1的常勝軍，但隨著車神舒馬克（Schumacher）的退休，法拉利車隊就沒有在大獎賽中獲得最後積分冠軍。近幾年則是德國的賓士車隊異軍突起，充分展現德國人實事求是的企圖心，而英國車隊也不惶多讓，後勢相當看好。我們一般人很難真正成為F1的競速車手，但如果擁有一台超跑，就可以讓你美夢成真，無價！

斯洛伐克：承襲德法血統的歐洲明日之星

提到歐洲車，絕不能遺漏近十年竄起的大黑馬——斯洛伐克。這個過去曾被蘇聯共產黨壓迫與捷克共和國合併的國家，隨著蘇聯的瓦解，也宣告新政府獨立的開始。從獨立走向歐盟的擁抱，前前後後花了十二年的時間，而就從二〇〇四年起，包括福斯集團、法國標誌汽車（Peugeot）、英國捷豹（Jaguar）等知名大廠，紛紛攻向斯洛伐克作為其生產基地，一方面生產勞力便宜，且勤奮程度更勝西歐國家；另一方面地理位置剛好位於東歐、南歐、西歐的接壤中心位置，陸運、河運都相當方便。斯洛伐克因此相當快速的成為東歐車廠之霸。

法、德、英這些車廠除了自己國內自用，主要銷往俄羅斯、東歐、美國等地，而斯洛伐克從二〇〇五年至今，汽車生產數量在二〇一九年正式突破一一五萬輛，這個數字與德國、法國、甚至中國比起來都還有一段距離，但斯洛伐克僅僅五百萬人口，等於是平均每千人生產兩百輛的汽車，這個密度是世界之最，換言之，就是每單位勞工汽車生產力最強的國家。

從貿易結構來看會更清楚，二〇一八年斯洛伐克汽車產業一共出口三一八億美元，占所有出口比重二三％，全球排名第十；若再包含所有相關零組件，則比重來到三一％，約三百多億美元；而所有工業出口品出口項目，汽車相關類就占了約四〇％，汽車產業順差，更占GDP比重高達一二％。

斯洛伐克的汽車工業概況

- 直接受僱於汽車生產業人數達15萬4,000人
- 直接及間接由汽車業所僱用人數超過27萬人
- 占GDP比重達12%。
- 占工業總產量44%。
- 占總工業出口40%。
- 所產生之出口金額超過318億歐元

各國於斯洛伐克投資汽車業的10大理由

1. 斯國具有龐大出口潛力的歐洲策略性地理位置
2. 汽車部門廣泛的供應商網絡
3. 政治經濟穩定
4. 中東歐少數使用歐元國家
5. 於中東歐國家中勞動生產力領先
6. 具成本效益、熟練及受過教育的勞動力
7. 擁有許多技術學校及實施雙軌技職教育
8. 穩定發展的研發中心及創新網絡
9. 對汽車業具吸引力的投資獎勵措施
10. 完善的基礎設施

資料來源：經濟部駐斯洛伐克台北代表處經濟組

斯洛伐克幾乎可以和汽車工業畫上等號，但其實它不只是代工廠而已，越來越多廠商要前往這裡設廠，最重要的是看上其技術及研發能力，像台灣的電子產業一樣，在製程方面總是可以一再突破。斯洛伐克相當重視技職教育，並且鼓勵產學合作，其國內五所科技大學和一百多所技職學院，為汽車產業帶來豐沛的技術能力，根據台灣經濟部資料，斯洛伐克近幾年汽車研發成功案例包括：座椅系統、汽車電纜系統、內部設計工程中心、照明系統創新、煞車系統、滾動軸承及滾珠軸承開發。這些優秀的生產背景，再加上政府對於研發投資的獎勵政策，斯洛伐克逐步成為新世代汽車工業的兵家必爭之地。

歐洲其他重要汽車大國

德國汽車工業引領全球，這是不爭的事實，但老牌的英國和法國也都各自擁有一片天。不過，法國在汽車工業上其實衰退的相當嚴重，尤其在二〇〇八金融海嘯之後，法國對汽車工業環境的改善幾乎一落千丈，不僅自家品牌工廠外移至東歐、北非等地，據報導，在二〇〇八至二〇一六年期間，法國一共喪失了七萬個汽車工業的工作人口，不幸的是，今年面度肺炎疫情，導致整體失業更加惡化，至二〇二〇年五月底，法國汽車工業幾乎半年不到裁員近八千名員工，法國政府也確定舉債八十億歐元來拯救汽車業的發展。

對台灣人來說，比利時很難跟汽車工業聯想在一起，但其實，比利時的工業也是以汽車製造為主。汽車不僅僅是比利時最大的出口商品，整體汽車工業占出口總額約一〇%，二〇一九年達到三八〇億美元的出口產值，也是世界第七大汽車出口國。比利時雖然沒有自己的品牌，但它是歐洲各大車廠最大的OEM所在地，汽車裝配件研發和製程，比利時擁有全球無可替代的地位，工業經營形式跟台灣竹科幾乎如出一轍。正因為這些配件的成功，每年在布魯塞爾所舉行的車展，是全球三大車展之一，所有的汽車工業從業人員不會缺席。

西班牙、瑞典、捷克，其實也是全球汽車出口大宗國家。瑞典汽車工業多以自家品牌為主，其中又以富豪集團Volvo最具產業代表性，整體汽車相關出口占其出口總額達一三%，二〇一九年出口產值約一二〇億美元，瑞典車的穩定性和安全性，可以說是全球第一。捷克則是後起之秀，受到德國福斯集團的挹注，近年來捷克也發展自有品牌，並且熱銷至各地。

汽車工業永遠是歐洲的產業心臟

介紹了許多的國家之後，不難理解，在工業革命之後，汽車工業連結的不只是工業而已，它更像是歐洲產業的心臟，帶動起其它工商業的發展。從汽車工業出發，我們看到歐洲對引擎這類動力機械的研究投入是相當驚人的；我們也能看到汽車工業所帶來的就業率和GDP；除了冷冰冰的經濟數字之外，一級方程式賽車、汽車廣告、甚至車展，更帶起相當龐大的消費和娛樂需求。歐洲汽車能保有現在的地位不被美、日追上，這背後的歷史脈絡和精神，很值得台灣任何工業從業人員效仿。

不過，隨著全球對於環境保護、乾淨能源等需求日益提高，歐洲汽車產業在近幾年確實面臨相當大的轉型考驗。過去習慣燃油來產生動力，但未來，無論是電池、瓦斯、甚至氫燃料，下個階段的動力機械技術，對歐洲產業來說絕對都是一個新的挑戰。不僅是動力系統，自動駕駛、物聯網、共享移動等未來使用方向，正快

➤4大技術驅動的歐洲汽車未來趨勢

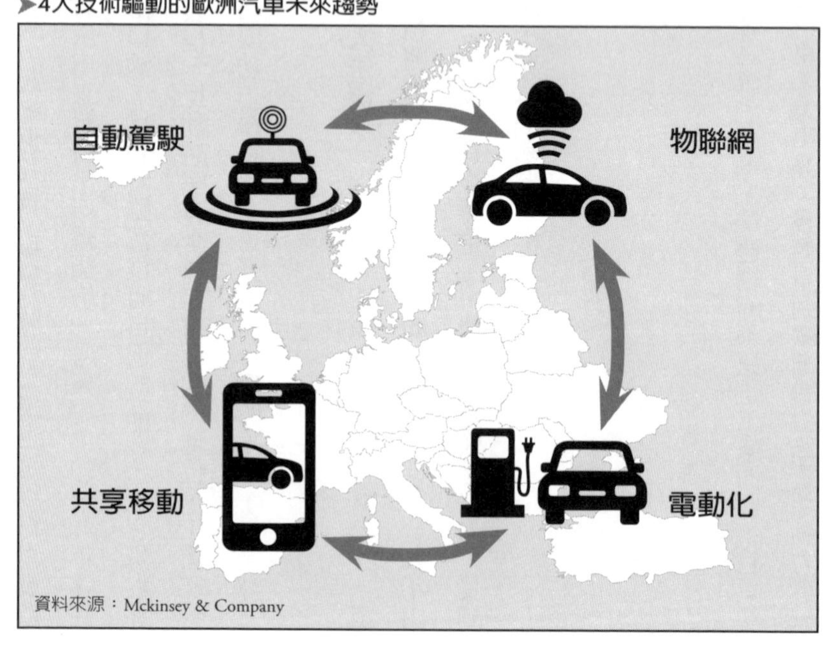

資料來源：Mckinsey & Company

速蔓延在汽車的銷售和製造之中。

有鑑於此，歐盟對於新一代車種的環保規格、資訊安全、動力系統、駕駛規範，正逐步打造屬於歐洲車的新標準和新面貌。以動力系統來說，歐盟明令要求各會員國訂出燃油車的落日條款，德國政府於二〇一六年時宣布，將在二〇三〇年以後禁止燃油車的販售，瑞典、愛爾蘭跟進德國腳步，而英國則是二〇三五年後禁售，屆時取而代之的將是電動車。另一方面，歐盟也以獎勵的方式推動電動車的充電樁，預計到二〇二五年全歐盟境內要達到二五〇萬個充電樁。挪威雖然不屬於歐盟會員，但也追隨歐盟的政策腳步，目前是歐洲境內電動車自有比例最高的國家。關於電子配備的規範，歐洲一直是工業物聯網的模範生，目 前歐盟正在制定統一的5G系統連結標準，將有助於在5G普及後的車聯網應用，將聯網汽車應用帶出車與駕駛人、車與車廠的範圍，進而實現車連車（V2V）、車連基礎設施（V2I）與車連行人（V2P）完成交通智慧城市。

另外，根據媒體報導麥肯錫對歐洲未來汽車工業的研究，歐洲對於汽車相關配件或零售的消費支出，將從二〇一六年的八五〇〇億歐元，在二〇三〇年增加到一．四兆歐元。其中，數據服務和共享移動的收入最高，將占總消費的二七％。雖然像美國特斯拉公司的電動智慧車已經早先許多車廠上路，中國則是因為補貼及政治手段的關係，成為全球電動車掛牌數最高的國家，歐盟看似受制於車廠利益而起步較晚，但整體評估下來，麥肯錫公司對歐洲汽車工業的發展依然抱持樂觀的態度，因為歐洲多樣性的工業發展整合是汽車業相當大的優勢，歐洲仍然會是汽車工業發展的最佳溫床，而汽車工業，仍舊會帶領著歐洲工業繼續飛翔。

Chapter

04

歐洲經濟的新使命：綠色歐洲與循環經濟

前言

能源，也就是動力，一直是全球經濟發展核心中的核心，人類從過去人力獸力到後來懂得運用水力及火力，再到機械動力的運用，我們每一次生產工具的進步，都是圍繞在這些能源的效率優化上。英國工業革命至今兩百五十多年，這些能源工具進步相當快速，但除了不斷日益求精，似乎鮮少人關心能源與環境之間的互動關係。

在介紹歐洲產業的時候，大多數朋友應該都會對其動力機械產業相當有印象，不僅僅是歐洲車大家愛，其實飛機、輪船以及各種發電廠等等，都是歐洲國家的重心和專長。這些工業及經濟成就令人稱羨，但提到歐洲，其實更了不起的是他們對平衡工業與環境負擔的重視，或者換句話說，下一個世代的工業成就，恐怕已經不是機器的優化，而是人類經濟活動和大自然共生的藝術。

歐洲各主要國家的能源使用狀況及政策

很多人都會把發展經濟和保護環境看作是一體的兩面，但在歐洲，他們致力於扭轉這樣的印象，用經濟學的專業術語來說，就是把生態環境保護的責任成本內部化至生產者本身，而不是由全民買單；若改用平鋪直述的口吻，就是每個人都要完全為自己的生產負上百分百的責任。

那為什麼要成本內部化呢？傳統上關於環境保護，我們的刻板印象都是要求政府要有所作為，例如請政府多雇用一些清潔回收公司；或者，增加巡邏人員取締企業違規；又或者，立法委員修法直接禁止或抽稅。這樣的做法不是不好，但就等於生產所造成的汙染由外部機制來處理，對生產者來說，往往意味著大不了罰一點錢就不關我的事了。不僅如此，過多的清潔人員或垃圾桶設置，看似可以快速有效地解決城市髒亂等，但也會衍伸出「道德風險」（moral Harzad），也就是說，民眾會認為反正有人會來整理，所以就更習慣亂丟垃圾。

這些問題都是制度經濟學界相當火紅的討論，因為嚴刑峻罰往往只是道高一尺魔高一丈，並不

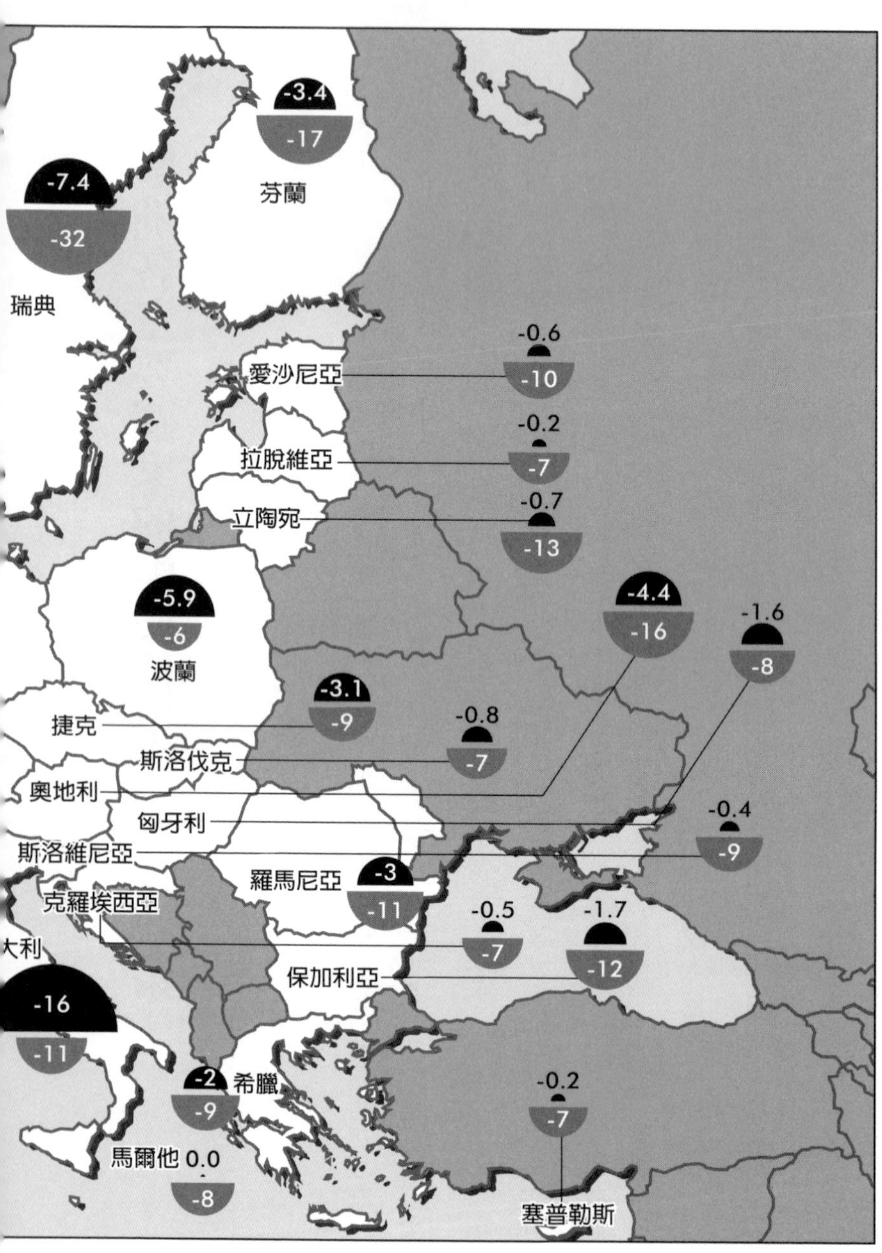

-3.4
-17
芬蘭
-7.4
-32
瑞典
-0.6
愛沙尼亞
-10
-0.2
拉脫維亞
-7
-0.7
立陶宛
-13
-5.9
-6
波蘭
-4.4
-16
-1.6
-8
-3.1
捷克
-9
-0.8
斯洛伐克
-7
奧地利
匈牙利
-0.4
斯洛維尼亞
-9
羅馬尼亞
-3
-11
克羅埃西亞
-0.5
-7
-1.7
-12
大利
保加利亞
-16
-11
-2
希臘
-9
-0.2
-7
馬爾他 0.0
-8
塞普勒斯

➤ 2020年歐盟（EU-28）化石燃料減量目標

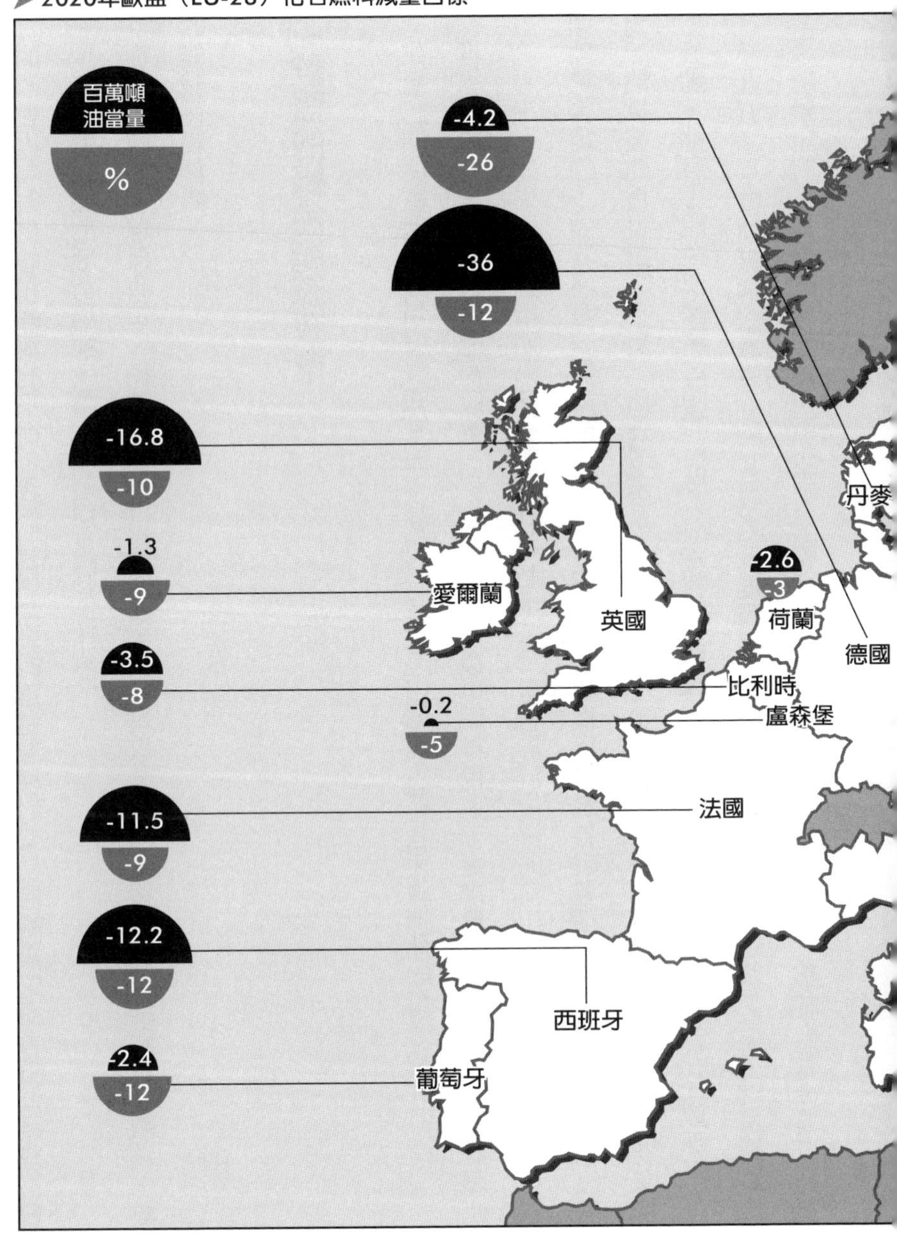

是真的改變人類對生態和經濟的平衡，我們有沒有可能透過怎樣的交易機制讓生產者降低這些不環保？或者透過這樣的經濟環境，讓生產者願意降低汙染？

從能源政策、環保政策、循環政策這三個面向，我們可以發現，歐盟不僅是推動綠色歐洲，更在改變整個經濟觀。

歐盟的綠色能源政策

如果認同能源就是人類發展的動能，那如何乾淨使用能源，就是保護地球的第一步。

世界各國大多有自己的能源政策，例如台灣有汽機車燃料稅、工廠排放氣體標準、工業能源使用規範等等，如果每個國家如果都能夠建立起制度，那是否等於能源的使用就不會造成汙染呢？答案顯然是否定的！因為沒有一個準則或科學證據，那各國標準必定各說各話，大家都認為自己沒有問題，然後彼此指責對方不是。此外，國家有國界，但汙染沒有，上游河流影響下游，或者空氣隨氣壓流動，都有可能造成國家之間的紛擾。因此，就環保的角度而言，國際合作是絕對有必要的。

一九五二年歐洲煤鋼組織成立，其規章就提到要建立歐洲永續的能源發展，這可以說是最早提及環境議題的正式國際公約，甚至比聯合國都還要早發現這個議題。當然，那時候戰後嬰兒潮還

➤ 歐洲未來能源分配

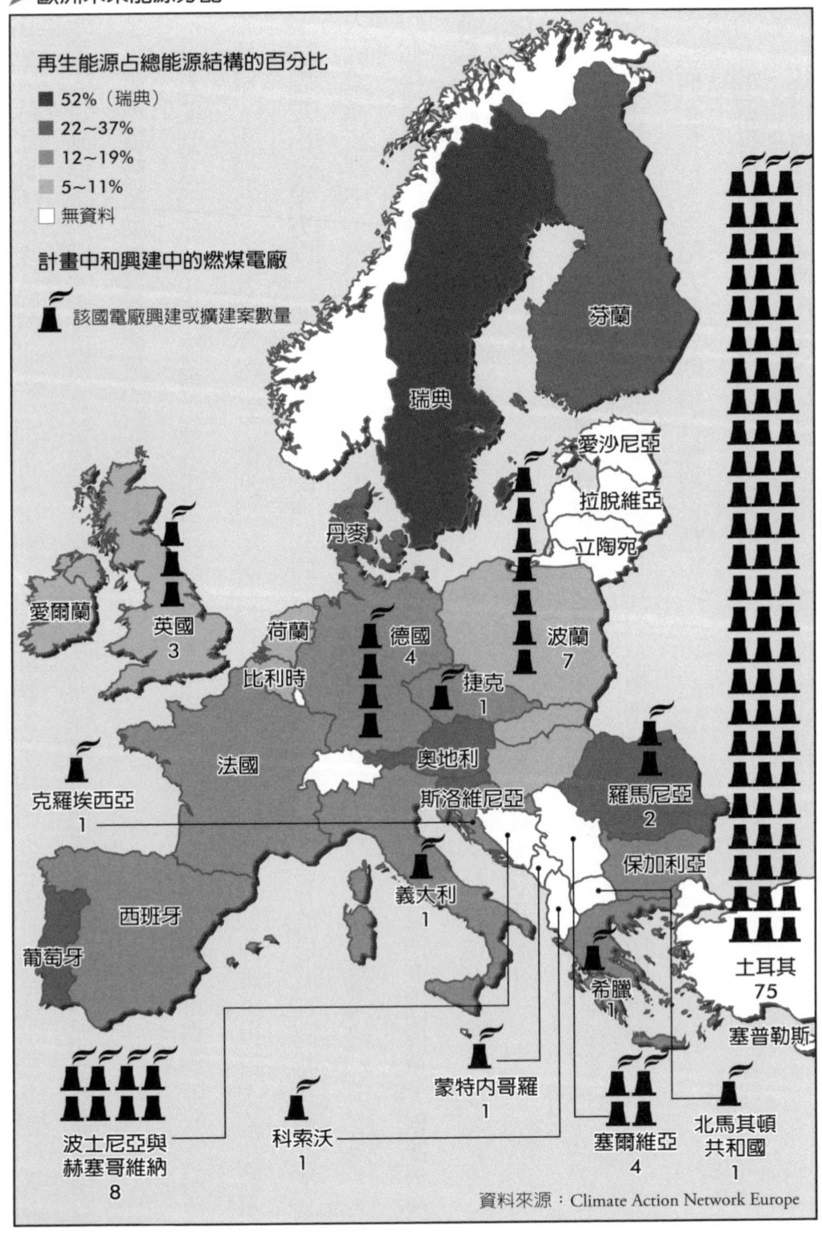

資料來源：Climate Action Network Europe

沒出生，除了歐美國家，幾乎全部亞洲、非洲、南美洲國家都還是以農業作為國家發展基礎，起初「永續」這兩個字，還未直接與氣候變遷有關，當時歐洲煤鋼組織在這方面的主要任務其實是供應安全，避免價格波動影響全球政治經濟局勢。

一直要到八〇年代末，隨著京都議定書的簽訂，當時的歐洲共同體開始注意到碳排放等環境保護政策，不僅在一九九四年設立了歐洲環境署負責制定歐洲共同體的環保政策，也首次就能源與溫室問題提出政策方向，而且不是只有歐洲共同體開始積極動作，非會員的挪威也同時將環境權利納入國家憲法當中，整個歐洲朝向能源供應多元化、低碳化的方向前進。歐盟擴大納入東歐後，二〇〇七年簽署〈里斯本條約〉，正式把二〇〇五年所制定的能源政策納入歐盟共同憲章，根據台灣經濟綜合研究院的研究報告，該政策主要可以分為三個大方向：

1. 永續——對抗氣候變化，減少 CO_2 排放量，並且多使用乾淨且當地性的能源。
2. 供應安全——避免歐盟陷入能源價格波動之影響。
3. 競爭性——促使能源市場更具競爭力，且提倡技術創新並藉以增加工作機會

而在實行的策略方面，則是有幾項重點：

1. 發展低碳經濟，建立氣體排放交易系統
2. 建構歐洲單一能源市場，加強歐盟電力供應基礎建設合作

➤ 歐盟能源政策核心目標

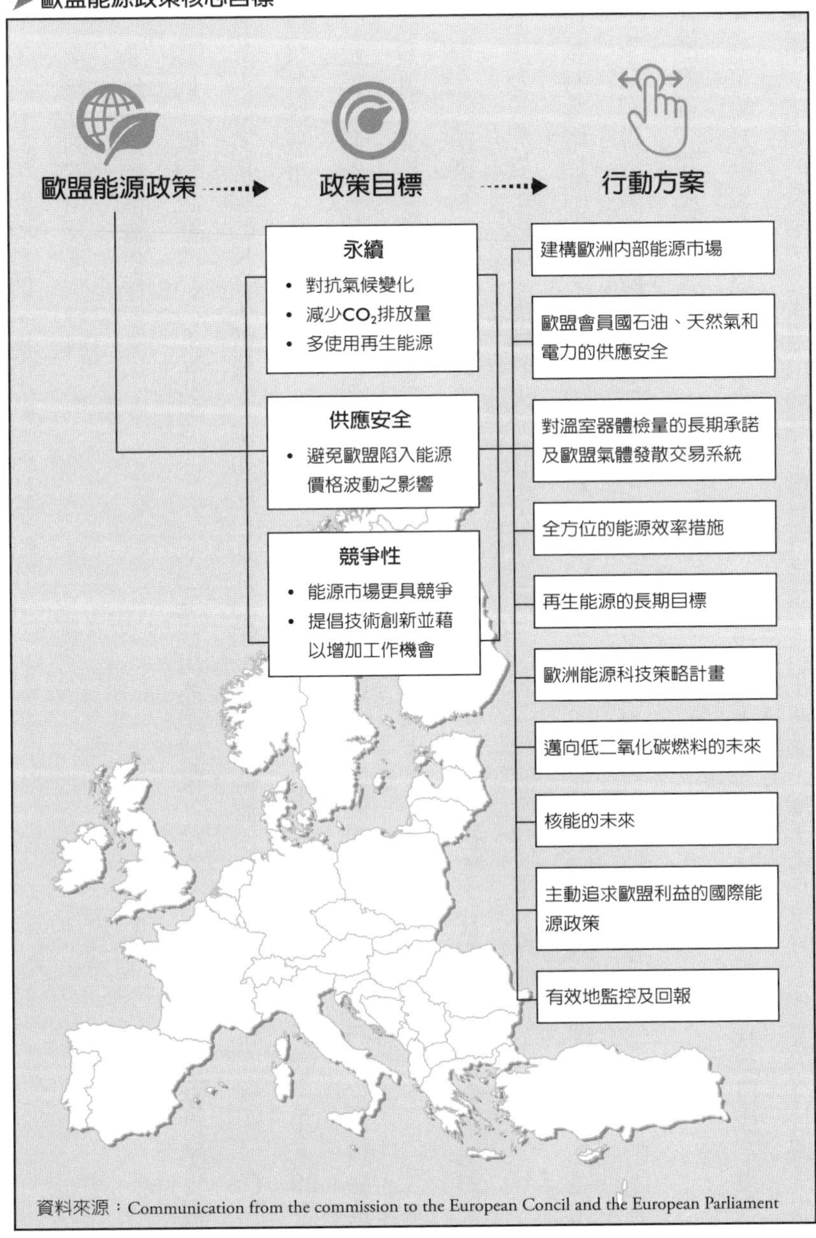

資料來源：Communication from the commission to the European Concil and the European Parliament

3. 建立再生能源發展，提出能源科技策略計畫

4. 核能的使用及未來發展

5. 確保歐盟能源供應安全

為此，歐盟也在二〇〇九年訂立〈二〇三〇氣候與能源政策〉草案，其中有幾點重點目標，被視為能源政策推動的KPI數據：例如以一九九〇年為基礎，歐盟預計在二〇二〇年前減少二〇%溫室氣體排放量，並且減少二〇%的能源使用，增加二〇%再生能源，這就是俗稱的「20—20—20」政策；此外，預定每兩年進行一次能源政策回顧、確立核能使用共識等等。二〇一三年該法案正式實施，並被認為是歐盟二〇〇五年能源政策的近程手冊。

現在回頭來看，大多數短期策略目標幾乎都有達成，例如CO_2的排放，在當時，歐盟發電主力來自於煤及天然氣，也就是俗稱的火力發電，如果歐盟沒有改變能源的使用，預測二〇三〇三年CO_2的排放量將會增加四〇%，但事實證明，在二〇〇七年之後，歐盟確實有效率的減少碳排放，不僅如此，全球碳排放的增加程度也趨於緩和，甚至在二〇一四～一五年成長率為零，二〇二〇年則因為疫情的關係，讓地球更大大鬆了一口氣。

這可說是歐盟在國際政治舞台的一大成功，因為歐盟不僅先在自身內部建立起政策目標，更利用其單一市場的優勢，要求進口商品，像是汽機車、石化產品、電子產品等等，都要符合其碳排放

➤ 歐洲各國再生能源目標

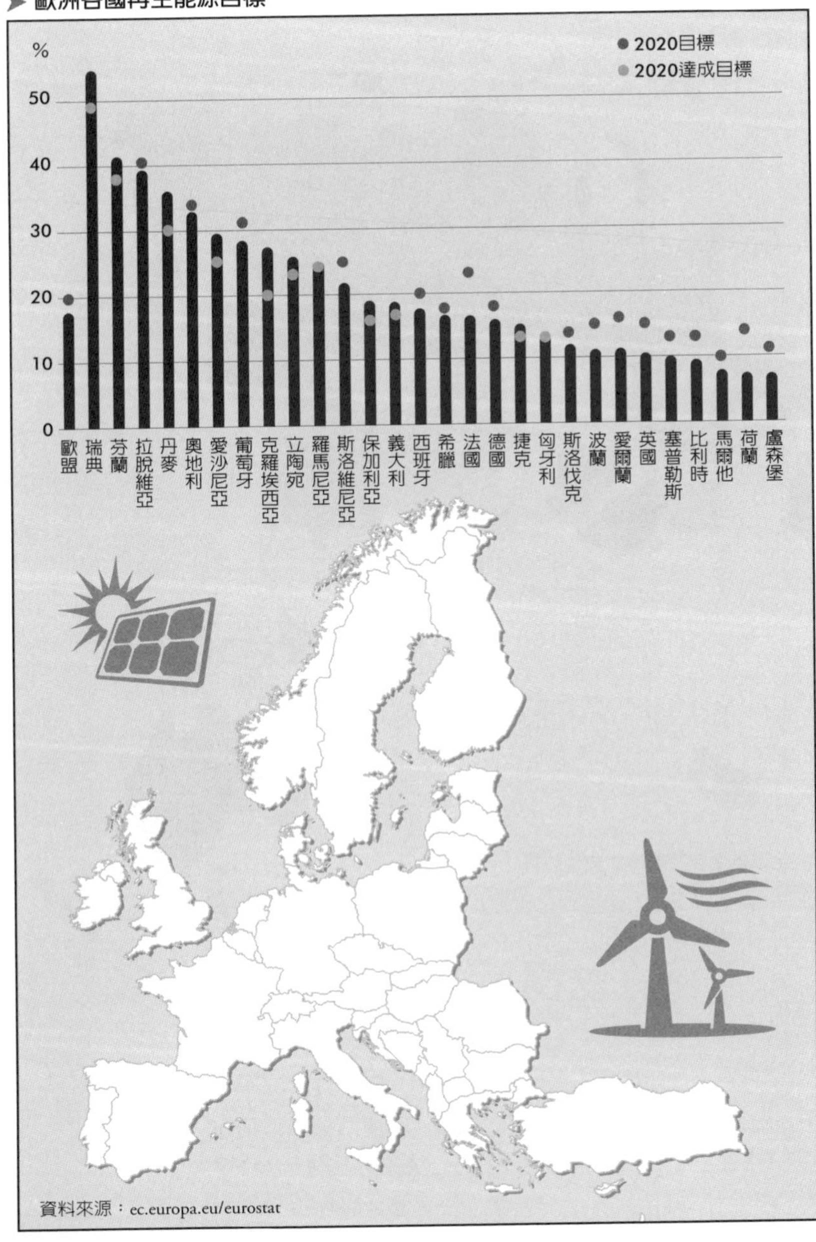

資料來源：ec.europa.eu/eurostat

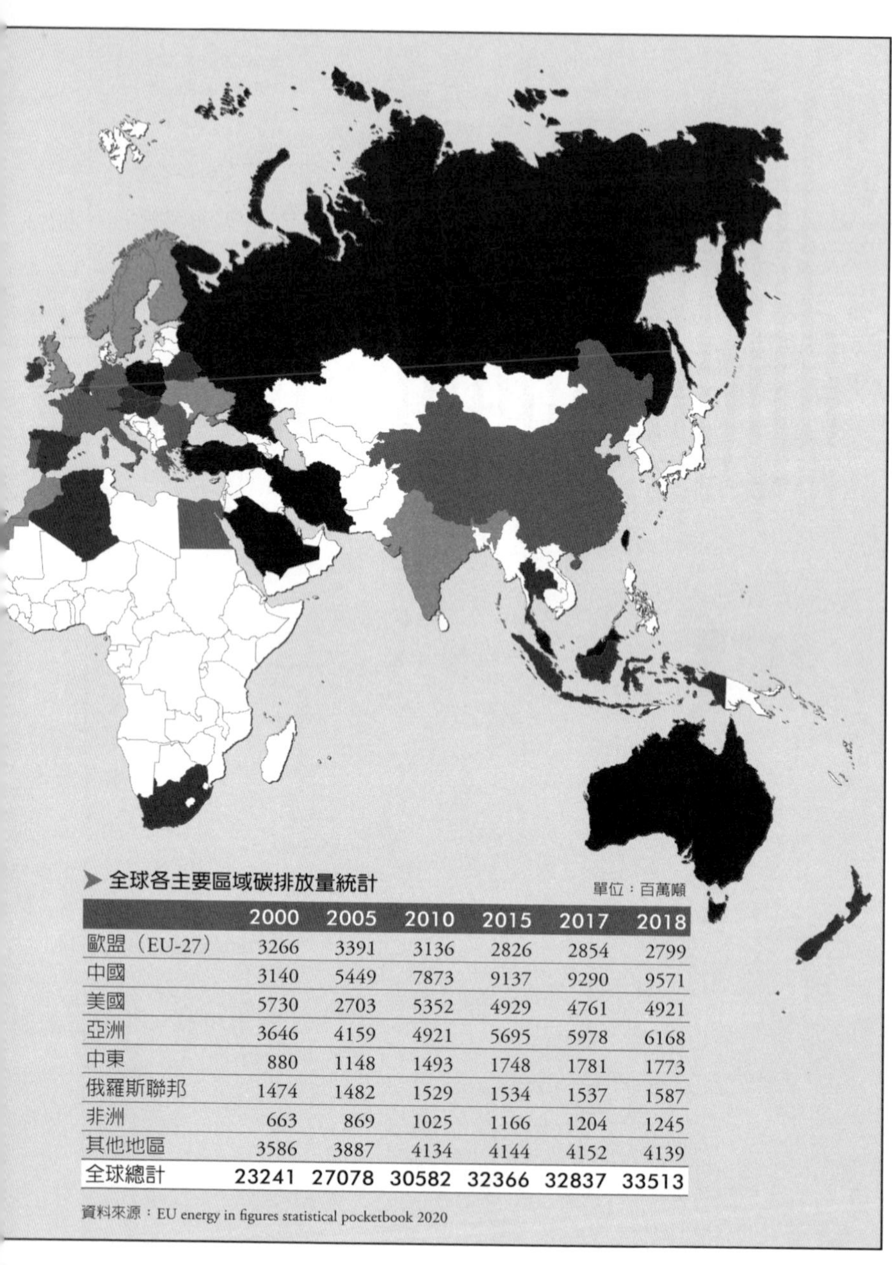

➤ 全球各主要區域碳排放量統計

單位：百萬噸

	2000	2005	2010	2015	2017	2018
歐盟（EU-27）	3266	3391	3136	2826	2854	2799
中國	3140	5449	7873	9137	9290	9571
美國	5730	2703	5352	4929	4761	4921
亞洲	3646	4159	4921	5695	5978	6168
中東	880	1148	1493	1748	1781	1773
俄羅斯聯邦	1474	1482	1529	1534	1537	1587
非洲	663	869	1025	1166	1204	1245
其他地區	3586	3887	4134	4144	4152	4139
全球總計	**23241**	**27078**	**30582**	**32366**	**32837**	**33513**

資料來源：EU energy in figures statistical pocketbook 2020

➤ 2020年氣候變遷績效指標

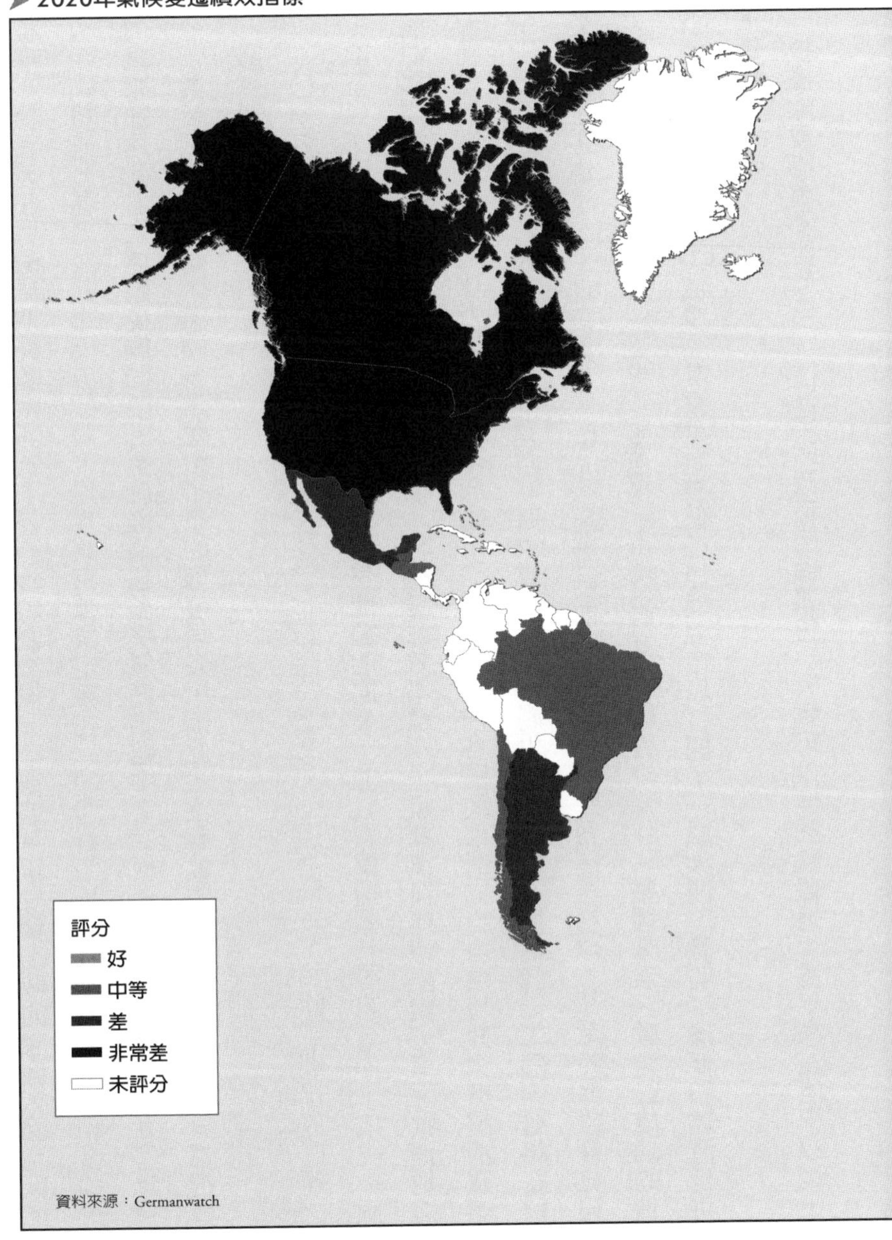

資料來源：Germanwatch

的標準，像台灣和中國早期許多廠商為了要符合歐盟法規，都被迫重新投資工廠的設施，因為歐盟還會派人檢查，甚至委託第三方認證。這也讓京都議定書在二〇〇五年正式實施後，有了相當強大的力量來加速改善全球碳排放問題。至於美國在溫室氣體議題中，為何重要性不大？其實九〇年代至今，對於碳排放問題，美國多是敷衍了事的態度居多，因此，沒有歐盟掛帥，恐怕全世界都很難有一致共識。

二〇一五年聯合國召開全球氣候變遷會議，並共同簽署了〈巴黎協定〉，除了碳排放問題之外，歐盟也在同一年將重心從減少排放轉到再生能源的開發，並且在歐盟執行委員會中，成立「歐洲能源聯盟」，推動一系列綠色能源政策，包括能源效率標章、歐洲潔淨能源配套方案、歐洲地方能源補助方案、共享地球方案等等，這些政策除了作為歐洲各國內部訂立自身環境政策與經濟政策的準則依據，也讓世界各地的投資者對歐盟環境改善經濟產生高度興趣。據估計，二〇一七年在歐盟能源政策主導下，平均每投資一歐元便能帶動四十歐元投資的高投資效益，甚至非歐盟會員國家，也都願意遵循這些歐盟政策，成為單一市場簽訂的共同遵守條件。整體來看，歐盟最成功的地方並不是在於成功將CO_2減少，其實是為整個乾淨能源市場打開了一扇大門，證明了環保和經濟是可以兼顧的。

根據歐盟能源聯盟於二〇一九年的政策回顧報告，大致可以理解歐盟近十多年來在能源政策上

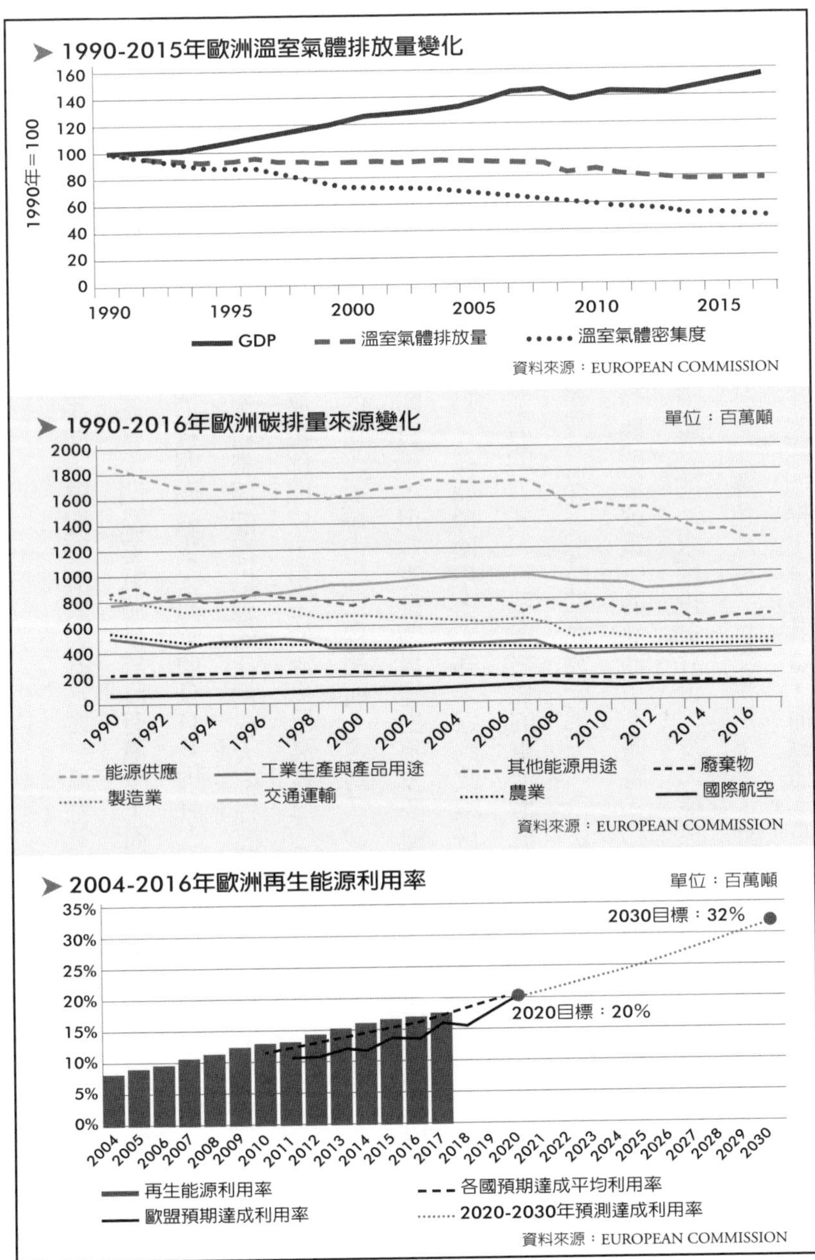
1990-2015年歐洲溫室氣體排放量變化
1990年=100
GDP
溫室氣體排放量
溫室氣體密集度
資料來源：EUROPEAN COMMISSION
1990-2016年歐洲碳排量來源變化
單位：百萬噸
能源供應
工業生產與產品用途
其他能源用途
廢棄物
製造業
交通運輸
農業
國際航空
資料來源：EUROPEAN COMMISSION
2004-2016年歐洲再生能源利用率
單位：百萬噸
2030目標：32%
2020目標：20%
再生能源利用率
各國預期達成平均利用率
歐盟預期達成利用率
2020-2030年預測達成利用率
資料來源：EUROPEAN COMMISSION

的重大成效：

1. 一九九〇年至二〇一七年間，歐盟經濟成長五八%，溫室氣體排放減少二二%。
2. 一九九〇年以來，僅有運輸部門溫室氣體排放沒有減少，而減量最多者為能源部門。
3. 自二〇〇七年後，能源消費明顯減少，而歐盟GDP仍有上升。
4. 二〇一七年度，再生能源占整體能源供應的比例已大幅提高至一七．五%，預估二〇二〇年可達成二〇%目標。在發電部門中，再生能源更已高達三〇．八%。
5. 二〇一七年，有十一國的再生能源占比已經超前，達到二〇二〇年目標。

歐盟雖然達成許多能源策略目標，但其實歐盟也提出不少要檢討的地方，特別是在運輸部門，無論是大眾交通或私人交通工具，在能源使用上，都未達到政策目標，為此，歐盟也在同年宣布其電池策略，歐盟未來將以聯合業者的方式，打造策略性的電池價值鏈。除此之外，二〇一九年歐盟頒布了〈綠色政綱〉（Green Deal）以及〈歐洲氣候法草案〉（European Climate Law），其中〈綠色政綱〉等同是「二〇三〇氣候與能源政策」的延伸，不僅將二〇三〇減碳目標從四〇%提升至五〇～五五%，更提出兩六〇〇億歐元的〈永續投資計畫〉及〈綠色融資戰略〉，將擴大企業對於綠色科技投資的獎勵和補助。此外，〈綠色政綱〉也從稅法下手，針對他國高碳排企業課以進口歐盟的關稅；也從民生下手，針對住宅部門提出減碳計畫，而歐盟本身也宣誓在二〇二五年會全面停止對化石燃油生產補助，並且在二〇五〇年讓歐洲成為第一個「碳中和」的區域。

種種措施都顯見歐盟在綠色議題上的企圖心，直接讓綠色科技成為新一代經濟投資主流，久而久之，綠色心態也就不知不覺融入在我們日常生活中，這就是綠色能源的究極目標。套用一句歐盟執委會主席的話，發展綠色經濟的路上，力求「一個人都不遺落」（leaving no one behind），就像開頭曾提過的道德風險問題一樣，如果允許部分的人可以任意破壞環境，那就永遠無法將環境修補。

歐盟能源使用狀況

綠色能源在歐州已發展了將近二十年，但其實綠色能源的思維從早期乾淨的替代能源概念，近十年已逐步定位在「可再生」的能源，因此，像核能發電雖然被定義為乾淨能源，但它所產生的廢料，一直是相當大的爭議，所以也就不是所謂的綠色能源，不僅如此，歐洲大多數國家都業已發表了廢核宣言，德國於二〇一九年更宣布即將關閉最後六座核能電廠達成完全廢核，只剩法國等核技術輸出國短期內還不會改變其使用，或許有朝一日，核融合的技術逐步成熟，也許綠色能源又會有不一樣的想法。

因此，所謂的綠色能源就目前為止，大致可以分為：太陽、水力、海洋潮汐、風力、地熱、

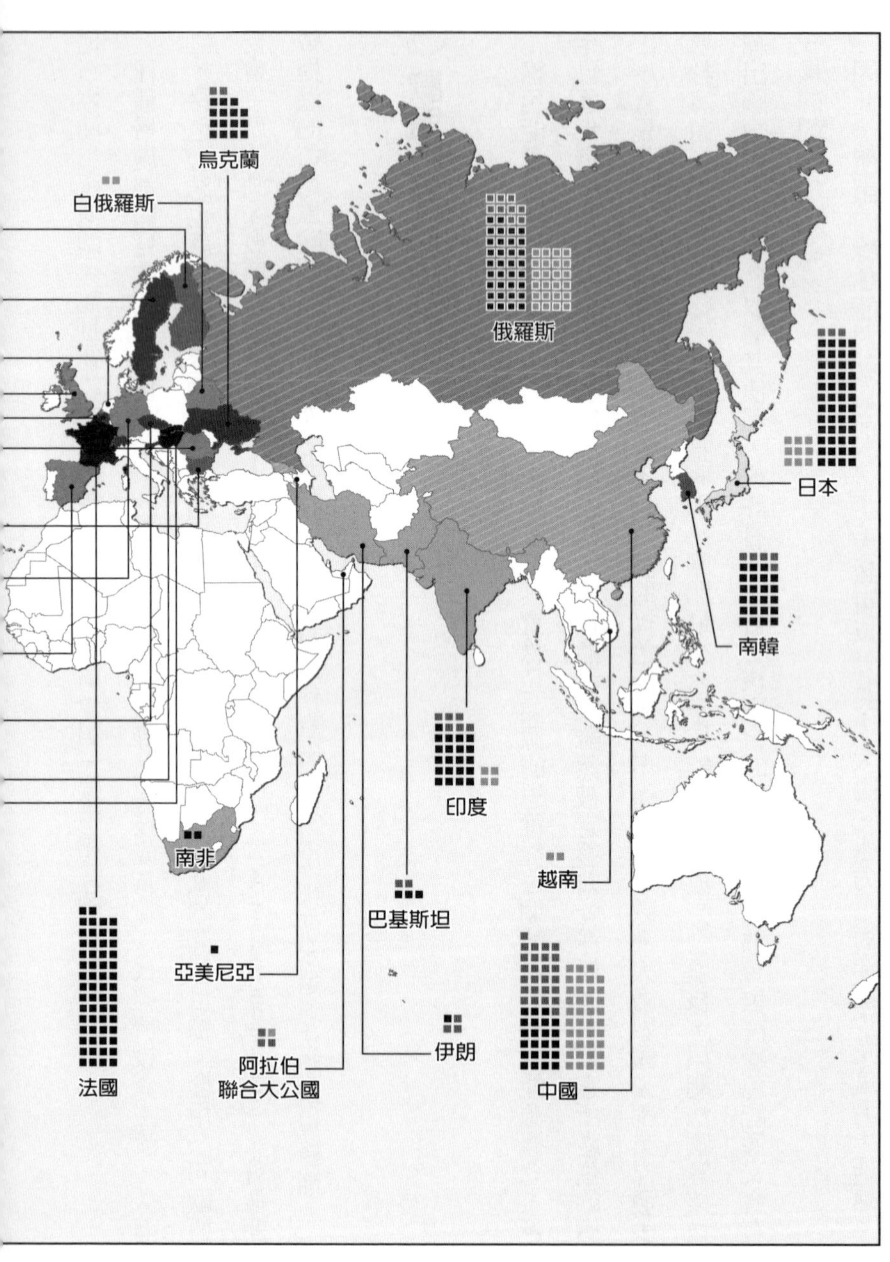
烏克蘭
白俄羅斯
俄羅斯
日本
南韓
印度
南非
越南
巴基斯坦
法國
亞美尼亞
伊朗
阿拉伯
聯合大公國
中國

➤ 全球核電廠分布

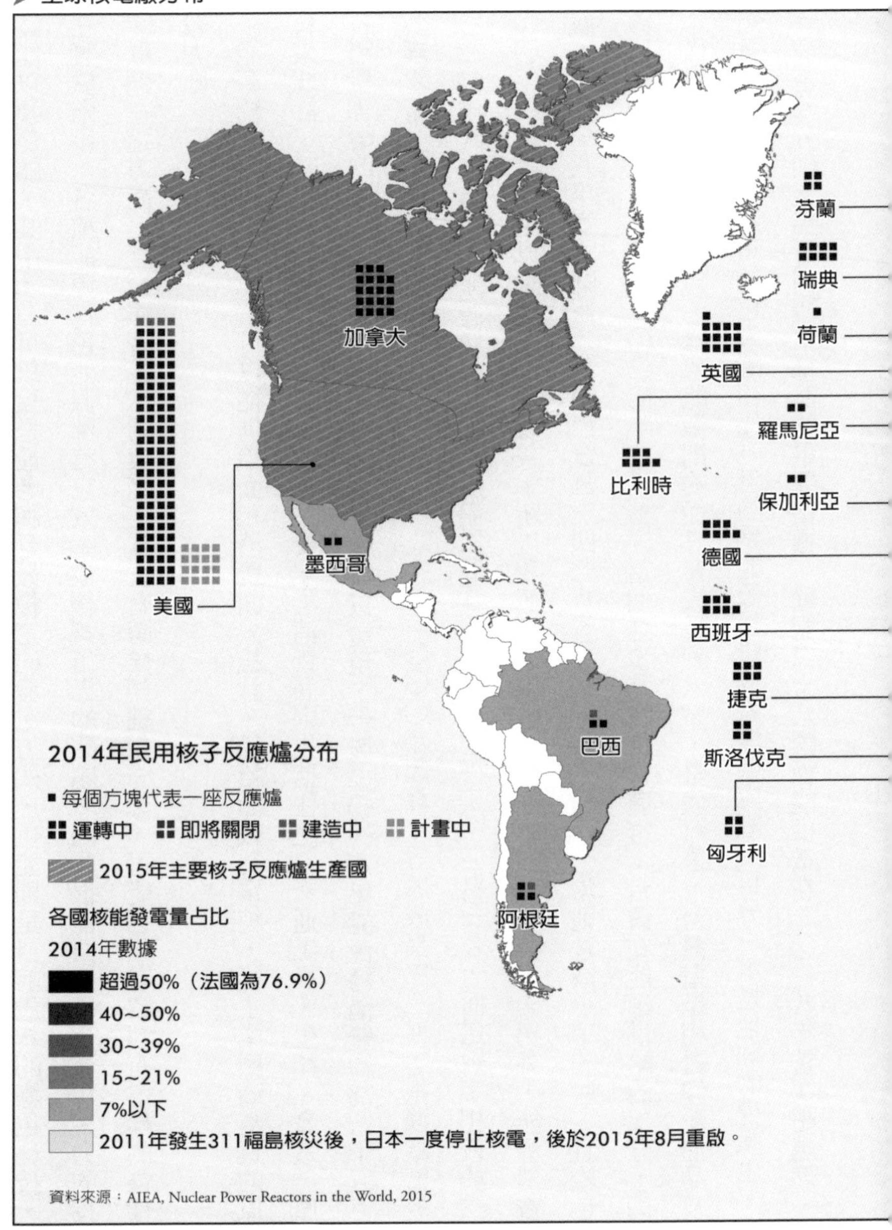

加拿大
美國
墨西哥
巴西
阿根廷
芬蘭
瑞典
荷蘭
英國
羅馬尼亞
比利時
保加利亞
德國
西班牙
捷克
斯洛伐克
匈牙利
2014年民用核子反應爐分布
■ 每個方塊代表一座反應爐
運轉中 即將關閉 建造中 計畫中
2015年主要核子反應爐生產國
各國核能發電量占比
2014年數據
超過50%（法國為76.9%）
40~50%
30~39%
15~21%
7%以下
2011年發生311福島核災後，日本一度停止核電，後於2015年8月重啟。
資料來源：AIEA, Nuclear Power Reactors in the World, 2015

生質能以及氫能，其中水力可以說是最老牌且最穩定的發電方式，氫能則是目前最新的綠色科技，還在實驗階段。各種能源綠色能源都有它效率或經濟市場的問題，因此很需要大量資金和人力的投入。歐洲在這方面一直扮演著全球的典範，其實有時候仔細想一想，可能也只有歐洲有這樣的條件和毅力吧。

能源統計方式相當多，可以從供給面和消費面去統計，供給面較為單純，從工業廠商購買的原物料來統計，又稱初級原料總供給（或總需要）；消費面則包括住宅、交通工具、生產、發電、原物料消費等等的面向去討論。從台灣的資料中可以發現，台灣二〇一八年能源總消費約為八十五百萬公噸當量（Mtoe），不僅創下歷史新高，若從二〇〇〇年起算，等於成長三三%；根據歐盟於二〇二〇年八月公布的能源統計圖鑑，歐盟能源消費則大約是一〇三五Mtoe，而這數字相較於二〇〇〇年的統計，可以說幾乎沒有成長，所以我們能看到碳排放在歐洲顯著減少。另外，能源消費來看，二〇一八年底的歐盟，其總消費為一四七八Mtoe，相較二〇〇〇年則是減少了一些，且綠色能源已來到一五%，相比二〇〇〇年的六%，這個進步其實相當厲害；台灣在能源供給的部分，同期不僅供給增加了三六%，綠色能源則約從三%成長到六%，整體而言，台灣還是相對仰賴油品及天然氣。如果拿歐洲和其它大國相比，無論是能源消費或者減碳成績，百分百都是地球的模範生。

發電部分則是另一個觀察綠能的重要指標。歐盟二十八國綠能供電在二〇一八年首次超越燃，

➤ 歐盟能源消費總量

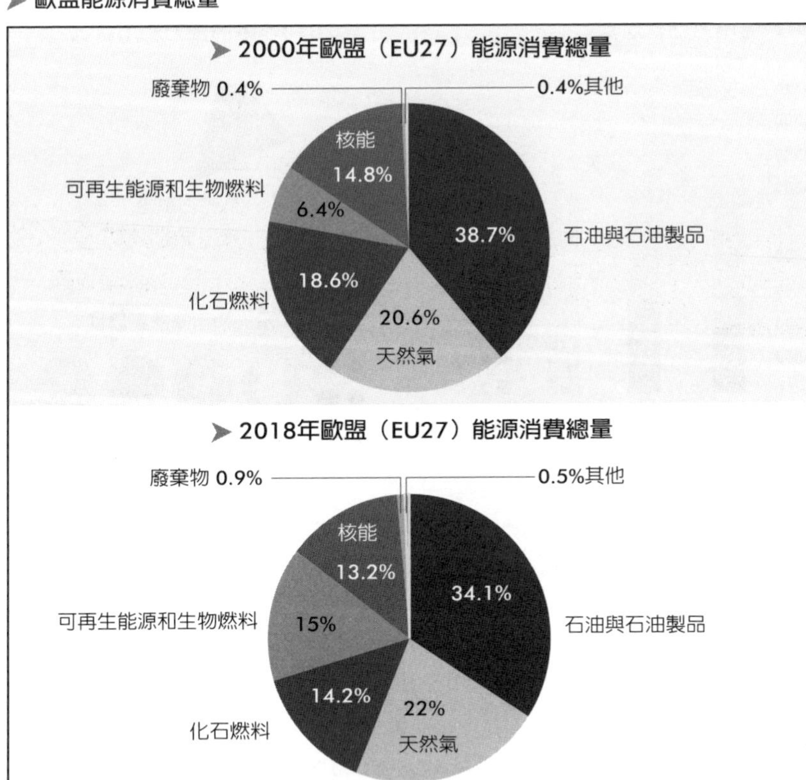

資料來源：EU energy in figures statistical pocketbook 2020

➤ 2018與2019年全台能源消費變化比較表

單位：萬公秉油當量

	能源部門自用	工業部門	運輸部門	農業部門	服務業部門	住宅部門	非能源消費	總計
2018 能源消費量	733.92	2,707.23	1,343.45	69.56	593.77	655.95	2,625.90	8,729.80
2019 能源消費量	744.38	2,661.96	1,351.54	69.55	587.01	647.64	2,397.67	8,459.74
2019 能源消費成長率	1.51%	-1.79%	1.51%	2.13%	-0.98%	-1.22%	-8.58%	-2.92%
成長貢獻度	4%	-19%	8%	1%	-2%	-3%	-88%	-100%
2019 能源消費占比	9%	31%	16%	1%	7%	8%	28%	100%

資料來源：能源局

歐盟電力結構規畫

TWh

年份	燃煤	燃油	天然氣	核能	水利	風力	太陽能	其他（生質能、地熱等）
2010								
2018								
2030 Agora								

資料來源：行政院原子能委員會核能研究所

2018年歐盟風力使用狀況

風力使用率最高5國

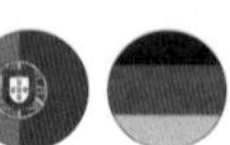

41%	28%	24%	21%	19%
丹麥	愛爾蘭	葡萄牙	德國	西班牙

資料來源：WindEurope

台灣離岸風力發展目標

第一階段

2012
公布千架海陸風機計畫

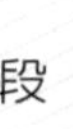

第二階段

2015
三個示範場，各完成
一部海上氣象觀測站

2016
三個示範場，各完成
兩部示範機組

2020
完成示範風場

第三階段

2030
累計容量超過
4000百萬瓦
4000百萬瓦約等於

核二發電量
1970百萬瓦
＋
核三發電量
1990百萬瓦

滿發時數

以滿發時數3200來推估，一年可產生120億度電，供343萬戶一年的用電量

2017年1月~2020年3月歐盟（EU27）綠能發電量統計

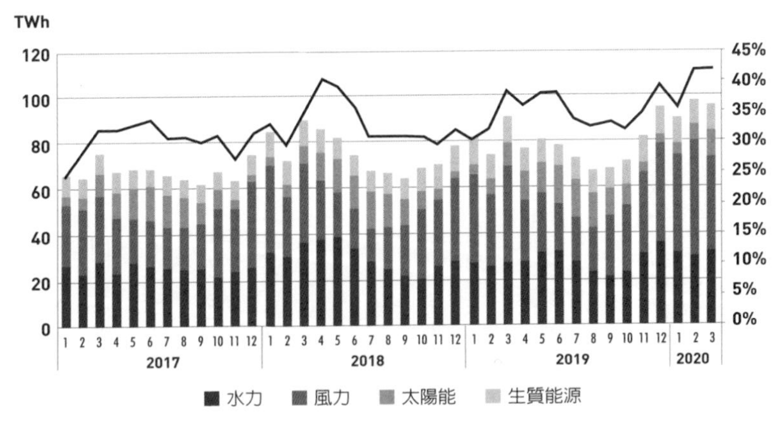

資料來源：ENTSO-E, Eurostat, DG ENER. Data represent net generation

全球前20處風況最好的觀測地

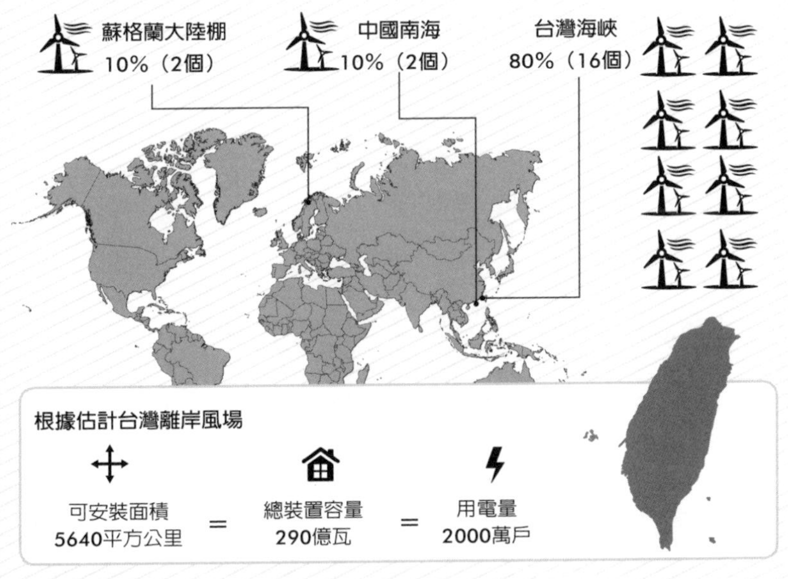

來到三三%，其中風力發電位居第一，水力第二，太陽能第三，今年上半年，受到疫情影響之下，歐盟綠能發電更首度超過四〇%，令全球感到驚艷，因為比起原定二〇三〇能源政策，屆時綠能發電每日要達三五%以上的目標，顯然已經提早十年達標，部分國家像德國、英國，更已來到四四%以上，即便未來完全復工，各國評估綠色能源發電比例也不會衰退太多。

這些綠色能源發電中，最值得討論的就是風電，二〇一八年風電在歐盟供電中占一四%左右，未來可見的十～二十年內，風電將會持續成長。據報導，國際能源總署（International Energy Agency，IEA）《二〇一七風能展望》（2017 World Energy Outlook）中，預測風能在二〇二七年之後不久就會成為歐洲最大能源來源，並在二〇四〇年達到三〇%的供電量。上述內容是以實際發電比例來看，但如果已裝置容量來看，其實在二〇一八年的時候，歐盟風電裝置容量已經來到第二位，占所有發電設施的二四%，僅次於火力發電，而且風力發電成長的幅度相當穩定且快速。台灣在二〇一六年後很積極地與丹麥和德國合作發展風力發電，現在也是亞洲地區風力發電的佼佼者，潛力無窮。

太陽能雖然也曾經是綠色能源的明日之星，但太陽能板的製造過程還有後續電的儲存裝置效能，都有各種不同的批評，尤其是製造過程所帶來的重金屬汙染，可能讓環境更得不償失。不過，對於風力較弱的東歐國家來說，太陽能發電仍是未來主力。此外，水力發電往往是大工程，且地勢平坦的區域恐怕就沒有發展空間，地熱也有其地理限制，比較適合有在地震帶的國家，例如南歐等等。除了未來氫能科技的發展有可能替代風電，否則目前看來，風電不僅僅是歐盟的綠色主力，也會是全球綠色能源的主力。

歐洲各國的綠色能源發展

即使歐洲仍有許多國家沒有加入歐盟，但關於環境保護這一塊，且基於歐洲經貿區域整合緊密的關係，幾乎所有歐洲國家都遵循著歐盟的綠色能源決議，只不過，對於經濟發展較晚的東歐及部分南歐國家，綠能腳步雖然慢了些，但整體來說，整個歐洲確實不斷朝著綠色能源前進。本章將以歐洲七個重點綠能國家來介紹各種綠能發展。

德國——全球綠能先驅

談到綠色能源，不能不提到德國。德國不僅主導著歐盟綠色能源的議題，而且自身科技和資金的大量投入，也幫助全球打開了綠色能源市場。德國在綠能發電這一塊，一直遙遙領先全世界。

德國在能源消費這一塊，從二〇〇〇年三三四．八Mtoe一路下降至二〇一八年的三二三．七

Mtoe，早期主要消費主力來自交通和住宅，目前工業、交通、住宅三者相當平均，約為五五Mtoe，工業雖然上升了一些，但交通和住宅都明顯大幅下降，可見德國很成功地將綠能帶到民間，已經融入國人生活之中。

在發電部分，德國二〇一八年發電量為六四一．六Twh（十億度），其中綠能發電首次超越火力發電，達到約二三〇Twh，占總量的三六％，其中風力發電為一二五Twh，可見德國對風力發電的重視程度。而一般台灣人比較關心的核能發電，德國從二〇〇〇年的一七〇Twh，至二〇一八年僅剩七六Twh，預計二〇二三年開始不再用核發電。

其實，最值得各國借鏡的是德國火力發電的處理方式，台灣和德國是一樣的，都先用較少汙染的天然氣來過渡替代原本燃煤發電廠，所以德國天然氣發電在二〇一〇年達到高峰，共生成一〇〇Twh，二〇一八年仍有九四．二Twh的量，不過德國並沒有打算拆除掉天然氣發電站，反而致力於電轉氣（氫能的一種）等技術的套用，據德國官方報導，隨著高效率的電轉氣技術逐漸成熟，德國已經開始利用再生能源生產天然氣，並且在能源儲存與輸送產自再生能源的天然氣方面，現有的天然氣基礎設施將扮演重要的角色。

只不過，德國本身並沒有天然氣的蘊藏，因此二〇一五年決定打造第二條直通俄羅斯的天然氣管線，也就是北溪二號工程，這讓美國相當不滿，因為就地緣政治上的考量，此線將跨越黑海直通土耳其，德國此舉無異是表態與俄羅斯經濟緊密結合，增加政治的複雜度，且讓俄羅斯在東歐有相當的話語權，尤其二戰時期波蘭亡國的悲劇歷歷在目。雖然美國大動肝火，但目前這條管線在今年已完成九四％，預計二〇二一年啟用，但也只是預計而已。

丹麥——風力之王

如果要頒發綠能第一名的獎牌，丹麥絕對當之無愧。

丹麥在歐盟的統計中，一般不會列入格陵蘭群島，因為除了國防、外交、財政仰賴丹麥之外，格陵蘭有其高度自治的政府，也有自己的國會和總理，且格陵蘭並未加入歐盟。所以，扣除了格陵蘭，丹麥的國土面積只比台灣大些，人口卻只有台灣的四分之一。但這個小國家卻是歐洲最乾淨的能源使用國。

丹麥早期就相當注重其工業和環境問題，二〇〇〇年其能源消費量約為一四．三Mtoe，二〇一八年也維持在一四．四Mtoe，僅僅只有台灣的六分之一消費量；主要消費部門以交通和住宅為主，約占六二．五％，目前工業僅有一六％。這比例在這二十年皆很固定，從這數據可以看出丹麥並沒有因為要經濟發展而大肆擴張工業比例，不僅如此，丹麥本身因北海的關係屬於歐洲的產油國家，但其用油和天然氣的比例卻下降相當多，目前將近九〇％的石油開採全部外銷，作為重要經濟來源。此外，丹麥經濟也相當仰賴其高科技農業及工業技術，能源消費相當低，人均GDP卻將近5萬美元，是台灣的兩倍。

在發電部分，丹麥總發電量從二〇〇〇年的三六Twh降至二〇一八年的三〇．四Twh，比德國更早，在二〇一五年就已經達成綠能大於火力發電的目標，不僅只是超越，還超越得相當多，目前綠能發電占丹麥總發電的六八．四%，狠甩德國的三六%。丹麥從來沒有核能發電，而火力發電則僅剩二八%，目前預估二〇三〇年可望達成綠能發電九五%以上的目標。

這些綠能發電中，跟德國一樣，最主要的就是風力發電。根據國際能源總署的最新資料，二〇一九年丹麥風能發電已達一六．一Twh，風力發電也占總發電量的五五%。丹麥預估在二〇三〇年要將火力發電的機組全數除役，將綠能的總發電推升至九九%，其中風力發電的部分預計從目前的五五%，上升至六五%～七〇%，成為名符其實的風之國。台灣近幾年和丹麥最大的風力發電公司合作，而該公司評估，台灣離岸風電的潛力約有二五Twh的發電能力，大約占台灣目前總發電量的三〇%。在風力大國的協助之下，台灣成為亞洲第一風力王國相信指日可待。

荷蘭——力拼燃煤電廠全部退出

荷比盧同為中歐的三小國，目前僅剩荷蘭還運用大量的石化原料作為能源供給。

一向給人相當乾淨、環保且先進的荷蘭，其實綠能起步得相當晚，算是歐洲後段班。以能源消費來看，荷蘭雖然從二〇〇〇年的四七・五Mtoe至二〇一八年略降為四四・九Mtoe，但其實整個結構改變的不多，工業部門依然是消費主軸，這和德國丹麥很不一樣，最主要的原因就是荷蘭石油公司一直是其國內相當重要的經濟支柱。這四四・九Mtoe的消費當中，由石油和天然氣所供應的能源就占了六九・四％。所幸，天然氣是供給主力，且天然氣也是荷蘭外銷產品之一，約占三八％，這也讓荷蘭的國土環境鬆了一口氣。

發電的部分也和消費結構很類似，二〇〇〇年總發電量約為八九・四Twh至二〇一八年已來到一一四・四Twh，其中天然氣仍然占五三・五％左右，其次是燃煤約占二四・四％，綠色能源僅占一六・六％。其實荷蘭政府為求其石化工業的成長，在能源政策上一直搖擺不定，二〇一六年荷蘭才剛新增三座燃煤發電廠，立刻被歐盟其他國家詬病，因此隔年，荷蘭新政府上台之後，立即著手新的能源規畫。引述報導，荷蘭政府已提出「二〇三〇年離岸風電路徑規畫」，力拚二〇三〇年前離岸風機裝置容量從一GW擴增到一一・五GW；五月中又提出「禁用燃煤發電法草案」，規定所有燃煤電廠須在二〇三〇年前退場。更讓人出乎意料的是，身為天然氣生產大國的荷蘭，還要逐漸擺脫對天然氣的依賴！

二〇一九年的荷蘭確實有很大的進步，石化燃料發電從二八・八Twh降至二一・四Twh，但下降部分和台灣一樣，由天然氣來先做過渡替代，但綠能發電也從一八．九Twh上升至二三Twh，超越了媒、油等燃料發電。與此同時，荷蘭一向對核能發電的態度模稜兩可，但為了先減少對煤炭的依賴，核能發電的比例也悄悄上升了〇．五Twh。

而綠能發電中，荷蘭也拍板將以風力發電座未來能源轉型的主力，並且規畫在二〇五〇年要達到占總發電量六〇％的目標，目前約一〇％，不僅僅是國內發展。不過因為國土的關係，荷蘭風力發電將以離岸為主，且未來將會與比利時共同開發。

同為歐洲石油大國，英國也是相當仰賴天然氣，但英國進步相當神速，二〇〇〇年綠能發電僅占三．三％，二〇一八年已達三三％。挪威因為天然地理環境的因素，這二十年來一直都是水力發電為主，占了九四％左右的發電，瑞士也是另一個水力發電大國，但僅占六〇％。

瑞典、法國、芬蘭——核能擁護者

歐盟的二〇三〇能源政策中，對於核能的討論意見相當分歧，和台灣的情況一樣，各自都有利害關係，尤其是對全球核能龍頭法國而言，核能不只是其國內能源主力，更是法國重要的科技與貿易收入。雖然各自有立場，但歐盟所稱的綠色再生能源還是把核能排除在外，不過還是承認核能對於環境，特別是溫室氣體的排放，還是有相當的貢獻。

整體而言，宣布廢核的歐洲國家並不多，除了德、瑞士、比利時宣布外，其他國家因為比例相當低，或根本沒有使用，所以也沒有存廢問題，僅承諾會減少使用，但卻有法國、瑞典、芬蘭等三國，雖然國內不少反核抗爭，但政府其實是很支持核能發電的。

以法國為例，法國能源消費在這二十年來變化並不大，二〇一八年約為一三九・八Mtoe，主要能源消費還是以石化燃料為大宗，約占三五%，但在發電部分就不一樣了，二〇一八年核能發電占其總發電量約七一%，共四一二Twh，這個比例雖然二十年來從七七%逐步下降，但核能發電總量還是維持在一個高峰；綠色能源占總發電量的二〇%，多以水力為主，占綠色能源的五二%，風力發電也有在進行，但以增加的速度來看，顯然不是重點。

不過法國是歐盟主要領導國家，不能不做表率，據報導，法國政府在二〇一八年底宣布，二〇二八年將再生能源發電的裝置容量增加一倍，二〇三〇年再生能源發電量增加到整體電力的四〇%，並將核能發電的依賴程度降低至五〇%以下，並承諾每年七〇到八〇億歐元的綠色能源投資。看來法國的主軸就是將火力轉為綠色能源。此外，在消費部分，法國也將致力於交通電力的運用，法國總統為此提高了燃料稅等相關手段，結果引發了黃背心運動，要改變居民生活習慣，看來各國都是相當艱辛。

二〇一八年瑞典和芬蘭目前在核能的運用上，其發電比例分別為四二%及三二%，而其綠能發電分別為五五．八％和五〇．一％，雖然會繼續用核電，但都還算是綠能發展的乖寶寶，和挪威一樣，主要綠能發展也是來自於水力，水力發電占綠能發電七〇％以上。瑞典雖然在一九八〇年代曾經宣誓過在二〇一〇年要完全廢核，但後來立場就改變了，芬蘭則是一個相當擁護核能的國家。分析這三國為何願意擁抱核能，除了法國是因為技術的關係，芬蘭和瑞典幾乎地廣人稀，且因為工業較少，發電量其實並不高。另外，核廢料能夠妥善處理，一直是能否發展核能最關鍵的條件，台灣在國際政治的地位並不強，國土也不大，是否繼續使用核能發電，成本或安全性恐怕都是其次，而是核廢料終究會變成台灣政府最難處理的外交和經濟問題。

捷克、波蘭——發展中的歐洲

老牌歐洲國家因為工業化發展得早，許多不具競爭的工業在近20年都移往東歐尋求成本降低，捷克和波蘭就是最明顯的例子。

捷克作為東歐的一個小型內陸國，雖然國土不大，但其境內工業相當發達，石化原料目前為止都還是其能源消費的主力，約為總能源消費的三一％，在發電部門也是，燃煤或燃油占其發電總量的四七％，和台灣非常類似，綠能僅約一一％，其餘則為核能。捷克在綠能的表現上雖然不及老歐洲國家，但這二十年來也是逐步在推廣，比較有趣的是，綠能部分是以太陽能為主，而不是風力，而其政府亦規畫，配合歐盟二〇五〇碳中和的目標，預計將太陽能發電比例推升至六〇％，同樣是太陽能組的還有義大利、奧地利、西班牙等國家。

波蘭則是東歐另一個新興工業大國，二〇〇〇年至今，不僅能源消費從五七．一Mtoe大幅成長至二〇一八年的七六．六Mtoe，仰賴石化原物料的比例幾乎維持一致；就發電部分來看，波蘭因為本生就是煤礦出口國，所以發電相當仰賴燃煤，二〇〇〇年燃煤發電約占總發電的九三．五％，目前雖然減少至七七％，但燃煤的發電總量並沒有減少，可以說是歐洲最依賴煤礦的國家，雖然綠色能源的發電也有達一三％的水準，但距離歐盟訂出的目標，要在二〇三〇年達成要求恐怕相當困難，因為燃煤是需要有過渡的方式轉換，而波蘭燃煤比例實在太高。不過波蘭政府還是提出了政策目標，預計在二〇五〇年要把風力發電的比例提高至六〇％以上，近兩年由於丹麥、德國投資挹注，波蘭在二〇二〇年風力發電有顯著成長。

其他東歐國家，例如羅馬尼亞、斯洛維尼亞、匈牙利、波羅的海三小國等等，多數因為工業尚在發展，發電量都不高，整體綠能表現也多在一〇～一五％之間，主要也都是燃煤和天然氣為主，只有羅馬尼亞因為地理因素，獲得水力加持，綠能表現相對較好。整體來說，雖然東歐綠能部分沒有像波蘭一樣被歐盟詬病，老牌西歐國家也都認為東歐是相當龐大的綠色商機，但事實上，東歐因為夾在西歐和俄羅斯之間，到底要使用俄羅斯成本低的天然氣，還是致力同歐盟腳步發展綠電，一邊是經濟，一邊是政治，相當兩難。不過，德國近年致力於和俄羅斯合作，似乎在選擇上有了方向，也無怪乎美國會跳腳。

從工業大國走向觀光大國——各國環境空氣及水汙染防治

無論是挪威的森林還是德國黑森林，又或者是巴黎的塞納河還是貫穿東歐的多瑙河，相信歐洲給人的感覺就是好山好水也好美。可是，歐洲在成為人人稱羨的觀光大國之前，從義大利北部一直向北海延伸進入英格蘭的這一區塊，其實正是全歐洲最傳統、最悠久的工業帶，也是歐洲人口最密集、金融服務、國際旅遊最發達的蛋黃區，法國地理學家羅歇．布呂內（Roger Brunet）稱此區為「歐洲的骨幹」，也有人將其暱稱為「藍色香蕉區」。

不過，誰沒有過去，米蘭、巴黎、羅馬、利物浦、法蘭克福等世界著名大城市，在五十年前幾乎都是環境令人堪憂的地方，無論是水、空氣或者街道垃圾，很難想像這些城市會是我們台灣蜜月旅行首選。一個城市的環境要獲得觀光客認同和喜愛，除了日常垃圾髒亂的清潔維護，市容、綠地、水、空氣，是四個最重要的指標，市容和綠地可以藉由管理和教育得到長足的進步，但空氣和水很不容易，不僅涉及經濟問題，也往往反映出人自私的一面。

➤ 歐洲工業核心區域

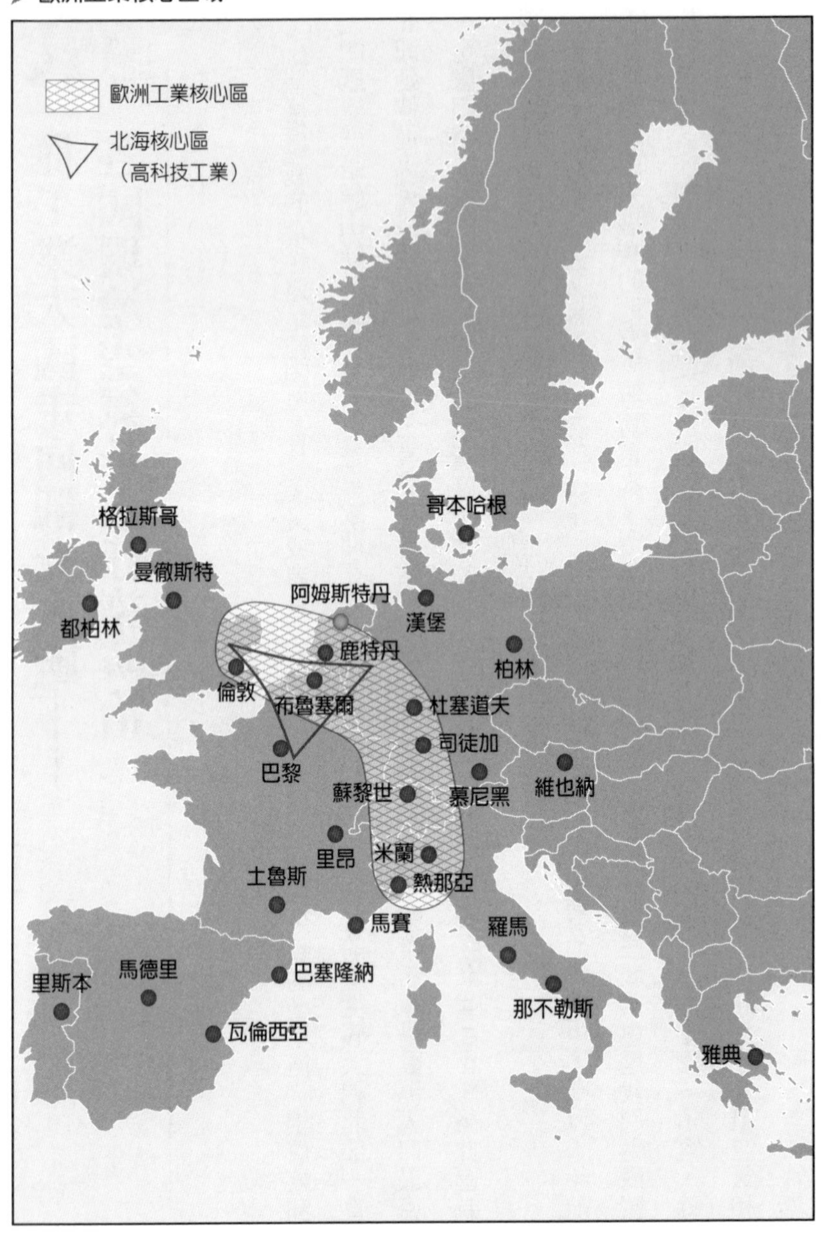

歐洲工業核心區
北海核心區
（高科技工業）
格拉斯哥
曼徹斯特
都柏林
倫敦
阿姆斯特丹
鹿特丹
布魯塞爾
巴黎
哥本哈根
漢堡
柏林
杜塞道夫
司徒加
慕尼黑
維也納
蘇黎世
里昂
米蘭
熱那亞
土魯斯
馬賽
羅馬
那不勒斯
巴塞隆納
馬德里
里斯本
瓦倫西亞
雅典

歐洲空氣汙染的防治與改善

常常我們在新聞中會聽到懸浮微粒PM2.5或者PM10，這其實是對空氣中的各種懸浮例子化合物的統稱，包括硫化物、氮化物等等，大多數是經由各種燃燒而產生，微粒會在空氣中停留相當長的一段時間，人體很容易接觸而且吸入造成傷害。還有一些空氣汙染並非所謂的懸浮微粒，但相對的，這些汙染往往會隨著時間、天氣等因素快速降低，且不具毒性，例如甲烷。根據聯合報引述《歐盟觀察家》報導：歐盟二〇一八年因為環境汙染每年已讓兩千萬年的健康壽命白白流失。此外，同報導中也指出，歐洲有六十三萬早死人數死因可歸因於環境因素，其中空氣汙染達四十萬人，是最可怕的健康殺手。雖然人體的健康有很多複合因素，空汙不見得是最致命的原因，但絕對是一種慢性的傷害，就像滴水可以穿石一樣。

從歐洲環境總署（EEA）的及時觀測資料來看，我們可以觀察到，每天下午一點到三點是歐洲空氣品質最差的時候，不過也並非全歐洲，很明顯可以看出，整個骨幹區是最大汙染區塊，其他多數地區品質還都算可接受的範圍；另一個大區塊就集中在波蘭為主的東歐工業區，看似西歐地區似乎是空汙重災區，但如果以PM2.5的集中度來看，東歐才是歐洲真正空汙的爐主。

從能源的使用來看，東歐最大的問題便是來自於燃煤，因此，可預期在未來燃煤發電逐步汰

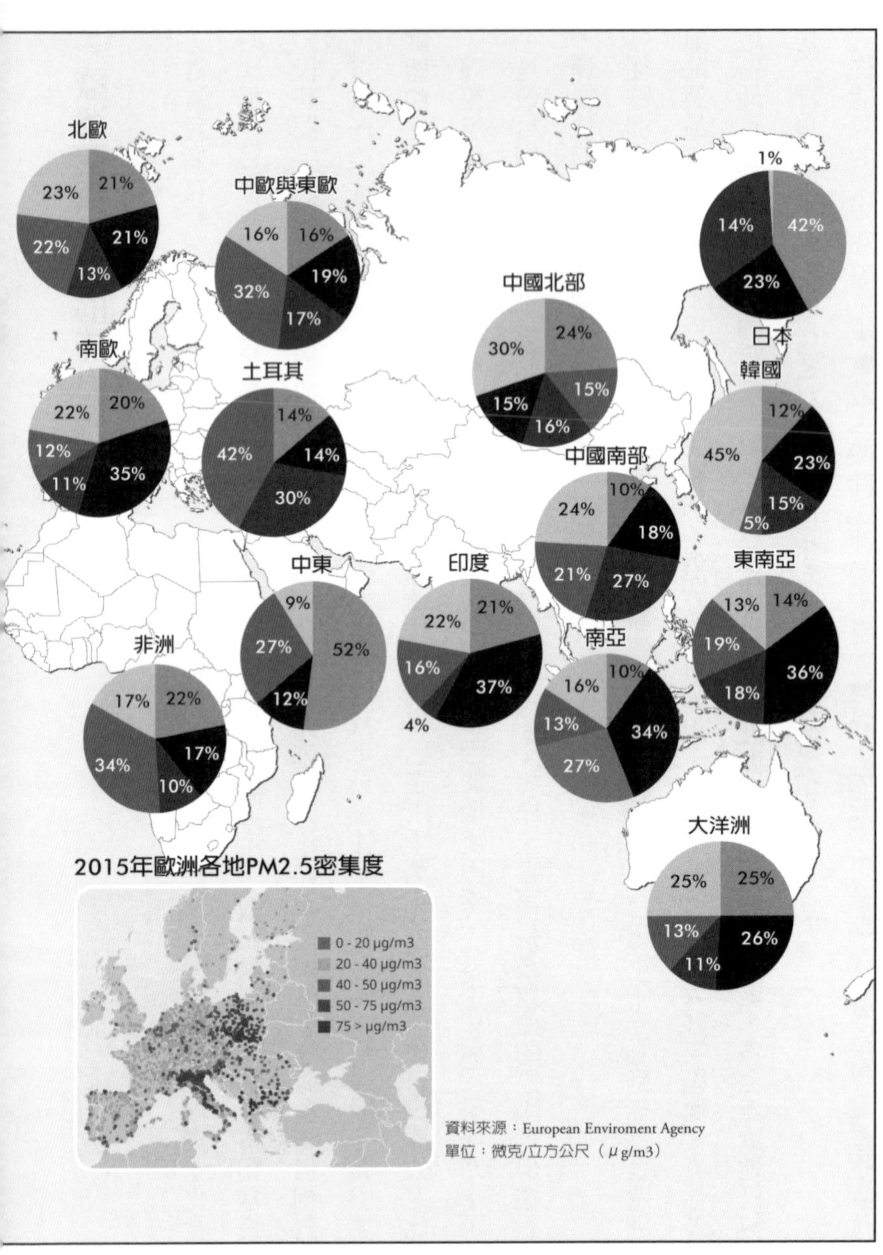
北歐
23%
21%
22%
21%
13%
中歐與東歐
16%
16%
32%
19%
17%
中國北部
30%
24%
15%
15%
16%
1%
14%
42%
23%
日本
南歐
22%
20%
12%
11%
35%
土耳其
14%
42%
14%
30%
韓國
12%
45%
23%
15%
5%
中國南部
10%
24%
18%
21%
27%
中東
9%
27%
52%
12%
印度
22%
21%
16%
37%
4%
東南亞
13%
14%
19%
36%
18%
非洲
17%
22%
34%
17%
10%
南亞
16%
10%
13%
34%
27%
大洋洲
25%
25%
13%
26%
11%
2015年歐洲各地PM2.5密集度
0 - 20 μg/m3
20 - 40 μg/m3
40 - 50 μg/m3
50 - 75 μg/m3
75 > μg/m3
資料來源：European Enviroment Agency
單位：微克/立方公尺（μg/m3）

全球各地區PM2.5來源比例

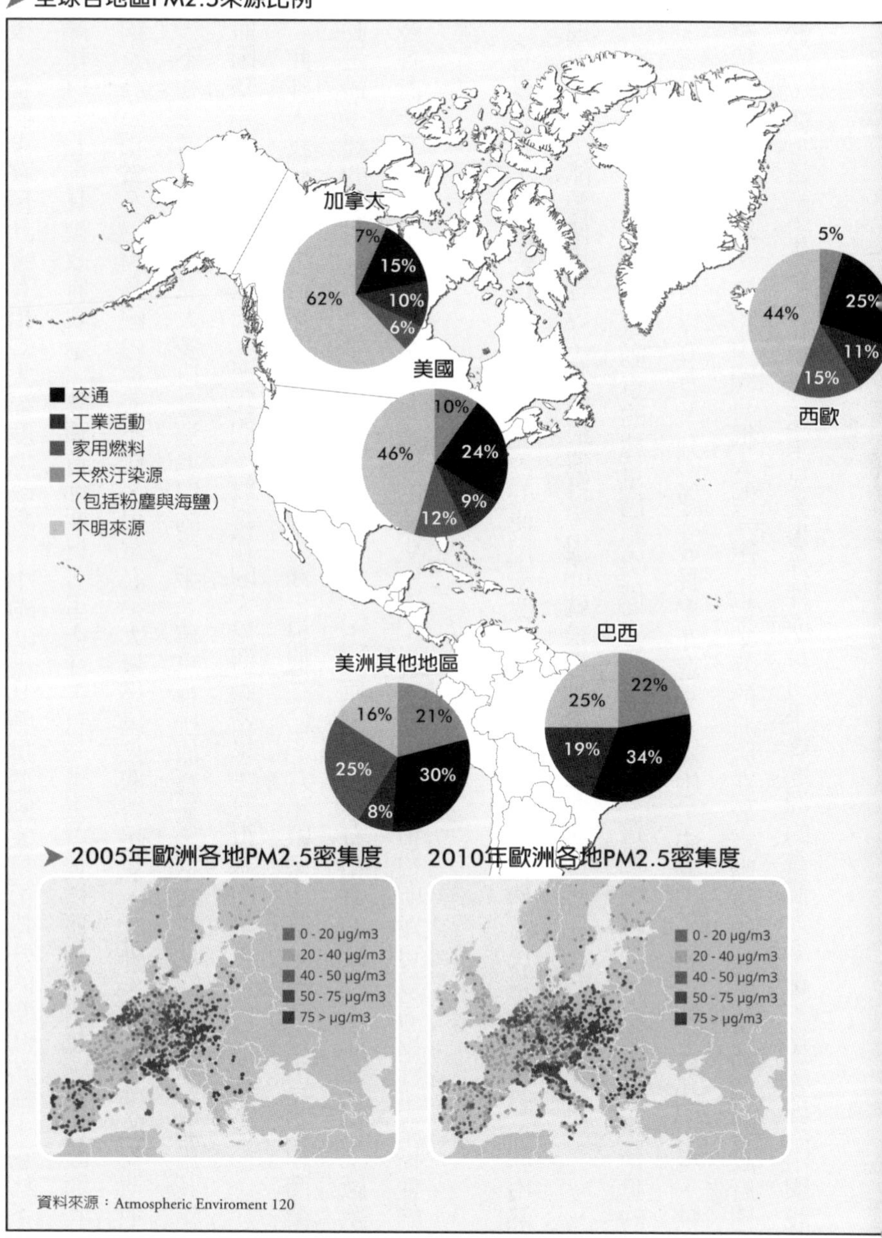

資料來源：Atmospheric Enviroment 120

換後，整個東歐預計會有相當大幅度地改善。不過北馬其頓這個國家是很特殊的空汙結構，它稱不上據報導，北馬其頓政府表示，該國首都斯科普里空汙，有一半來自焚燒薪柴所引起，比起歐洲其他國家高出相當多，因為國內經濟不佳，民眾必須大量燃燒來取得暖氣。此外，因為特殊的盆地地形，不利空氣流通，還有太多自歐洲進口的二手老舊汽車排放廢氣，造成當地空汙嚴重。北馬其頓反而因為「窮」才造成空汙，與我們一般認知的人類活動密集，有很大的反差。

此外，我們若以PM2.5的成因來看歐洲空汙，根據二〇一八年歐盟所統計的資料，居家和商業活動是最主要的PM2.5產生來源，占五五．五%，主要原因與燒柴有相當的關係；而交通和工廠差不多各占一二%，全球各地區都有不同的產生結構，其實在歐洲，也很明顯可以看出汙染結構性的差異。

有鑑於此，歐洲近幾年加速從能源的使用來改善這些問題，包括天然氣民生基礎建設、利用熱交換方式減少能源使用等等，其中最值得一提的就是電動車（EV）的推行。

到二〇一九年，全球電動車的總量已經突破了二二〇萬台，這比例雖然僅占整體汽車銷量的二．三%，但最近五年皆以五五～六〇%的成長率在進步。其中，中國占了將近四五%的市場，歐洲雖然是第三大市場，但和中國有很大的差距，最主要的原因在於電動車的充電樁設置還有政府補貼較少，使得電動車市場在歐洲還未見到爆炸性成長，不過歐洲的幾個大車廠，紛紛都去中國設

1992~2015年全球碳排放量與經濟成長率

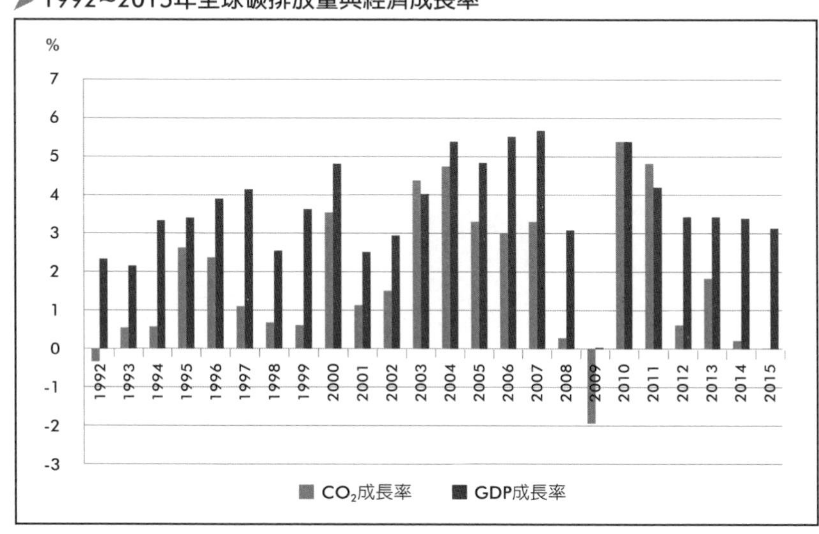

資料來源：IEA、IMF

廠搶攻市占率，這也是為何德國近幾年和中國關係密切的原因，預計二〇二一年全球有兩千億的商機。不過，歐盟並不會眼睜睜看著歐洲電動車市場緩慢前進，包括英國、挪威、法國、德國、愛爾蘭、荷蘭、西班牙、丹麥，在二〇一六年後，陸陸續續宣布最晚於二〇四〇年停止銷售燃油車，歐洲有些城市甚至還提早到二〇二五年實施。而歐盟在二〇一八年十月也達成一項共識，二〇三〇年製造的新車二氧化碳排放量需較二〇二一年車款減少三五%、貨車減少三〇%，此外，老舊柴油車也將禁止進入到城市地區。

在這些政策努力下，歐洲從二〇〇〇年至二〇一八年，PM2.5的汙染程度下降了二五%，最主要可以歸功於硫化物減少將近八〇%，也就是能源製造所產生的廢氣。非甲烷有機氣體

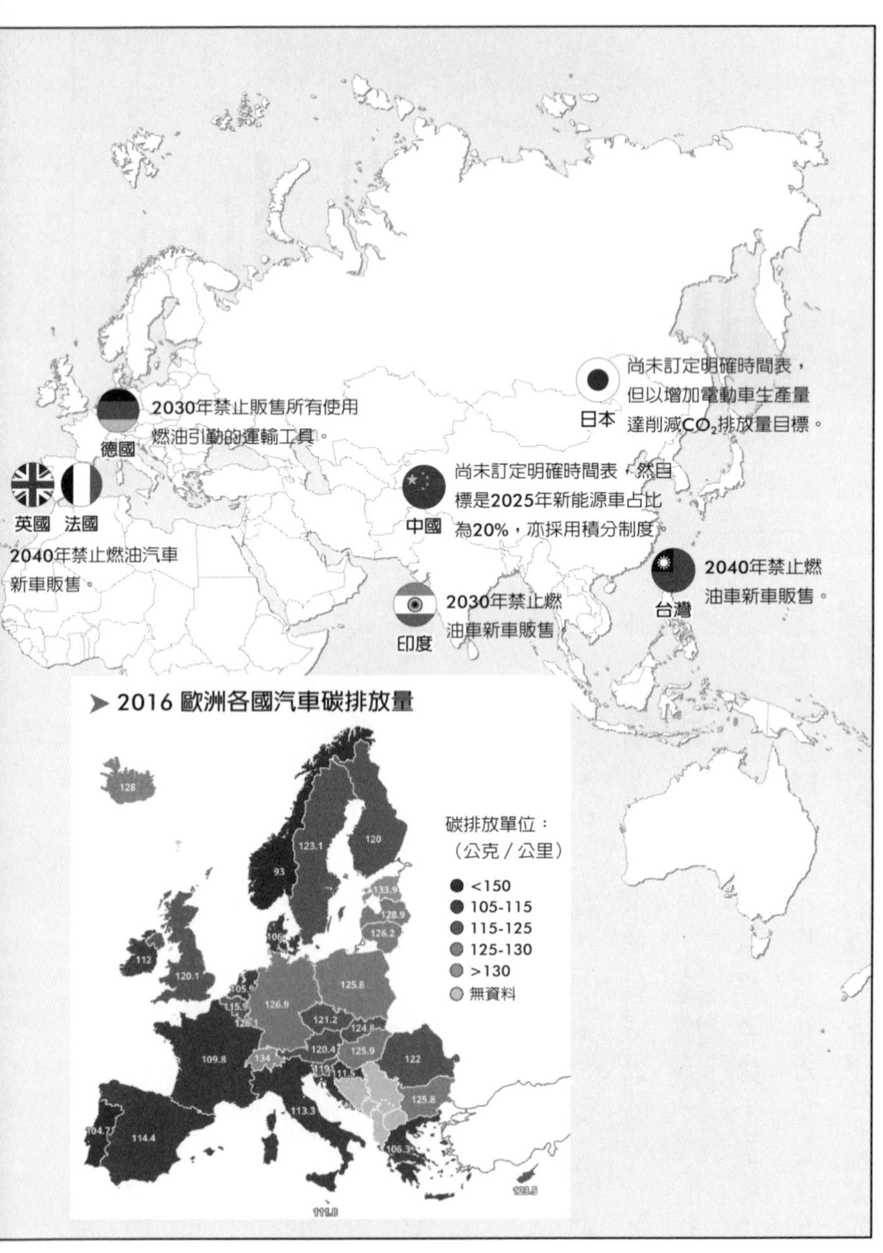

2030年禁止販售所有使用
燃油引動的運輸工具。
德國
英國 法國
2040年禁止燃油汽車
新車販售。
尚未訂定明確時間表，
但以增加電動車生產量
達削減CO_2排放量目標。
日本
尚未訂定明確時間表，然目
標是2025年新能源車占比
為20%，亦採用積分制度。
中國
2040年禁止燃
油車新車販售。
台灣
2030年禁止燃
油車新車販售
印度
➤ 2016 歐洲各國汽車碳排放量
碳排放單位：
（公克／公里）
<150
105-115
115-125
125-130
>130
無資料
128
123.1
120
93
133.9
128.9
126.2
106
112
120.1
125.8
105.9
126.9
115.9
126.1
121.2
124.8
109.8
120.4
125.9
122
134
113.3
125.8
104.7
114.4
106.3
123.5
111.8

➤ 全球主要地區禁用燃油運具預定目標

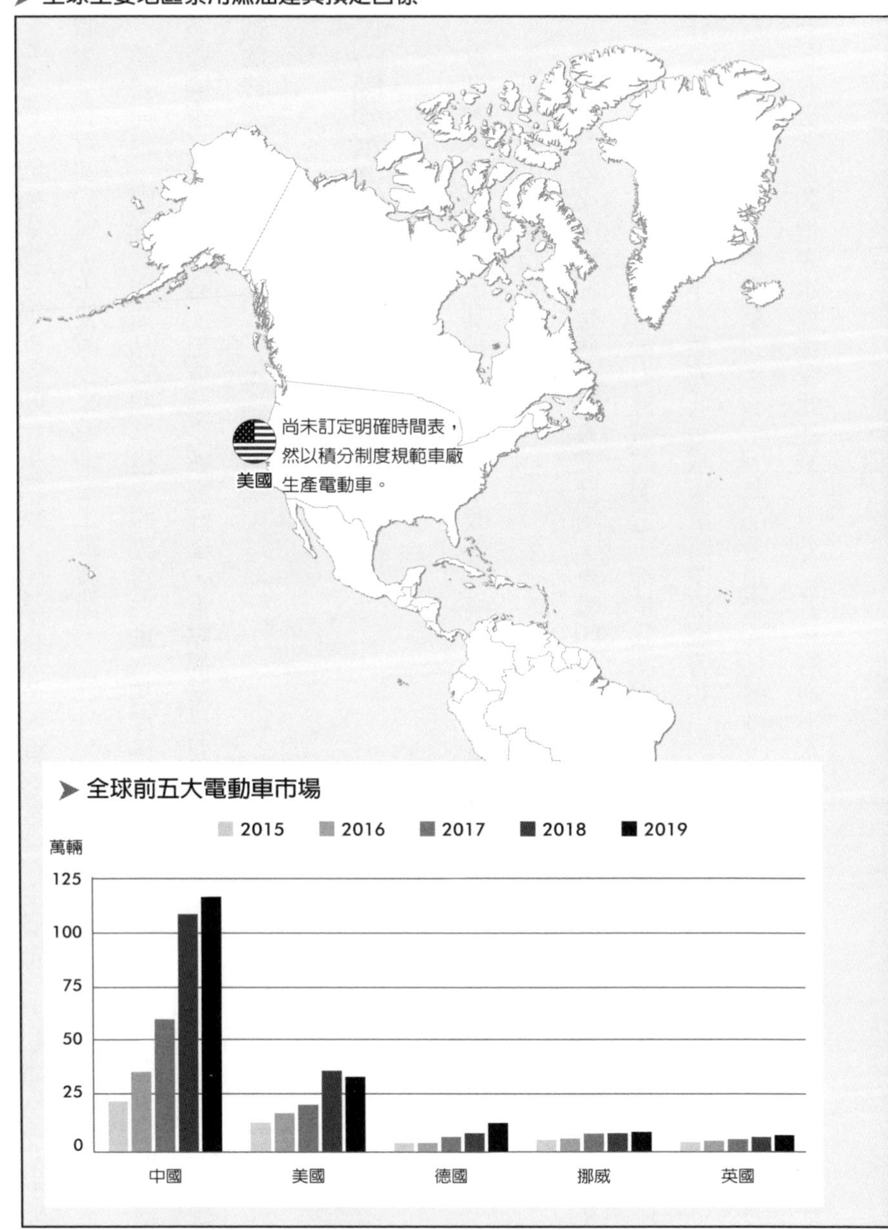

（NMVOC）的減少也是很重要的一項指標，因為它是造成氣候變遷的主要兇手，歐洲這二十年來共減少了將近四〇%，主要減少來源則是工廠製造。

整體而言，歐洲的空氣品質和其投入的改善力量，其實還是全球數一數二的有效率，也值得絕大多數國家來借鏡和參考。但無論是哪種汙染，重點都還是要回到每一位公民的認知和心態，科技彌補的終究有很大的限度。

歐洲水汙染的防治與改善

歐洲的水汙染問題，其被破壞程度及改善效率，都比空氣汙染還來得令人放心一些，但也是一樣，不是想像中那樣的美好。

表面上看起來，歐洲是個充滿人文歷史、風景如畫的國家，但大家在美景之前都忽略了，許多化學產品的原料生產、還有動力機械的製造，都是歐洲相當重要的產業，這些工廠往往被指責就是水汙染的兇手，但其實不盡然如此，根據歐盟環境總署在二〇一八年做出的報告，化學擴散汙染是會員國公認的水環境最大壓力來源，因為部分感染源是溶劑，會隨水移動和擴散，相當頭痛，二〇一七年有三八%的地表水源都受此汙染，另外三五%的地下水域也遭受汙染，主要包括農業殺蟲劑及各種肥料，工廠廢水反而控制得很好，偶爾會有突發狀況，但並不會經年累月。

水汙染的另外一個指標就是生態循環指標，歐盟環境署調查結果，整個歐洲水域，約有四〇％的水域有生態循環上的壓力，而汙染主要來源以人造設施物為主，例如水壩、攔砂設施、橋墩等等，特別是依賴水力發電的國家，因為這些人造設施會阻礙河流自身的清潔過濾能力，也會造成生態的改變。如果我們拿這個指標和擴散汙染指標相比，會發現汙染處有高度的重疊性，尤其是在「歐洲骨幹」地帶，人口密集程度可能是一大原因，但長年累月的問題積累，可能已經某種程度造成永久性的傷害而難以逆轉。

由於歐洲國家在地理環境上相緊密，像多瑙河就流經數十個國家，因此主要河川的水汙染多會涉及到上游國家與下游家國之間的紛爭，二〇〇〇年羅馬尼亞的拜雅瑪瑞地區就曾發生氰化物洩漏事件，當時匈牙利、烏克蘭、蒙地內哥羅等，在歐盟主導之下，籌組小組來解決防堵汙染擴散和後續賠償等談判，造成當時東歐相當大的爭執；而像多瑙河流域，在聯合國底下也成立了多瑙河保護國際委員會，來協助解決汙染爭端。

水汙染就像是一種慢性疾病，它不像空汙會有每日的週期性，甚至也有季節的週期性，同樣都是生命重要的三要素之一，在歐盟各種環境公約中，水汙染卻很少被訂立目標去執行，或許是因為統計的方式具有難度，所以與事實有差異，也或許它是一種慢性累積，要改變的周遭經濟社會是很

▶ 多瑙河、萊茵河、易北河主河流域

▶ 窩瓦河、第聶伯、烏拉爾河、頓河主河流域

➤ 維斯瓦河、道加瓦河主河流域

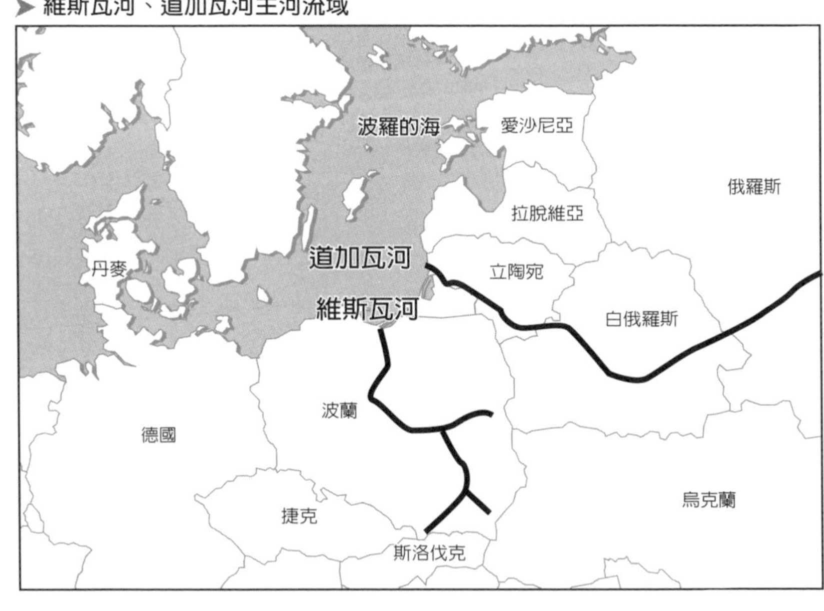

大的工程，所以歐盟大多數國家還是比較傳統盯住工廠、生活廢水、農業用藥等問題，至於水壩、船隻等人造經濟工具的減少，可能就不是主要重點。

要說歐盟消極作為其實也不是很客觀，針對生活汙水的處理，歐洲在羅馬帝國時期就有汙水下水道的概念，所以像德國、荷蘭、英國、瑞典、瑞士、挪威，都有將近九五％的接管率，台灣目前約六三％，而在歐洲鄉下地區，即便無法接管，歐盟也推行許多新的生態汙水處理方式，例如人工濕地、生態衛生系統、工廠循環系統等等，整體來說，二〇一七年的調查，九五％住宅自來水品質達到品質優良，八九％地下水達到品質優良水準。歐盟在水資源的運用和改善上，確實仍然有不得不佩服的地方。

循環經濟計畫：既循環，又成長

經濟這個英文單字很有趣，economics 其字首 eco- 本身就是一種生態循環的概念，而這個字本身在古希臘時期就已經有在使用，最初是用在形容治理家庭的方式，這與人類最原始社會利用以物易物以及物資多直接取用大自然有關。

循環經濟（Circular Economy）這一詞至少在一九八〇年代就有媒體文章使用過，但當時的用意和現在有一些落差，儘管都是從環境保護的概念下手，過去強調循環經濟就是讓資源可回收的經濟模式，例如像是台灣的資源回收站，還有過去歐盟都會把一些回收塑料或廢紙賣去中國處理等等，近幾年，在歐盟大力推動綠能產業之下，許多綠色新創或綠色服務者認為，沒有商業模式的循環經濟都只是停留在資源回收再利用的程度，很難成為一種全民共識，最終必須仰賴政府。

最新的改變可以從英國綠色金融公司Carbon Trust在二〇一七年的一份報告中談起，該公司將循環經濟統整出一套理想的商業模式。

➤ 循環經濟商業模式示意圖

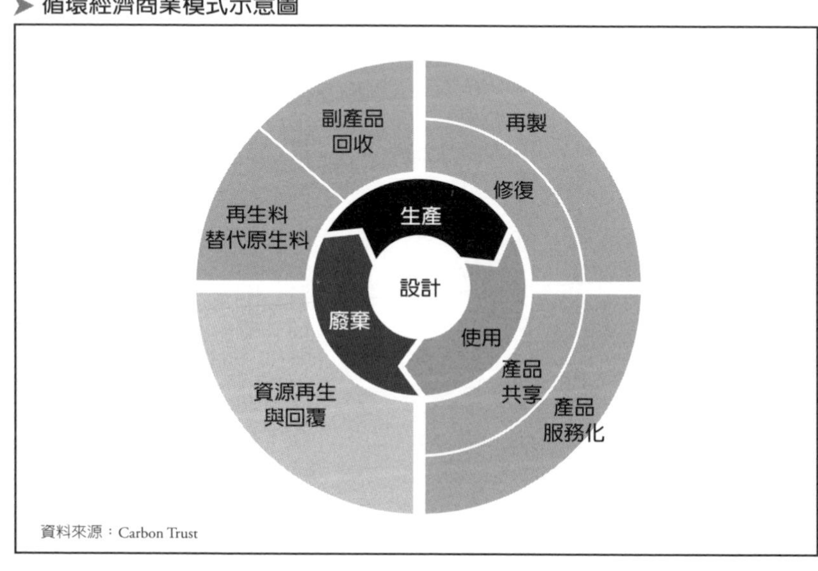

資料來源：Carbon Trust

Carbon Trust認為，循環經濟的核心價值在於產品設計，基礎的內環經濟為「使用者、綠色生活價值觀念、生產者」，這也是最傳統的循環經濟概念；而最重要的是外環是商業模式，用來解釋這三者之間如何透過商業行為銜接，對消費者來說有兩種消費模式，Access（使用共享）Performance（使用績效），共享較容易理解，使用表現其實就是改變一次買斷的商業模式，像企業租賃車就是一種模式；在生活價值觀念這一環，主要商業模式就是Resource recovery（資源再生與回復），也就是傳統的循環經濟；在生產者端的商業模式有四樣，Re-condition（修復及翻新）Re-make（再製造）Co-product recovery（副產品及產業共生）Circular souring（再生料替代原生料），強調的是生產者上下游的共享循環關係。循環經濟因此有了新的定義。

循環經濟在歐洲

如果只是討論資源回收，這個概念大約在一九八〇年代開始在歐洲就非常盛行，當時高科技電子產業正要開始，物品回收相對很單純，也不諱言，當時的電器都比較耐用，消費者也比較捨不得丟。進入九〇年代，電腦成為家家戶戶必備商品之後，加上全球化帶來生產分工的效率和低成本，一九九七年後的歐盟城市垃圾量突然開始大漲，到了二〇〇八年左右，歐盟垃圾量達到高峰，平均每人一年生產五一八公斤的垃圾，儘管歐洲各國資源回收比率也有很明顯的上升，二〇一九年每人生產垃圾數量還維持住十年前的水準，但歐盟開始意識到，舊的直線式資源回收思維，根本上無法負荷工廠這種免洗餐具式的生產邏輯。

二〇一二年，歐盟簽訂「循環經濟宣言（Manifesto for a Resource-Efficient Europe）」，正式揭開環保產業的里程碑，之後，歐盟委員會在二〇一四年更進一步首度提出了循環經濟商業模式的概念，據報導，麥肯錫顧問評估，在歐洲採用循環經濟模式，每年能省下高達六三〇〇億美元的材料成本，並在二〇三〇年前，創造一年一．八兆歐元的經濟利益。此外，根據台經院研究中心的整理，歐盟從降低廢棄物產出的設計開始發想，共提出了九項可行的商業模式：

1. 減少提供特定服務所需要的材料數量（輕量化），延長產品的使用年限（耐久性）
2. 減少在生產和使用階段的能源與材料使用（效率）
3. 減少在產品或生產過程使用危險或難以回收的材料（替換材料）
4. 創造次級原材料市場（回收料）基於標準的公共採購等
5. 設計容易維護、維修、升級、再製造或再回收的產品（環保設計）
6. 發展消費者所需要的服務（維護／維修服務等）
7. 鼓勵和支持消費者減少垃圾以及做高品質的分類
8. 鼓勵可減少回收和再利用成本的垃圾分類與回收，推動群集活動來預防副產品變成廢棄物（industrial symbiosis，工業共生）
9. 鼓勵更廣泛與更好的消費選擇，透過租賃、租借或共享服務作為擁有產品的另一種替代方案，同時也保護消費者利益（在成本、保護、資訊、契約條款、保險等方面）

這些商業模式的發想其實也幾乎就是Carbon Trust循環經濟的骨幹，但光有想法還不夠，歐盟在同年進一步投入綠色資金，例如歐洲投資銀行的綠色資本機制，還有最關鍵的一個計畫——Horizon 2020，H2020是歐盟科技發展計畫架構（Framework Programme，FP）中，最大的循環經濟研發計

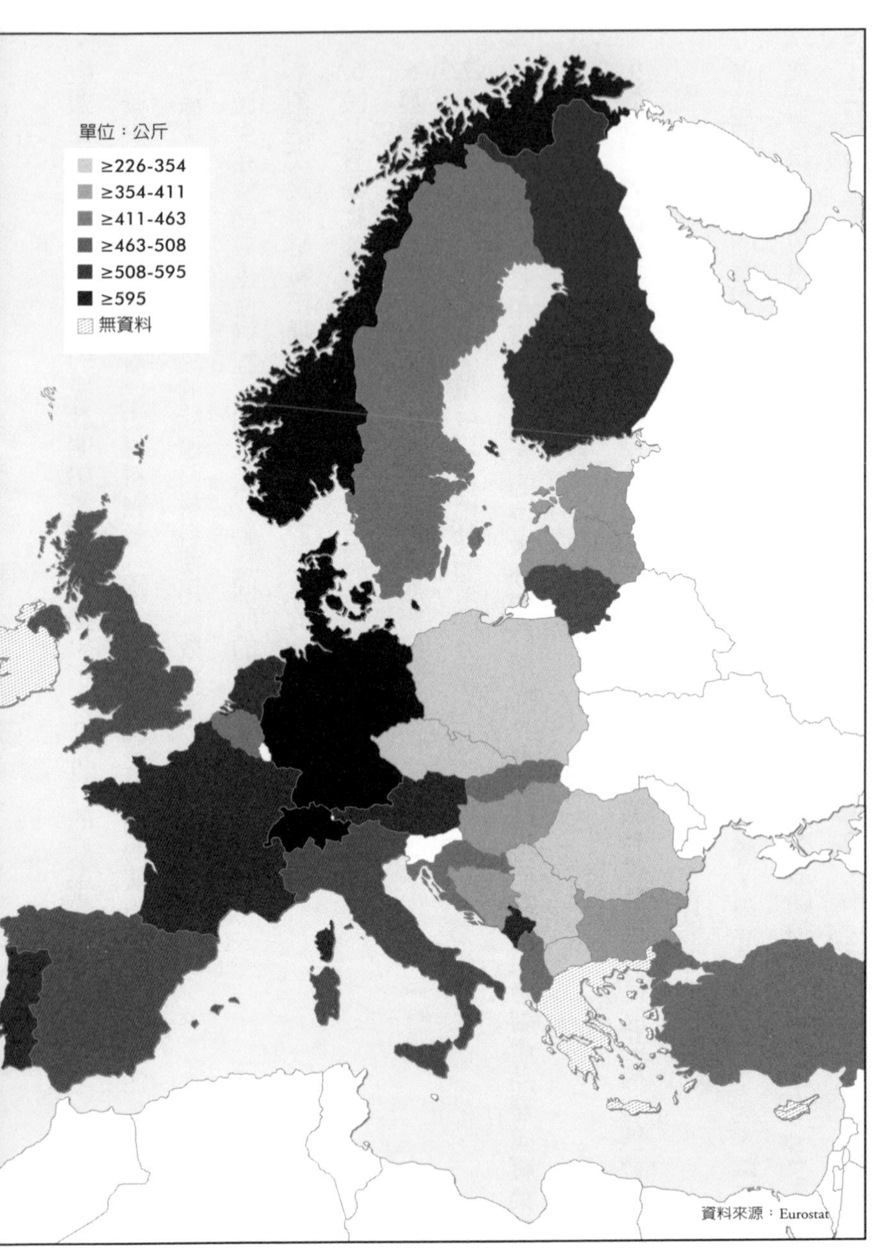
單位：公斤
≥226-354
≥354-411
≥411-463
≥463-508
≥508-595
≥595
無資料
資料來源：Eurostat

➤ 2018年人均城市垃圾產生量

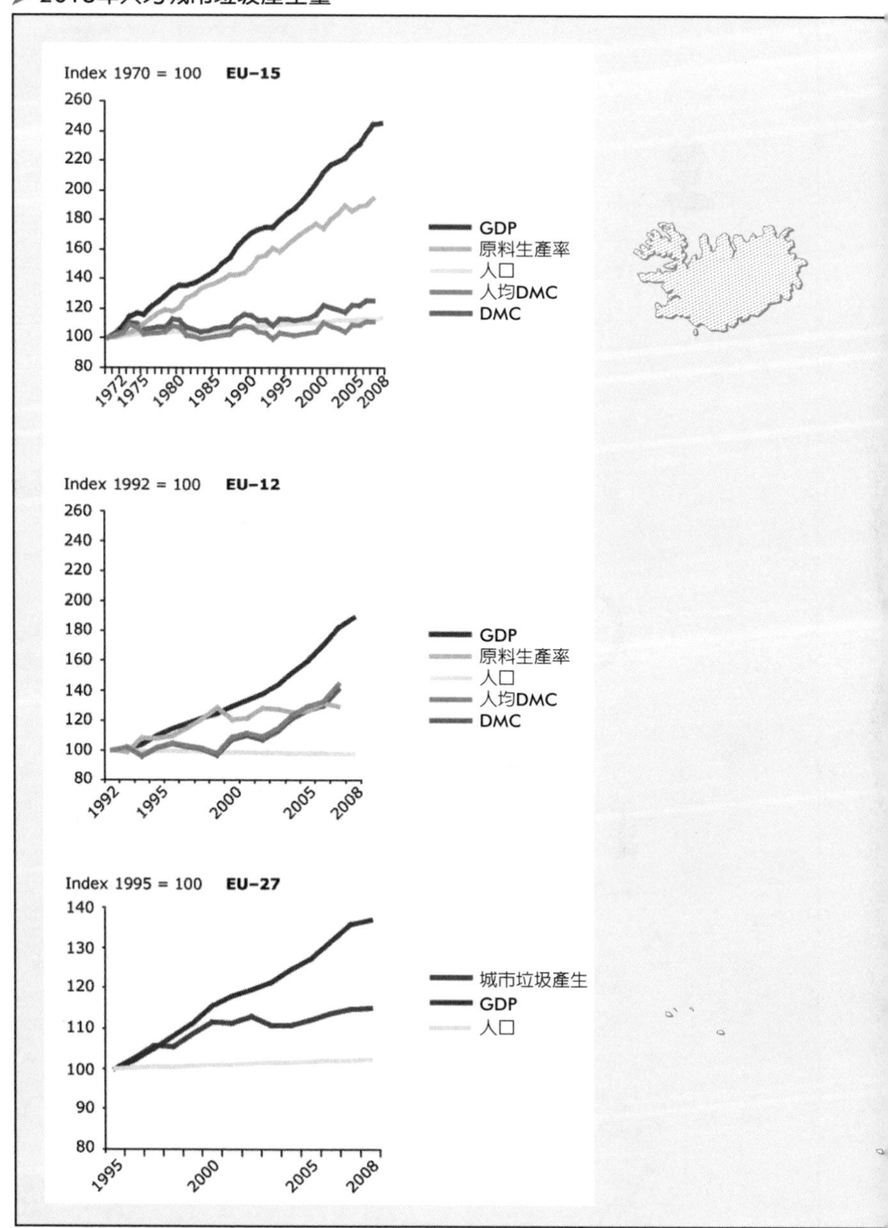

➤ 線性經濟與循環經濟

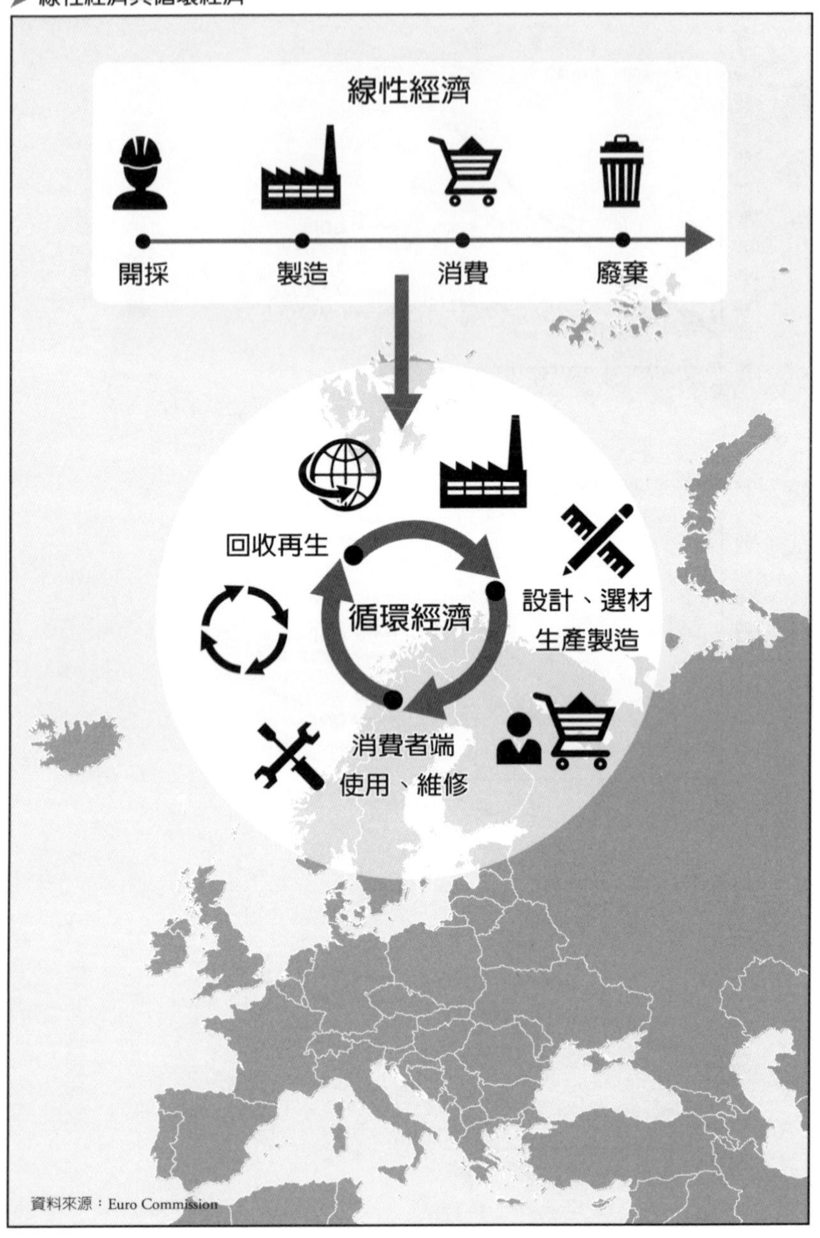

資料來源：Euro Commission

畫，預計在二〇二〇年前投入八〇〇億歐元作為循環經濟新創公司和各種研究機構最大的後盾，不僅是歐盟內部的研究計畫，同時也接受世界各國研究機構的遞案，最終目的就是要讓這些研究能有商轉的可能性。而我們台灣在H2020中表現其實很不錯，申請成功率達二七%，大幅領先日本、韓國、美國等研發強國。歐盟在二〇二〇年已經通過預算，二〇二一年新一期的科技發展計畫架構（FP9），歐盟再度擴大預算在Horizon計畫，足見歐盟對整體綠能產業的推動決心。

歐盟針對這一連串的投資，一樣也提出2030城市垃圾減量目標，根據台經院的整理：

1. 在二〇三〇年以前，提高都市垃圾重複使用與回收率至少達到七〇%。
2. 在二〇三〇年以前，提高包裝廢棄物回收率達八〇%，中期目標在二〇二〇年以前為六〇%，在二〇二五年以前為七〇%，包含特定的材料。
3. 在二〇二五年以前，禁止掩埋可回收塑料、金屬、玻璃、紙張和紙板以及可生物降解的垃圾，在二〇三〇年以前，各會員國應努力消除垃圾掩埋場。
4. 進一步促進高品質次級原料市場發展，包括評估特定材料的最終廢棄物標準的附加價值
5. 明確回收材料的計算方法，以確保高回收品質。

原本平凡無奇的回收業，在近十年歐盟的循環經濟概念擴大投入之後，無論是能源、汙染、廢棄物等問題，幾乎就串連起來，且整個環境保護氛圍也擴散到了全球。台灣在這方面的投入也逐漸

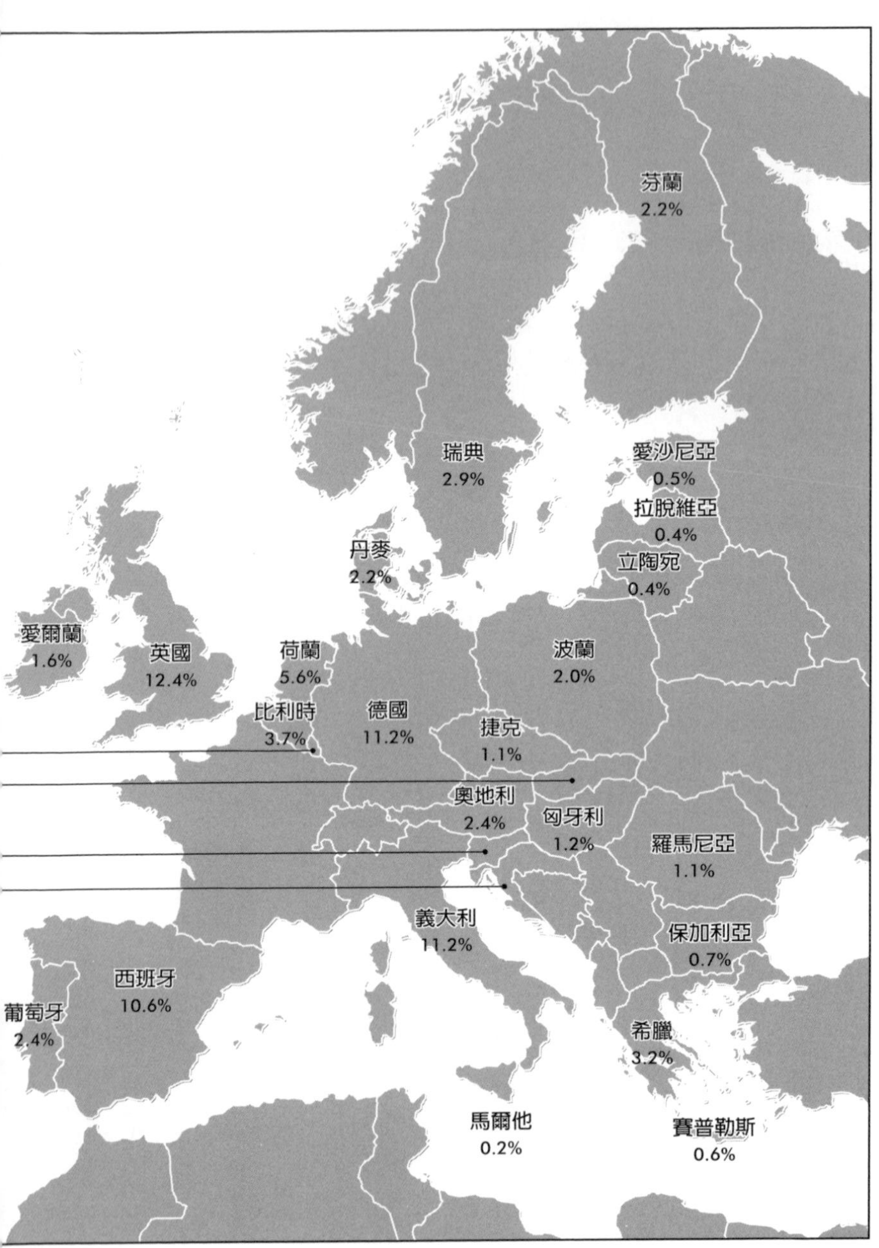
芬蘭
2.2%
瑞典
2.9%
愛沙尼亞
0.5%
拉脫維亞
0.4%
丹麥
2.2%
立陶宛
0.4%
愛爾蘭
1.6%
英國
12.4%
荷蘭
5.6%
波蘭
2.0%
比利時
3.7%
德國
11.2%
捷克
1.1%
奧地利
2.4%
匈牙利
1.2%
羅馬尼亞
1.1%
義大利
11.2%
保加利亞
0.7%
西班牙
10.6%
葡萄牙
2.4%
希臘
3.2%
馬爾他
0.2%
賽普勒斯
0.6%

➤ 2014~2016年歐洲各國申請H2020數量及其占比

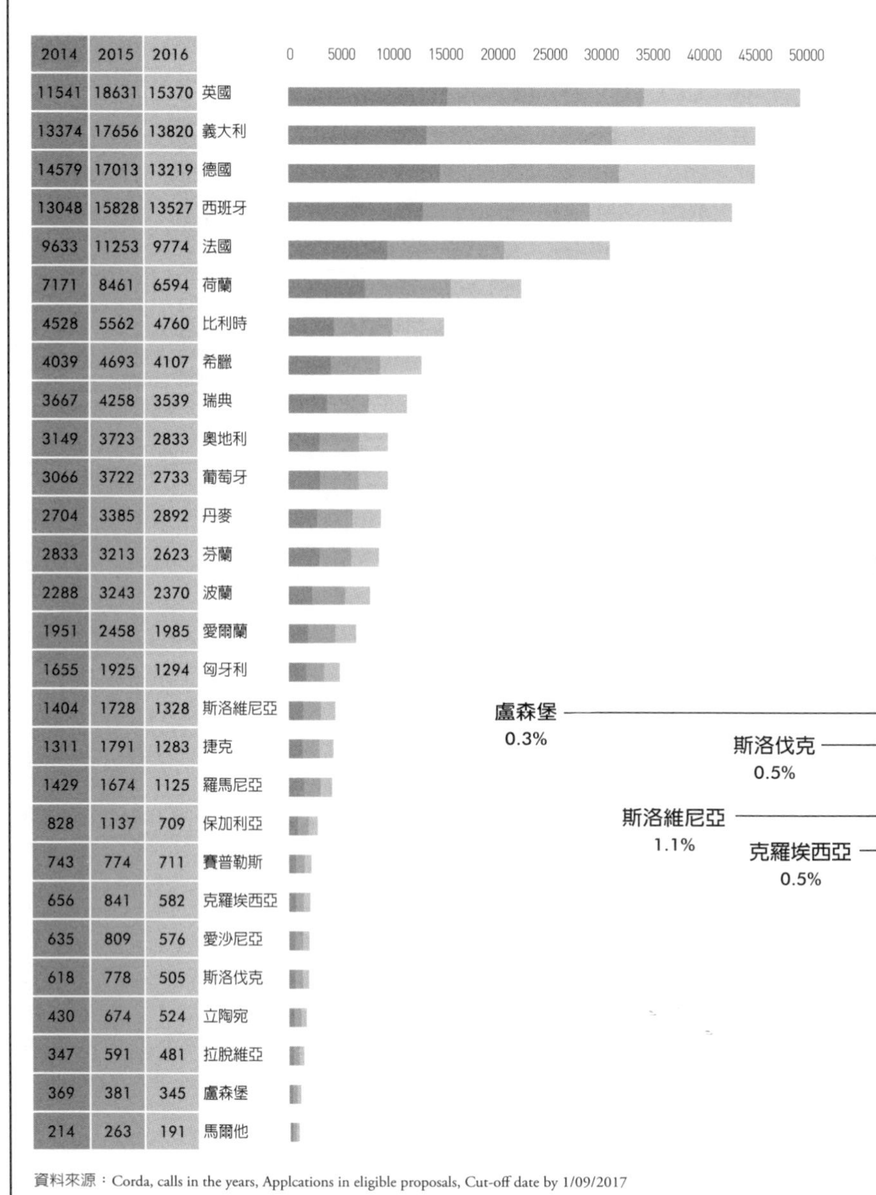

2014	2015	2016	
11541	18631	15370	英國
13374	17656	13820	義大利
14579	17013	13219	德國
13048	15828	13527	西班牙
9633	11253	9774	法國
7171	8461	6594	荷蘭
4528	5562	4760	比利時
4039	4693	4107	希臘
3667	4258	3539	瑞典
3149	3723	2833	奧地利
3066	3722	2733	葡萄牙
2704	3385	2892	丹麥
2833	3213	2623	芬蘭
2288	3243	2370	波蘭
1951	2458	1985	愛爾蘭
1655	1925	1294	匈牙利
1404	1728	1328	斯洛維尼亞
1311	1791	1283	捷克
1429	1674	1125	羅馬尼亞
828	1137	709	保加利亞
743	774	711	賽普勒斯
656	841	582	克羅埃西亞
635	809	576	愛沙尼亞
618	778	505	斯洛伐克
430	674	524	立陶宛
347	591	481	拉脫維亞
369	381	345	盧森堡
214	263	191	馬爾他

資料來源：Corda, calls in the years, Applcations in eligible proposals, Cut-off date by 1/09/2017

增加，起步雖然較晚，但台灣優秀的製造業改良能力，還有台灣本來就高的資源回收率，相信在未來能夠扮演起協作的角色。

歐洲各國循環經濟案例

自從循環經濟的商業模式被肯定之後，世界各國對綠色經濟的想像可以說是百花齊放，大多數人台灣朋友比較熟悉的應該就是共享單車之類的，其他包括廚餘堆肥產業化、焚化爐供電或供熱，還有工業區廢水回收再利用等等，這些都算是比較初期的概念，在歐洲，像共享單車最後可能帶來更多社會負面外部成本，就不會再被認為是循環經濟，而目前的趨勢為何？用以下三個歐洲有名的案例來介紹。

荷蘭——從牛糞萃取出的時裝

荷蘭服裝設計師Jalila在二〇一七年一場時裝秀上，大膽秀出他精心研發的衣料新材質，並且對在場的記者和觀眾解釋，這些塑料就是從牛糞裡取出來。會有這樣的構想起因於荷蘭酪農業長期施用某種特定飼料，可以促進牛奶的分泌，但這造成排泄物會產生大量磷酸鹽，而這個化合物會經由土壤裡的地下水流到河川並汙染水源，已經證實對水中生態造成影響，對人體也有害處，所幸一般人不會直接飲用河川水，因此傷害僅止於河川汙染。

Jalila透過將牛糞溶解，取出纖維，並用這些纖維編織成衣，有效減少牛糞問題對河川生態帶來的困擾，最難能可貴的是，這些牛糞衣服，雖然也是塑料一種，但埋在土裡是可以被分解的。類似Jalila的設計理念還有很多，快時尚領導品牌H&M在二〇一二年時宣布建立「永續衣」系列，要讓消費者穿很久，而且可分解，此外還有舊衣回收等機制，牛糞衣也是從H&M設計舞台中脫穎而出的時尚新概念。

英國——製糖兼發電，自力更生好模範

英國糖業公司是全歐洲最大的製糖公司，在諾福克郡的一處示範工廠中，打造了一套全材料回收利用系統，加上一座生質能源發電廠。因為糖業會需要用到甘蔗、玉米、甜菜等濃縮過程，會有許多的殘渣以及纖維最後的廢棄物，在加熱過程中也會產生多餘廢棄熱能。英國糖業公司將這些原本的廢棄物加以利用改造，將工廠打造成一個循環系統。

像是纖維殘渣被利用為動物飼料，目前糖廠每年可供應十六萬噸，變成額外收入；另外，甜菜的水分收集起來分配給園藝或工廠清潔用；廢熱水和廢氣體經過過濾後，送往溫室園藝栽種番茄；

糖在發酵過程中，底部所產生的殘渣被用來作為生質能源發電，供應糖工廠電力，甚至轉賣至其他家戶。整個工廠循環功能不只這些，最重要的是，整體耗能與二〇一三年剛建好系統相比，至今足足少了二五％，雖然建置成本也不便宜，但這些附加的產品和服務，預計將在十年後可以逐步回收，並開始真正獲利。

循環建築——建材銀行（Building as material bank，BAMB）

常常會有很多人在想，一棟房子都更重建之後，那些廢棄的家具、磁磚、木頭等去到哪了呢？其實大多數建材都會拿去高溫焚燒，少部分則可能壓成碎石，拿去做道路級配或者送往土方場囤著下次用。這些耗材都是好幾十噸甚至百噸的廢棄物，在歐盟H2020計畫中，有一項「建材銀行」的概念，是一個由七個國家與十五個合作單位共同推動的計畫，其目的就是要減少建材的損耗，來增加建材回收率及再利用率。

這概念被評論為很像樂高積木，今天在這裡蓋好城堡之後，明天可以把城堡拆掉去蓋一艘船。BAMB透過可逆式建築設計（reversible building design）讓建材能夠被完整地拆卸與重覆使用，並透過材料護照（material passport）追蹤每一份建材的履歷與狀態，他們曾在阿姆斯特丹展現過其成品。

不僅BAMB正在推動該計畫，英國ARUP工程公司也非常積極推廣其循環建築的技術，並且將材料回收再利用，簡單來說，你請這間公司設計好房子，並可以跟它們租用建材、裝潢、家具等等，年限到了就會拆掉幫你換新的，而公司再把材料取回重組，重點在於所有材料都可回收重製，因此，除非大規模破壞，例如火災等等，否則幾乎沒有建材耗損。

循環經濟的面貌相當多，但從這些案例中我們不難發現，不增加額外的環境成本是一個很重要的考量，此外，材料的利用要盡量能做到可以多次利用。這中間不斷循環的機制，或許會用到更多人力甚至其他昂貴的設備、研發等成本，在價錢上和設計上，可能也比較不容易被消費者青睞，但整個歐洲願意傾全力來推動綠色產業，沒有其他原因，就是不能讓每個人的自私沒有節制地發展下去，綠色產品雖然可能較貴，但這本來就是身為一個地球人該負擔的，因為每一個便宜的商品，背後都是地球幫你默默付了更多的代價，我們沒有權利這樣做。

Chapter

05

來自歐洲內部的各種政治經濟挑戰（一）——淺談英國脫歐問題

前言

歐洲這片土地，無論是經濟、思想、政治、科技等等，在人類的歷史上，曾經輝煌地走過一千多年的歷史，但這並不是意味著歐洲近代以來就沒落了毫無生機，我們還是可以看到歐洲汽車工業和精品流行工業的精湛表現，甚至在環保的路上，歐洲更是全球新環境和新能源的開路先鋒，只是，隨著歐盟的整合和擴大，近二十年來的歐洲整體經濟可以說是在驚淘駭浪中，逆著大風前進。

要理解歐洲目前的處境，不禁讓人想起歐洲在啟蒙時代曾留下的一句經典名言：「自然不會跳躍。」經濟現象是人類各種複雜行為的結果，事出就必有因。所以，要深入探討歐洲經濟問題，必須了解到，有些因素是歷史的延續，有些是短暫環境衝擊，有些是政治的自私，但更多的是我們無法得知真正原因的蝴蝶效應。從第一章歐洲的經濟歷史到第四章的歐洲未來想像藍圖，接下來在這個章節中，讓我們綜合以上所有的概念，來細細分析歐洲當前面對的經濟難題，以及所留下來的後遺症會是哪些。

英國為何突然想脫歐？

二〇一六年六月，英國公投結果，確定了英國將脫離歐盟。但其實，這樣的念頭至少已經存在至少五十年了，一切並不突然，尤其英國是歐陸外的一個大島，政治影響力已經無法像中世紀那樣靠著海外殖民的擴張來增強，且又在德國與法國對歐陸的政經重要性日益擴大之下，一向對其光榮歷史引以為豪的盎格魯薩克遜民族，其實吃味的不安情緒大過於言表。

分分合合，一切要從英國脫離天主教會開始說起

英法第一次百年戰爭，確立了兩個王室之間的仇恨。隨之而來的文藝復興時期，雖然歐洲因此暫時享受了好一陣子的平和，但隨著資產階級的抬頭，各地諸侯開始對天主教會權力擴張不滿，民間也紛紛出現基督新教團體，除了批評天主教會的墮落，也試圖改革許多宗教制度的濫觴，例如反

對贖罪券就是當時相當成功的宗教改革運動。一五三三年，英王亨利八世正式脫離羅馬教會，成立英國國教，這在當時篤信君權的年代是一件離經叛道的政治大事，同時也是英國歷史上第一次也是後座力最強大的脫歐行為。

雖然英國成立了自己的英國國教會，但歐陸天主教勢力仍然不斷試圖影響英國教會，十七世紀末，英國國王詹姆士二世欲恢復天主教會的影響力，於是迫害英國國教會成員，當時支持基督新教的輝格黨發起一場不流血的革命，史稱「光榮革命」，將信奉天主教的詹姆士二世趕出英國，再度恢復英國國教會的地位，規定天主教徒永不得擔任英國國王。

這項舉動激怒了當時歐陸天主教權力核心法王路易十四的不滿，不僅主動協助詹姆士二世復辟，另一方面也藉此要打破英、荷、奧間的同盟關係，以恢復波旁王朝往日的統治光榮，遂引發一連串的戰役，包括在北美地區的殖民地戰爭，第二次英法百年戰爭就此登場。這場戰爭並不是真的沒日沒夜地打了一百年，而是英法兩國對於歐陸政治實力的爭奪戰役的統稱。

然而，在十八世紀初期，英國在海權擴張的浪潮競賽中，勢力幾乎銳不可擋，由於先天上航海實力就相當強，後天金融業又相對成熟，可以說當時英國要物資有物資，要錢有錢，更別說爭奪海外殖民地帶來滿滿的戰爭經驗，對外幾乎打遍天下無敵手；而對內政治上，島內原先獨立的蘇格蘭等國，也因實力關係，和英格蘭正式合併成大不列顛王國，偉大的「日不落國」就此誕生。

這一邊，英國的愛國主義相當高昂，仇法情緒幾乎成為全民運動；但另一邊的法國，日子並沒有這麼輕鬆，波旁王朝雖然主動引起戰爭，但因為海權擴張的失利，加上在歐陸幾乎與各國為敵，此漲彼消的結果，二次百年戰爭間接導致法國大革命的發生，波旁王朝對法國的統治地位逐步邁入歷史灰燼。

到了十八世紀末期，眼看法國就要四分五裂了，此時拿破崙再度重啟法蘭西的

➤ 1812年拿破崙時代的帝國版圖

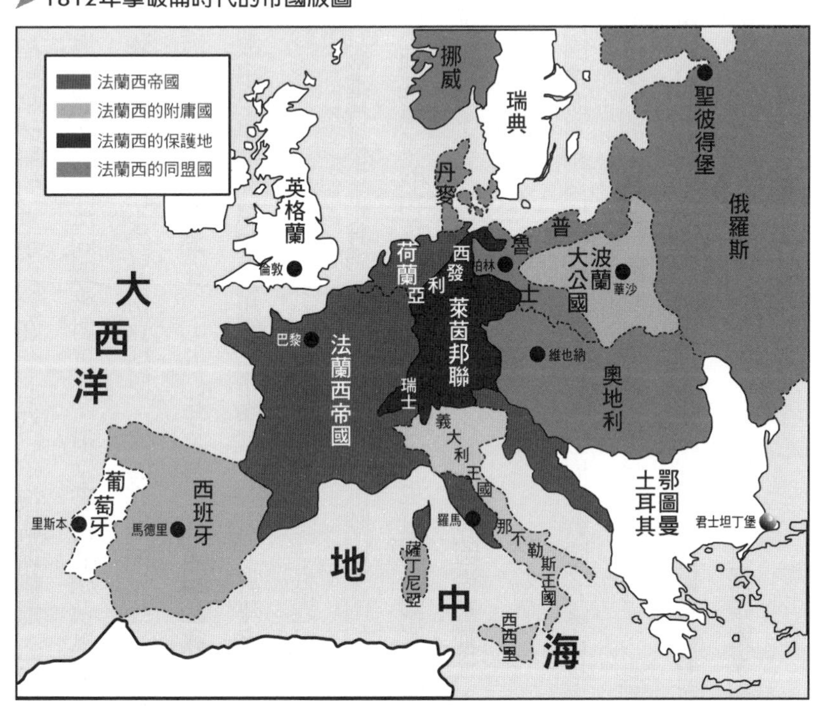

1812 年，拿破崙帝國勢力處於巔峰，領土擴展至西歐和中歐，為名副其實的歐洲霸主。西班牙、萊茵同盟、義大利王國、瑞士、華沙大公國等，均依附在拿破崙帝國之下，奧地利、普魯士、丹麥等也與拿破崙結盟。

光芒，將英法百年戰爭推向戲劇的最高潮。拿破崙的軍事天分在一七九〇年後嶄露無遺，不僅成立法蘭西帝國稱王，在位期間，英國一共主導了七次的反法同盟來對抗他，但拿破崙猶如秋風掃落葉，面對奧、荷、西、義、普等戰爭，最終歐陸各國沒有人不對其俯首稱臣。當時帝國領土幾乎已經涵蓋全歐洲，雖然拿破崙仍然無法跨越英吉利海峽，但也讓英國在一七九〇年之後，在軍事和政治上受到重傷。可惜的是，拿破崙的野心也令整個故事早早進入尾聲，短短二十多載，一八一五年拿破崙慘遭滑鐵盧，第二次英法百年戰爭就此結束。

拿破崙失敗後，由英國主導歐洲各國進行維也納會議談判，確立維持歐陸國家的均勢，也開啟了現代歐盟的雛形。英國在當時享有歐洲扛壩子的角色，不僅有話語權，也是很多國家的第一大債主，加上英國的工業技術輸出還有海外領地，十九世紀初的英國幾乎堪比今日的美國強權，英國和歐陸也從早先的政治分手，百年後，再次走向融合。

但在十九世紀中葉開始，無論是德國鐵血宰相俾斯麥或是義大利馬志尼，歐陸各國逐步走向統一及共和制度，經濟發展也得到了很大的進步空間。法國在維也納會議後憔悴了好一陣子，直到一八七〇年拿破崙三世所領導的法蘭西第二帝國遭到普魯士滅亡之後，進入第三共和的法國也擁有了重整旗鼓的契機，甚至，法國基於歐陸政治的競爭，反而和世仇英國締結了軍事同盟，以保護國家利益。

二次世界大戰後，英國慘遭被脫歐

二十世紀前五十年，歐洲一直是兩次世界大戰的最主要戰場，混亂的戰局讓英國不僅失去許多海外領地，在歐陸地區，英國為抵抗納粹和蘇聯的擴張，付出了相當高的經濟代價，美國因此取代英國成為世界強權，而戰後的歐洲，更在美國馬歇爾四年計畫下，獲得經濟恢復的第一桶金，並且開始萌生歐洲統合的想法。

英國首相邱吉爾曾在同時期提出相當有名的「三環外交」論，認為歐洲應該組成一大型聯邦國家，和美、蘇形成穩定的外交結構，顯見英國當時有意領導戰後歐洲的發展，但英國內部對於邱吉爾的策略有著很大的分歧，有人認為這是一種熱臉貼冷屁股的做法，也有人認為，歐陸各國只想利用英國，幾乎沒好處。就在英國舉棋不定的搖擺心態下，一九五一年馬歇爾計畫落幕後，歐盟的前身，由法國、德國、義大利共同主導的歐洲煤鋼共同體（ECSC）正式成立，大大地潑了英國一桶冷水。一九五七年，同樣由法德義主導，歐洲經濟共同體（EEC）和歐洲原子能共同體正式成立，英國眼見歐陸經濟緊密的結合發展，於是提出加入經濟共同體的意願，但當時法國總統戴高樂直接狠狠兩次拒絕英國的申請，這埋下了英國對法德集體領導的不信任，也讓英國和其盟友另起爐灶組成了歐洲自由貿易聯盟（EFTA），與歐洲共同體互別苗頭。

想不到沒隔多久，英國在一九七三年終於正式加入了歐洲共同體，一直到二〇一六年又再度正式分手。這同居的四十三年中，英國其實在一九七五年舉辦過第一次脫歐公投，留歐取得六六％壓倒性支持，之後英國兩大黨，保守黨和工黨，對歐洲議題完全拿捏不定，各黨內都有不同的聲音。例如長期執政的保守黨，八〇年代柴契爾夫人就明白指出英國在歐洲共同體內付出的比收穫多，而她的外長也因此下台；工黨也有一樣的症狀，在八〇年代黨內因其左派思想，多認為歐洲共同市場將迫害勞工權利和生活，但一九九七年重返執政後，卻推舉出親歐的英國首相。不只是政黨內部分歧，因為英國屬於聯邦體制，所以各地也都有不同意見，以農產品和北海油田出口為主的蘇格蘭地區，長期以來就一直支持歐盟共同市場政策；而英國中部工業地帶，就是脫歐的主要族群；但在倫敦金融圈，反而也是以留歐為最大宗意見。

所以，從這些宏觀的歷史角度來看，脫歐的想法在英國並非一朝一夕就突然出現的。英國政府考量的總是和歐洲國家間的實力和權力運作關係，而產業及勞工考慮的則是最直接的經濟數據表現，這些情緒糾葛在一起，其複雜的程度不輸給任何一部推理劇，尤其在二〇〇〇年後，全球化的分工雖然帶給英國金融業的蓬勃發展，但卻加劇了英國工業產值的流失，此外，英國也在一九八〇年代就發出聲明拒絕加入單一貨幣體系，某種程度上這也是一種脫歐，畢竟英國的經濟量體和實力，若能加入歐元勢必能讓歐元在全球的競爭力大幅增強，也能帶來歐盟在全球貿易上的強勢，但英國政府決定和

➤ 2016年6月23日英國各區域脫歐公投結果占比

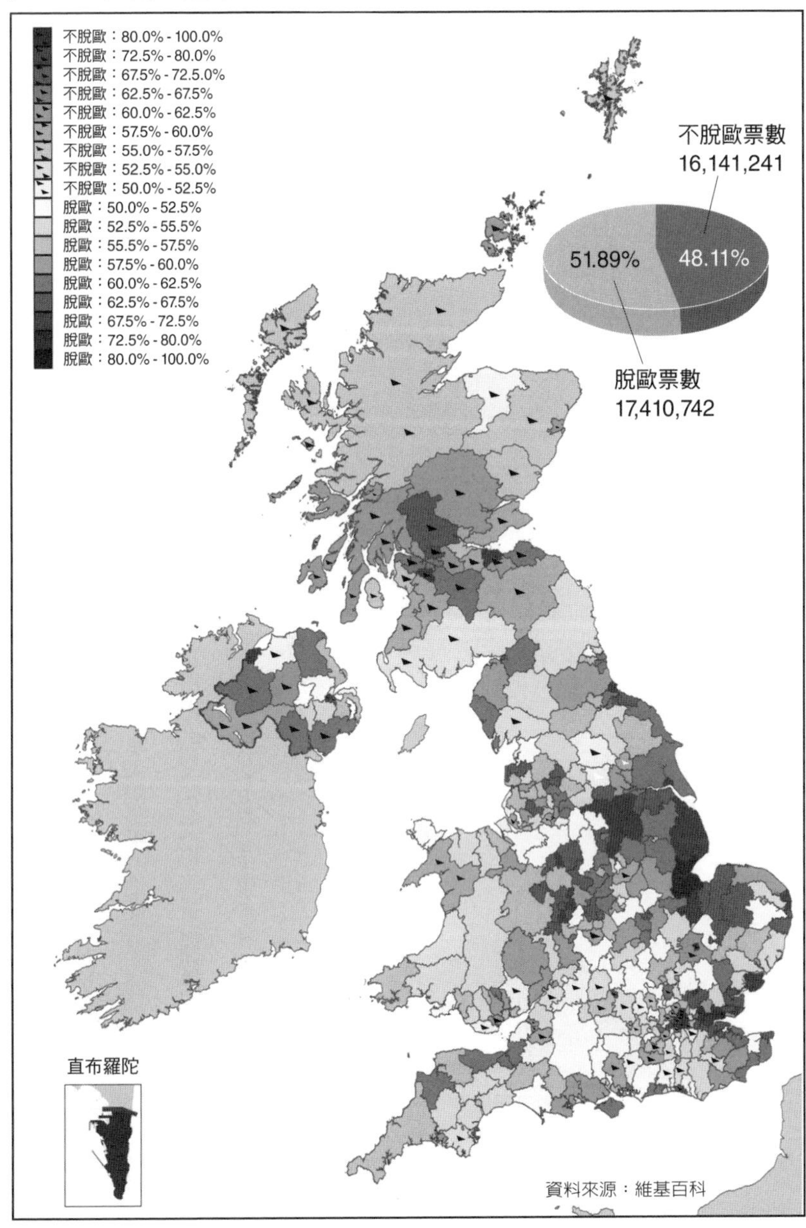

歐盟保持距離，雙方也因此出現了嫌隙。與此同時，德國雖然在統一後引來龐大財政壓力，卻靠著二〇〇〇年後全球化之便，以技術服務為主，快速取得中國市場使得經濟實力躍居歐洲第一，沒兩下，現在的歐盟成為了以德國馬首是瞻的聯盟組織，更直接引爆了英國脫歐的情緒。

長期以來，英國對於歐陸事務總是欲拒還迎，總是既期待又怕受傷害，最後錯失了許多機會。但換個角度來想，那真實的經濟數字表現上，處在歐盟的英國真的有那麼不利嗎？英國的脫歐，究竟是命運的捉弄，還是英國人民的誤判，讓我們繼續看下去。

那些年，英國在歐洲的得與失

在二十世紀前，英國憑藉著其優異的工業技術和資本，和現在日本相似，是歐洲出口貿易大國，尤其是重工業，汽車、引擎、船艦、機器零件等等，當時全球都相當需要英國帶來的工業技術，歐陸國家也不意外。所以英國當時對歐陸來說，彷彿是工商業天堂、有水準有文化的進步國家，有點像八〇年代日本之於亞洲國家一樣，是一段何其輝煌的年代！

英國對歐陸經濟的第一次下坡

到了二次戰後，情況開始有些逆轉。英國除了過去政治霸權地位不再，歐洲各國在美國資金協助下，戰後積極復甦，很快地重新建立起自己的工業鍊，並藉由豐富的文化底蘊，工業技術水準很快地就與英國平起平坐，尤其是汽車類產品。同時期，英國對全球貿易出口雖然持續增加，但進口也增進相當快，收支幾乎打平或逆差。服務貿易出口和商品出口剛好相反，服務貿易則開始享有順差，主要是對歐陸國家輸出其服貿，也因此，英國在一九六〇年代才會相當積極欲加入歐洲共同體的運作。

雖然一九七〇年歷經了石油危機，導致英國整體出口衰退，但從一九七三年開始加入歐洲共同體運作以來，平心而論，就如當初預期一樣，英國對歐陸的服務貿易成長是有目共睹的，尤其是金融服務，倫敦更是成為歐洲連結全世界投資的轉口港。貨品方面，對歐陸進出口貿易雖然開始呈現逆差，但歐陸已經占英國出口達五〇％以上，換言之，就像台灣對中國大陸出口高度依賴一樣，英國不能失去這個市場，更重要的是，英國農產品、石油都有大幅度的受惠，符合英國設定的貿易策略。

歐盟與歐元的成立，英國與歐盟的關係轉折

蘇聯共產體制在九〇年代初期正式瓦解後，歐洲共同體又向東擴大了單一市場版圖，不僅正式成立歐洲聯盟，緊接而來便是單一貨幣的實施，而國際上，世界貿易組織也因中國的加入而蓬勃發展，全球化迎來光明的二十一世紀。

1948～2018年英國淨出口的GDP占比變化

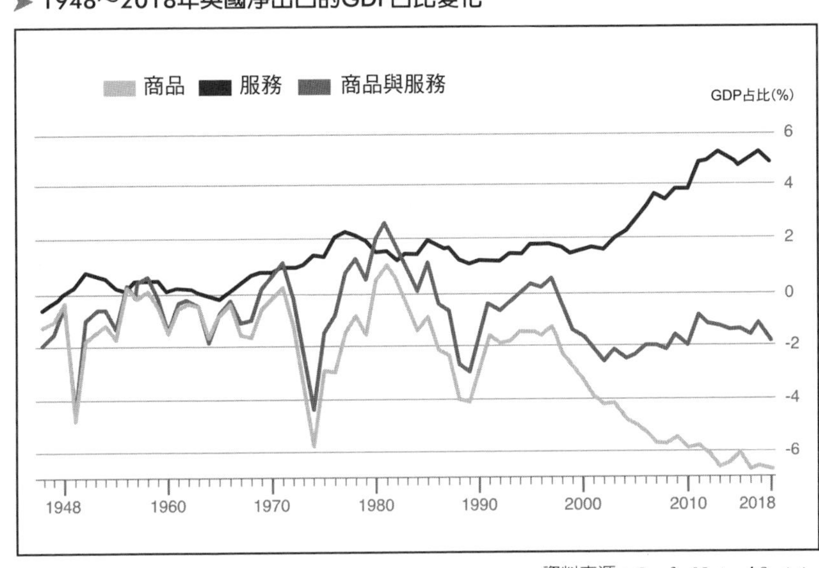

資料來源：Oce for National Statistics

理論上，英國應該和法、德、義等國一樣，有了更多的內需市場可供生產和投資，但英國卻主動拒絕了加入歐元體系，一方面英國避免捲入歐洲新興國家財政的貧乏問題，另一方面，英國不想將貨幣主權交由歐洲央行，這不符合大英帝國建國的精神與光榮。這些原因其實是可以被理解的，畢竟在政治上，英國在二戰後已經無法取得領導歐陸的實力，而英鎊在歐元成立前，幾乎是僅此於美元的第二強貨幣，沒必要將貨幣主權交給歐洲央行來主導，且一旦加入，後續在財政上給予歐盟的協助，恐怕將遠大於從中獲得的經濟利潤。這些擔憂在二〇一〇年歐豬五國債券風暴的時候被證實了，德國和法國確實為此付出了相當大的代價，不過，英國恐怕萬萬沒想到，英國與歐盟

➤ 1999～2019年英國對歐盟的整體貿易額比例

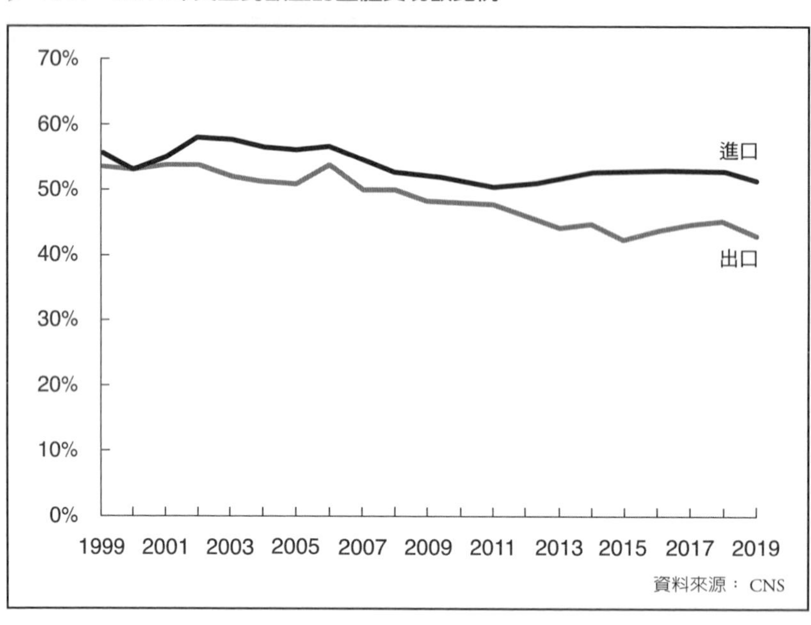

之間的貿易惡化也逐漸開始。

根據英國經濟協會的數據，很明顯可以看出英國對歐盟在二〇〇〇年後整體商品和服務貿易加總呈現逆差，而且逆差持續擴張到二〇一〇年左右才持平，雖然服務貿易的部分英國就像過去一樣，是享有高度順差的，可是商品的部分實在是下跌得太快。這可以簡單歸結兩大原因。

首先，全球化快速進行下，產業也快速移動，歐洲工業往東歐和中國前進，英國當時主要出口產業也無法倖免於這波浪潮，尤其是英國的工資遠遠高於歐陸，更是煞不住車；其次，英國雖然加入歐盟單一市場的締約，但因為在貨幣上並沒有取得話語權，新加入的東歐國家和德國及法國的配合度相對較高，這可以從汽車產業的發展窺知一二，英國工業的出走實質上遇到相當高的競爭，就連石油產業也面臨到來自美國和俄羅斯的競爭。整體對歐盟的商品出口，在二〇〇七年首次低於五〇%，歐洲市場是否對英國有利的相關辯論，也逐漸浮出檯面。

另一方面，服務業貿易出口雖然成長相當多，除了英國本身金融地位的強盛，但不難看出英國金融圈利用歐元在法規及組織上的躡手躡腳，從中取得有利的金融服務地位，因為其金融服務和商業服務產值的增加，很大一部分來自於這些「避稅天堂」，有異曲同工之妙的還包括盧森堡、賽普勒斯等等。二〇二〇年歐洲央行理事會在英國宣布脫歐之後，便直接宣布將英屬開曼群島、維京群島，納入逃稅黑名單地區，頓時造成英國金融界一片譁然和擔心，足見英國脫歐是何等嚴重的問題。

脫歐的導火線

二〇一〇年歐債危機出現，希臘債券首先發難，工業大國義大利和西班牙也同樣顯現危機，歐債危機升高到了最高點，除了歐元大幅貶值之外，歐盟內部為此更是吵翻天，此時英國也由較為獨立激進的保守黨和自由黨人士組成聯合政府，這些不期而遇的巧合，正讓歐盟解體危機一觸即發。

以德國為主導的西歐各國認為，為了避免這些國家手中的歐元債券違約，希望各歐盟會員國能夠共同來承擔這項任務，同時，歐盟也將提出一系列的樽節政策來規範這些違約國家，避免風險擴大。不過，以英國為主的非歐元歐盟會員國則認為，歐元區的經濟責任不應由非歐元國家承擔；歐債五國則認為，發生債券危機非所願，爾後的經濟重整必須仰賴擴大財政支出或者貨幣政策，樽節方案令人無法接受，不排除脫歐。

這個危機直接點出了英國與歐盟之間的許多矛盾，英國不願意看到歐洲單一市場化到最後形成政治一體化的「類聯邦國家」，因為這個「體系」的政治主導權必然由德法共享。此外，歐盟內部對於金融有太多保護政策，也就是社會主義的影子，這和英國對金融自由開放的態度背道而馳。英國更認為歐盟必須趁這次危機，重新檢視其內部的權力結構。

由於英國政治和金融圈普遍都有這樣的共鳴，於是，英國首相卡麥隆宣布，如果二〇一五年繼續執政，將舉辦脫歐公投來決定英國的前途，另一方面，對外，卡麥隆同時提出四大訴求加上脫歐公投，企圖迫使歐盟改變其政策。英國和歐盟的關係剎那間跌停板，當下歐債危機還未完全撲滅，歐豬五國也在醞釀脫歐的情緒，此時英國的強硬訴求有可能成為壓垮駱駝的最後一根稻草。種種危機進逼，最後迫使歐盟對歐債違約承諾加大籌碼來應對，一邊安撫歐豬國家們，另一邊則是回絕了英國的訴求，脫歐公投因此確立舉辦。

➤ 英國向歐盟理事會提出的4大改革要求

領域	項目
經濟治理	· 歐盟須承認其為多元貨幣之組織。 · 各成員國不論使用何種貨幣，其任何商業行為均不會受到歧視或劣勢之待遇。 · 須保障歐盟單一市場之完整性。 · 對於歐元區所做之任何變動（如建立銀行業聯盟等），非歐元區國家應保有自願參與之權利，不得強制其參與。 · 非歐元區國家之納稅人應永遠無須承擔為維持歐元區運作之經濟義務。 · 任何可能影響所有歐盟成員國之議題，均須交付所有成員國討論與決定。
競爭力	· 應削減現行歐盟商業法規之繁文縟節。 · 歐盟應採取更多行動以實現對資企、商品及服務之自由流動的承諾。 · 歐盟單一市場之貿易與法規刪減的所有相關提案，應整合為一項明確之長期承諾，以提升歐盟之競爭力與生產力，並提高所有成員國之經濟成長與就業機會。
主權	· 針對原歐盟條約中各成員國須致力邁向「更緊密聯盟」之條款，中止英國的履行義務。 · 提高各成員國國會權力，必要時各成員國國會可聯合反對歐洲議會之法律提案。 · 歐盟應確實落實輔助原則（subsidiarity）*。
經移民	· 未來新加入歐盟之成員國公民不得自由移居他國，除非該國經濟發展程度已與歐盟現有成員國相當。 · 應制止對歐盟公民自由移動原則之濫用（如對詐欺與假結婚者採取更強硬之法規等）。 · 移入英國之歐盟公民須在英國工作與繳稅滿 4 年後，才得以申請在職福利與社會住宅。

* 指歐盟應僅在各成員國法律不足之處才予以立法。

資料來源： David Cameron (2015). " A New Settlement for the United Kingdom in a Reformed Europe Union." the UK government, November 10.

脫離之後？

當英國國會決定辦理脫歐公投後，各種複雜的歐洲情節，一夕之間傾囊而出。失業工人宣稱因為單一市場使得產業加速外移才導致失業；英國茶農認為歐盟有管制歧視；而保守派傳統人士則批評歐盟東擴，但難民潮和勞動力自由移動法令卻導致許歐陸人口往英國流竄，不僅帶來社會治安問題，更造成基層勞工失業。

「Take back control！」這是當時脫歐派最重要的核心理念，不難想像，脫歐派把一切經濟問題的根源都來歸責於歐盟對於英國的不尊重，但一切真如脫歐派所說嗎？電影「脫歐之戰」很諷刺地描繪出當時的英國社會臉孔，甚至不少學術機構調查發現投票完後反悔的人非常多。不過，二〇二〇年一月英國脫歐已成定局，只是英國和歐盟未來的相處模式為何？至今還沒有明確的答案。

脫歐之後所帶來的直接衝擊

有人說，英國脫歐之後的經濟是短空長多；也有人說，脫歐之後，將會因貿易卡關重創英國各種產業發展。無論如何，事實上英國二〇一六年公投決定脫歐之後，未蒙其利，卻先飽受各種經濟預測之苦。除了貨幣貶值及短期股票大跌這些立即的損傷之外，根據美國專業財經雜誌《Investor's Business Daily》報導，大致可從四個方向來看待金融與商界預期的衝擊：

❶ 對金融服務業的衝擊

英國在二〇〇〇年後，每年從歐洲賺取的金融服務出口收入不斷創新高，二〇一七年其實已達將近三〇〇億美元。另根據《新經濟》（New Financial）在二〇一九年三月所做的一項調查也顯示，有二七五間原本將總部設立在倫敦的銀行與金融機構，早已將部分人員移往歐盟，並在歐盟區成立辦公室。在這片英國金融業外移潮中，最多公司選擇愛爾蘭的都柏林（一〇〇間），其次依序是盧森堡（六〇間）、法國巴黎（四一間）、德國法蘭克福（四〇間）和荷蘭阿姆斯特丹（三二間），顯示出即使金融產業將部分重心移到歐洲，也傾向分散在各個城市。不僅僅是金融產業，其他知名跨國產業，如Sony、Panasonic、易捷航空等等，也都準備將歐洲總部搬離至歐陸國家或愛爾蘭。

這些移動還不算真正大規模的撤離，因為許多金融業者最在意的就是「牌照通行權」（passporting rights），也就是「金融平等權利」的一種。英國和歐盟如果沒有辦法在二〇二一年的貿易談判就此項權利達成共識，摩根大通預估，英國將因此很快地再失去十萬個金融業工作，平均每家金融機構衰退七～一〇％不等的營收，預計有八〇〇〇億美元以上的金融資產將離開英國。此外，主權債券的評等恐怕會遭到降級，這對英國長期處於國際收支帳逆差的經濟體質來說，恐怕是最難以承受的負擔。

❷對汽車產業的衝擊

英國過去一直有著工業火車頭的榮耀，和許多歐洲國家一樣，動力機械等產品的出口，一直是其出口產值最大的一部分，其中又以汽車銷售為第一，至二〇一九年為止，平均占總出口產值一〇％，二〇一九年達到四三〇億美元。雖然有些許下滑，但仍舊是英國出口貿易主力。

根據英國汽車研究機構JATO Dynamic的調查顯示，英國每年製造的汽車約有六〇％銷往歐陸，二〇一六年達到巔峰，共有九〇萬台。脫歐公投過關之後，整體銷售數據下滑相當明顯，至二〇一九年銷往歐陸只剩五五萬台左右，銷售比率也下滑至五四．八％，而全英國汽車製造量也呈現下滑，從二〇一六年的一七〇萬輛下降至二〇一九年的一三〇萬輛。

➤ 2009～2019年英國汽車年出口量

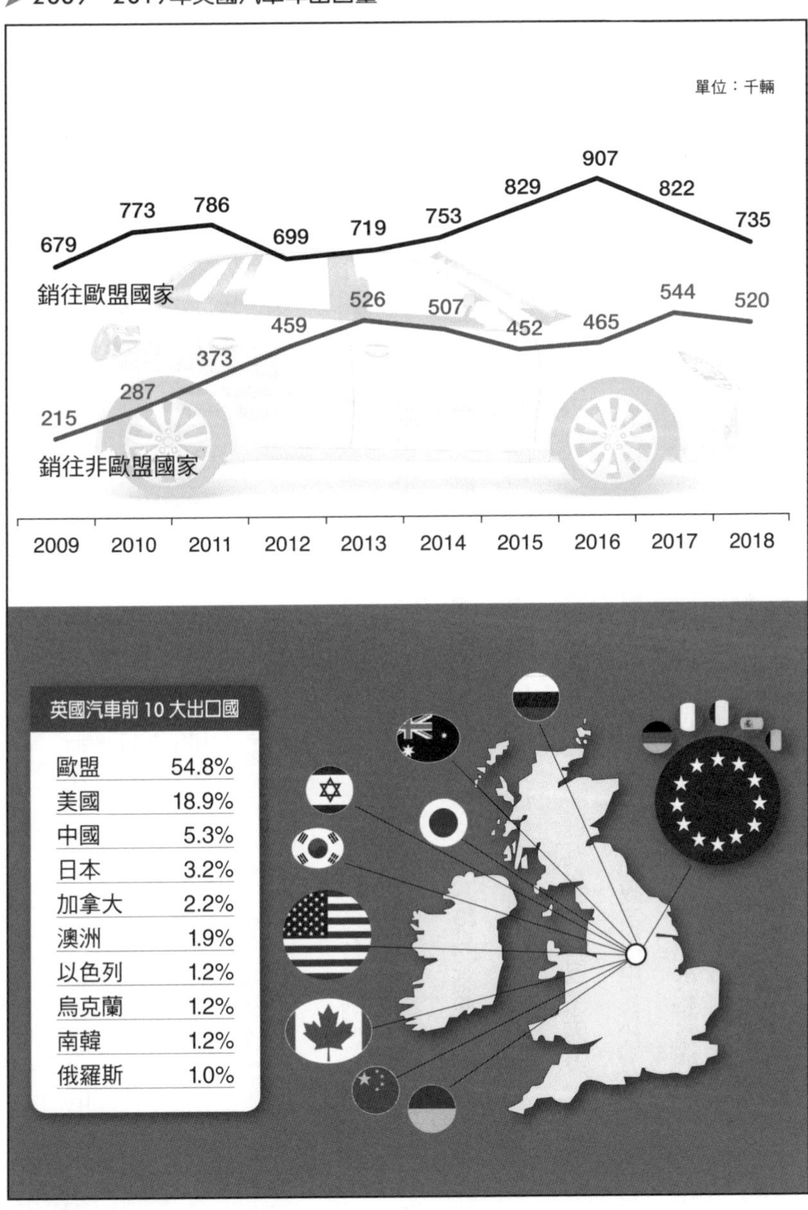

資料來源： JATO Dynamic、SMMT

這些數字除了呼應金融衝擊中的投資下滑，更直接衝擊的是GDP成長率，很明顯可以看出，脫歐之後，英國GDP成長率緩慢向下，這比預期好很多，但比起過去有很高度相關性的工業大國的G7卻又遜色不少。二〇二〇年英國除了正式脫歐之外，又遇到全球遭逢疫情影響，所有和歐盟之間的貿易談判全部延期一年，更讓英國在汽車業這一塊飽受強所未見的衝擊。

❸ 對農業及內部財政的衝擊

英國和美國一樣，其農產品多是企業化經營有成的農業大公司，特別是各種酒類產品，每年出口將近有六成銷往歐陸。不過，整體來說，英國仍然是農產品淨進口的國家，換言之，如果英國與歐陸之後無法達成有效的貿易協議，一般預料英國農產品的出口將受到關稅的制裁而導致銷售的減少，而進口部分，則會因為英國國內關稅的增加，而使得大部分民生食品價格大幅上漲。

此外，歐盟「共同農業政策」每年對各國農業的補貼，英國近五年都有三〇億美元的補貼金額，這項權利消失之後，英國農民轉而要求英國財政部必須對相關補貼政策提出替代方案，未來預計付出二〇〇〇億美元分手費的英國政府，這些成本無疑是雪上加霜。如果把英鎊貶值還有國家債券評等可能遭到調降的因素再考慮進來，英國財政緊縮恐怕還要延續好幾年。

➤ 2008～2018年英國與G7的GDP成長率比較

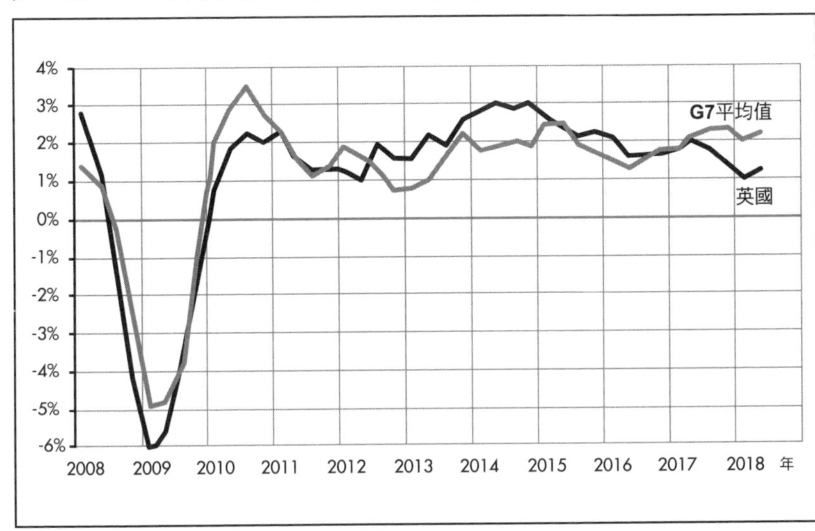

註：7 大工業國組織（Group of Seven，簡稱 G7）是由世界 7 大已開發國家經濟體組成的國際組織，目前成員為美國、加拿大、英國、法國、德國、義大利及日本。

資料來源： OECD

❹ 對政治的衝擊

英國政府長期以來批評歐盟走向政治單一化，其實背後更不滿意的是歐盟在法德領導之下，壓抑了英國許多經濟利益。英國脫歐或許就此擺脫了和德、法之間在歐盟議題上的爭執，但其實英國短期內產生的內部政治風暴並不亞於這些政治問題。

首先，蘇格蘭因為農產品出口、石油出口、觀光等問題，對於英國決定脫歐相當不滿，因為對蘇格蘭人來說，這不過是英格蘭為了自己政治上的面子，卻侵害了蘇格蘭的經濟環境。因此，蘇格蘭在公投中有六二％反對脫歐。雖然失敗，但這股氣勢也一直延續下去，現在正在醞釀下一次的獨立公投。當然，這或許也是蘇格蘭當地政治領袖藉以向英國國會要脅更多財政協助的籌碼，但無論虛實為何，大英帝國很有可能在不久的將來面臨分裂，這傷害恐怕相當的大。

其次，北愛爾蘭早期因為跟隨英國信仰新教的關係，從整個天主教為主的愛爾蘭共和國獨立出來。不過北愛爾蘭地理較為貧瘠，加上地緣經濟和貿易的因素，經濟事務其實和愛爾蘭緊緊相扣，而由於愛爾蘭是歐盟會員國之一，英國脫歐之後，北愛爾蘭的處境變得相當尷尬。在貨物貿易上，北愛爾蘭是否成立邊境檢查成為一個相當嚴重的議題，一旦形成這種「硬邊界」，北愛爾蘭的經濟會很快地受到傷害，不只是貨物問題，一般人員通勤和醫療也會是個很大的問題。不僅如此，由於這些經濟的不確定性，長期於北愛爾蘭尋求統一的激進分子，也有可能進一步推動公投，讓北愛和愛爾蘭重新統一。

最後，有些學者批評，脫歐雖然讓英國重新取回相當大的財政及貨幣自主權利，但實際上只是眼不見為淨的做法，因為英國沒有政治人物敢無條件完全脫離歐盟，終究會以其他貿易或關稅同盟的形式走下去，所以並沒有完全收回自己的權利，反而有可能因為失去在歐盟理事會的話語權，導致歐盟對英國不利的政策出現。

也有一些評論認為，脫歐會影響歐洲的統合，這些揣測目前看來可能都過度了。由於歐盟內部國家的國情差距非常巨大，英國脫歐並不會是導致歐盟解體的最大關鍵，關鍵還是要看脫歐後，英國是不是過得更好？是不是國情相當可以仿效？以及歐盟將來會怎麼面對與英國的關係？目前還沒有答案，但唯一知道的就是各種成本都相當大，且歐盟也不會讓英國好過。總結來說，英國政治人物欲奪回在歐盟的政治和經濟實力，但在沒有明確的規畫下，啟動了公投，又突然地公投通過，弄巧成拙恐怕是對英國最好的形容。

英國的下一步？

英國人雖然引來自己光榮的一場戰役，但真正敢和歐陸完全無協議脫鉤的人，也就是僅僅保留WTO架構下的貿易協定，其實少之又少。也因此，英國注定是要爭取和歐洲繼續保有部分的關稅合作協議，以目前存在的架構來看，大致可以主分為兩種模式：

❶ 透過歐洲自由貿易區（EFTA）加入歐洲經濟區（EEA）

EFTA早期其實就是由英國、瑞典等國家共同創立，後來EFTA四國和歐盟共同簽屬單一市場協定，正式成立了歐洲經濟區。如果英國走這個模式和歐盟維持關係，看起來有點繞了一圈又回到起點，雖然相關經濟貿易事項幾乎維持現狀，衝擊會降到最低，但不僅僅是要交會費給歐盟，還無法參加歐盟會議，所以這個方式應該不會被採用。

在EFTA架構下還有另一個方式，也就是瑞士模式，也就是加入EFTA，但不加入EEA，和瑞士一樣，單獨和歐盟簽訂雙邊協議。差別就在於瑞士模式不是單一市場模式，不需要採行太多的歐盟法規，自主性相當高，且同時保有和EFTA國家的貿易優惠關係，範圍和EEA還是一樣大。

這兩個方法都有被考慮過，其中瑞士模式最吸引英國國會，但最大的一個問題是，英國如果想回去EFTA，恐怕會影響挪威在該組織中的地位，且EFTA要全體會員同意才能加入，挪威這張票，未必會給英國。

❷自由貿易區（FTA）模式或關稅同盟模式

歐盟在近十年陸陸續續和許多國家簽署FTA或類FTA的經濟合作協議，英國也可以循此模式來和歐盟談判，但效果一定會比原來留在歐盟差，重點是，談判的時間恐怕會拖上很久；關稅同盟是比FTA更緊密的貿易合作關係，效果會更接近歐盟單一市場的貿易待遇，只是，所有關稅幾乎必須一致，談判時間會拉得更長。

英國和歐盟雖然正式分家，但由於肺炎疫情的關係，英國目前還處在過渡時期，仍然享有單一市場的種種優惠，而最後期限也因此延後到二〇二一年的春天。現任英國首相強生在六月中再次宣稱，英國現階段應該會先採用FTA的方式來和歐盟相處，至於是不是有更進一步的發展，看來英國國會的態度應該是先求有再求好。

英國脫歐對整個歐洲經濟來說絕對是顆震撼彈，它有實質的影響，但長期來說，不會是人類經濟上的重大拐點。英國有沒有得到真正想要的利益，還有很長的一段時間需要考驗，唯一確認的是，歐盟從中得到的教訓，將會更加有利於未來的團結和擴張。

Chapter

06

來自歐洲內部的各種政治經濟挑戰（二）

前言

在歐債危機發生後，二〇一六年英國脫歐公投這顆震撼彈，差一點讓歐盟四分五裂，但時至今日，英國脫歐不僅雷聲大雨點小，自己在經濟上頭痛的程度遠高於歐盟，更由於新冠肺炎的突擊，各國反而意識到短期內必須團結對抗疫情和研究疫苗，且必須仰賴歐洲央行相當寬鬆的貨幣政策來支應國內的不景氣。不僅如此，原本困擾爭執相當久的邊境難民問題，也因為歐洲各國採取邊境控管的策略，使得難民問題在疫情期間也整個緩和下來。當然，疫情必定是讓歐洲所有國家付出沉痛經濟代價，但也讓歐盟難得有相對團結的一致性。

不過，除了脫歐問題逐步緩解外，歐債、難民等等的困境，加上美中貿易戰開打產生的後座力，疫情結束後的歐洲，許多經濟好戲才正要上演，特別是歐債的問題，這是歐洲央行成立後，各國政治鬥爭下的畸形產物，如果有一天歐盟解體，也必定是這頭怪物作祟。

歐債五國的金融危機該怪誰？歐盟財政如何撐過難關？

美國因為過度包裝金融垃圾債券商品，讓消費者以為這是一種分散風險，沒想到一連串的房屋貸款違約，引起金融資產泡沫，不僅金融巨擘雷曼兄弟於二〇〇八年宣布破產，連帶許多投資或商業銀行，因無法區分手中債券資產的配置比重，市場資金陷入相當大的信心危機，投資者爭先恐後地逃離金融市場，風暴就此產生。

這股風暴並不局限於美國，因為在當時全球化推波助瀾下，各國的國際金融機構沒有不被投資者懷疑的，曝險部位只要扯到美國相關債券，幾乎倒成一片。美國是全歐洲第一大貿易夥伴，服務業之間的貿易更是全球最緊密，所以，金融風暴這把火很快地蔓延至歐洲，歐洲不僅因此深陷經濟困境，二〇一〇年後的主權債券危機更點燃了整個火藥庫。

被戲謔的歐豬五國

雖然會加入歐盟的國家對於民主自由及人權都有相近的普世價值，但因為歐盟內的經濟程度和產業差距甚大，歐元整合成功上路之後，對於德國、法國等經濟大國來說，擁有了更廣大的共同市場，但能力和權力越大，相對負擔其實更大。

歐債危機首先從希臘主權債券開始發難，緊接著葡萄牙、愛爾蘭、西班牙、義大利政府相繼出現財務困頓的狀況，連帶使得整個歐盟貨幣和財政爆發一連串爭執，而這五個國家的英文名稱開頭，就被媒體戲謔為歐豬五國（簡稱PIIGS）。

這五個國家其實並非歐盟經濟最弱的國家，但確實財務槓桿開得相當大的國家，簡單來說，就是年年借錢度日。在危機發生前，除了西班牙之外，其餘四個國家的債務水平都超過GDP的一〇〇%，這數字僅顯示國家財政赤字和債務，尚未包括社會各種債務累積，遠遠超過當時歐盟穩定及增長公約所訂的六〇%水準線。平心而論，一〇〇%以上的國家大有人在，像日本、美國、甚至新加坡都長期超過這個水平，可是這些國家有高度的金融發展，還有背後強勢的貨幣特別提款權來撐腰，新加坡幣雖然不強，但新加坡卻擁有相當大的外匯存底來融通政府債務，其餘常常超過一〇〇%以上的國家，例如黎巴嫩、莫三比克、牙買加等等，就是標準的借錢度日國家。歐盟在二〇

➤ 歐豬五國及2011年公債占GDP的比重

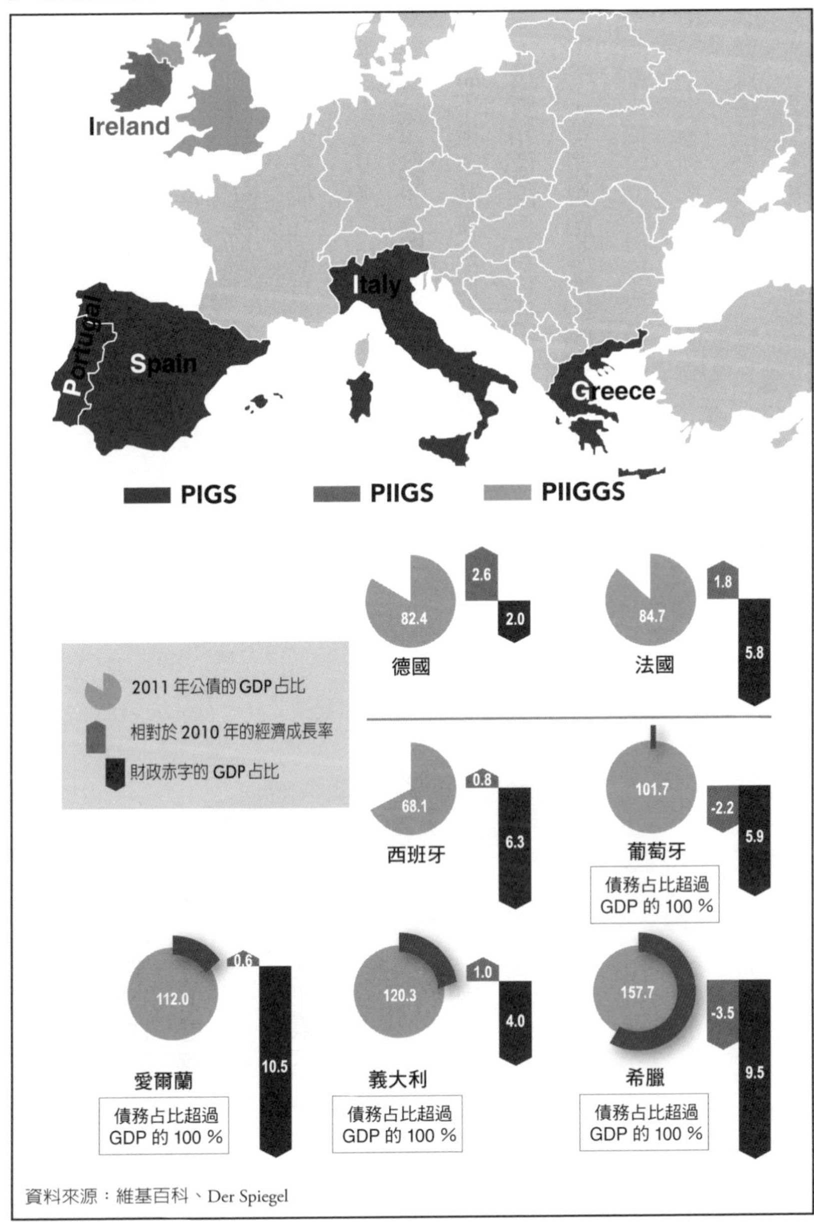

資料來源：維基百科、Der Spiegel

一〇年因為這些國家的拖累大約落在八二%的水準，但以整個歐盟的政治經濟實力來看，這數字是沒問題的，但回到歐債五國身上，那就必須擔心了，畢竟由奢入簡難。

在當時，歐債五國有幾個共通的經濟問題所在，第一，因為二〇〇〇年全球景氣大好，國家經濟成長亮眼，政府不僅不願多還債，甚至還不斷擴大投資和建設，相信錢滾錢的力量；第二，美國金融危機衝擊到歐洲許多商業金控，政府要舉債穩住金融市場，沒想到舉債像個無底洞，造成政府債務壓力快速上升；第三，房地產事業在這五個國家都呈現快速上

▶ EFSF各國出資比例

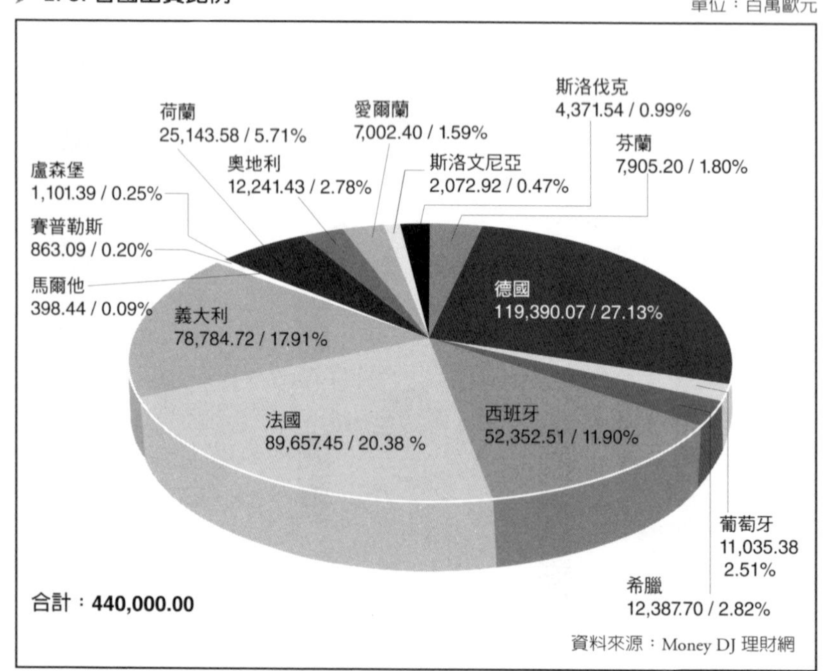

漲，銀行的崩潰帶來失業率的上升，連帶造成國內資產泡沫。

這些惡夢造就了國際對於這些國家的債券不信任，債權被金融市場拋售，長短期殖利率皆快速地上升，也因為這些國家都是歐元成員國，歐元也連帶貶值，頓時歐盟出現很多雜音，有人想趕走這五個國家，也有人認為他們必須接受更嚴格的規範，否則以後群起效尤。各國之間也彼此叫罵，像德國就有媒體批評這些歐債問題國家都屬於較好吃懶做的南歐國家，自己應當多多檢討；盧森堡首相也批評德國對於拯救歐元採取半推半就的態度，令其他國家感覺到被侮辱。很多學者認為，民粹主義在歐洲正悄悄地茁壯，對於歐盟的復甦之路將更為顛簸。

歐洲金融穩定基金和歐洲金融穩定機制的誕生

面對這些困難局面，首先是由歐元區國家率先團結。二〇一一年底，德國議會通過「支援歐洲金融穩定基金」（EFSF）法案，總理梅克爾宣布德國將挹注二一〇〇億歐元作為擔保，這讓歐元其他成員國議會更有信心通過此項法案，也讓國際貨幣基金組織願意共同來提供擔保，讓債務國可以來借貸。EFSF總共獲得七四〇〇億歐元的挹注，不僅讓歐債五國獲得喘息機會，也開啟了德國扮演歐盟救世主的功能。

另一方面，在二〇一五年，歐盟成立歐洲金融穩定機制（ESM）來接手EFSF的救援工作，ESM除了提供這些債務危機貸款之外，也積極在二級市場購買主權債券，避免主權債券價格崩盤，也透過這種回購的方式將現金傳遞至金融市場，這很類似QE的手段，只是錢不是從歐洲央行出的。當然，要能夠符合這些貸款條件，歐債危機國家就必須接受歐盟政府所提出的條件，也就是「樽節政策」。

從二〇一二年起，因為急需用貸款的關係，歐債五國被迫接受被歐盟量身訂做的「財政紀律」，尤其是德國相當重視這項承諾是否達成，畢竟以歷史的角度來看，德國在二戰前，確實經歷過一段很長的財務困境，最後才得以醜小鴨變天鵝。這些樽節策略不外乎刪減軍公教預算、刪減社會福利補貼、刪減國防預算等等，傳統上，我們都會認為這種「節流」的方式並無不妥，但在經濟學界卻吵翻天，其實問題就出在怎麼開源？

如果單單只是節流，而開源比例小，總有一天還是會坐吃山空。事後驗證，樽節政策在歐債五國身上是失敗的。至今，希臘和義大利仍然負債累累，並沒有達到預期效果，甚至在樽節的過程當中，因為財務槓桿的短缺，還有因為薪資縮減導致消費力道減弱，更因此失去許多新型產業的動力。當然，這些都是事後批判，很難證明當初如果不樽節就一定能讓這些國家快速復甦，畢竟國家發展有時候和我們自身一樣，重點是自己有沒有想要振作的意志力還有羞恥心。

野火燒不盡，春風吹又生

歐債這把火除了讓原本應該唇亡齒寒的歐盟各國相互廝殺之外，也因為對德國強硬領導的不滿情緒爆發，間接導致英國確定脫歐。各國國內也因歐洲經濟復甦的緩慢，引發不少暴動，像是法國的黃背心運動、義大利的五星運動，都是要求政府擴大社會福利支出，減少失業率。除了這些社會及政治問題之外，過了十年，歐債危機也依然沒有解除。

義大利好不容易在二〇一五年後經濟趨於穩定，沒想到二〇一八年底義大利的政府債務赤字再度飆破至一二〇％左右，來到二〇〇九年的水準，並且在隔年，國內新興左翼政黨竟獲得了組閣的權力，這讓全球對於義大利瀕臨崩潰的財政赤字更加擔心，畢竟這些左派如果企圖增加更多的政府支出和福利，金融市場必定會拋售義大利國債，而其規模和殺傷力，絕對是希臘的數倍以上。所幸，在歐盟強力的政治介入下，義大利新政府同意縮減赤字規模，減少政府開銷，炸彈暫時是穩住了。不過，隨著新冠肺炎疫情的發生，原本脆弱的歐洲經濟又緊繃起了神經，債務問題油然而生，彷彿進入了無止盡的輪迴。

而歐債問題就像是歐盟的癌細胞一樣，當初創建歐元其實就知道會有這個風險，畢竟想要一個統一的貨幣政策，又想要擁有獨立財政政策，這之間有極大的衝突和矛盾；此外，擔心分裂所以出手相救，但又要想辦法抑制部分國家產生「道德風險」和「搭便車」行為，這之間也有相當高難度的政治操作。所以，歐債危機至今並沒有完全消失。

崛起的東歐對抗提倡人權的西歐，難民問題為何讓歐洲各國吵翻天？

歐洲是個相當多民族的地區，但自從西羅馬帝國之後，幾經遷徙融合和民族對抗，一直到二次世界大戰前後，現代國家版圖才算穩定，此時，地區性的民族情感也開始轉變成國家認同，尤其是足球賽時，敵我分明的程度不輸世界大戰。這樣的演變過程和美國有點相似，多數歐洲國家以白膚色人種為主，混雜了中亞、非洲、南美洲等民族，難免種族距離感常常無意中表露出來，所以種族問題在歐洲多數國家裡也是存在的。不僅如此，像比利時就有三個不同語言體系的分布，各語區也多有自己的意識形態，不過多數歐洲人基於基督教精神和對人權的信仰，其實對外國人多是相當歡迎且替人著想，平常也都相處平安無事，激烈程度遠遠低於美國。

不過，雖然有朋自遠方來，不亦樂乎，但時間長短總是會有極限的，若只是短暫來到家裡聊天作客，相當多數人都是張開手臂歡迎；但若是不請自來，且還帶了另一大群朋友過來，並且不知道要待上多久，可能會讓人無法忍受吧。

淺談歐洲難民大遷徙

歐洲在面臨主權債券危機的同時，隔壁回教世界國家其實也正值政治動亂，這其實不是湊巧，而是美國引爆的金融危機，把全球許多階級和政治對立的情緒一次給點燃，這樣的狀況在歐洲也是無可避免，否則德國和希臘之間的爭執不會如此激烈。不過，歐洲或美國出現許多抗議活動都還能在國會殿堂或靠選票表達不滿，中東地區通常則直接訴諸武力，為何會有這樣的差異，這可能需要另一本書來好好解釋，實在一言難盡。也因此，在武力之下，無辜的永遠是平民老百姓，二〇一〇年突尼西亞爆發茉莉花革命後，敘利亞內戰爆發，從北非延燒至阿拉伯半島地區的政治動盪，二〇一一年起至今，引爆將近四五〇萬居民逃向歐洲國家避難，所幸至二〇一七年後，難民人數逐年下減，但所存在的問題依然無沒有得到合理的解決。

茉莉花革命是突尼西亞民眾為抗議當權者採取極權壓迫的一次反動，加上全球金融危機之後，突尼西亞本來是北非經濟模範生，一夕之間高漲的失業率和通膨，痛苦的情緒快速引起全國共鳴，短短兩個月內，便推翻了舊政府成立新的臨時政府。茉莉花對抗極權統治的成功，很快地，反動情緒擴散至埃及、利比亞、葉門、蘇丹、伊拉克、敘利亞、阿拉伯等中東國家，有的完全失敗，有的獲得不少改革承諾，但在敘利亞，因為地處中東重要經濟戰略位置，原本單純的內戰，卻引

「阿拉伯之春」在各地形勢圖

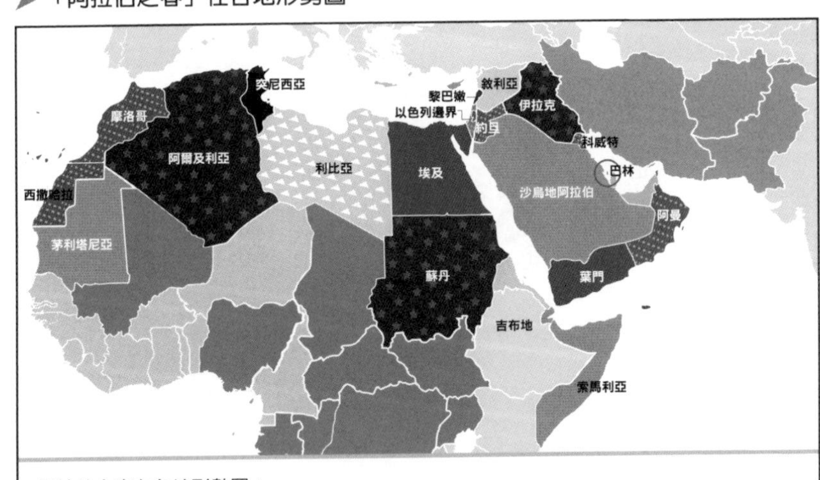

阿拉伯之春在各地形勢圖：

- 政府被數次推翻
- 政府被推翻
- 爆發內戰
- 爆發抗議活動以致政府改組
- 爆發大型抗議活動
- 爆發小型局部抗議活動
- 阿拉伯世界之外的軍事行動和抗議活動

資料來源：維基百科

來美國支持人民反抗軍，導致俄羅斯加入戰局支持當局政府，不單如此，原本就存在的回教狂熱恐怖主義，也趁機佔領了敘利亞一部分領土，成立伊斯蘭國（ISIS）。

歐洲其實並不是第一次出現難民問題，但在歐盟成立之後，這次敘利亞內戰是規模最大而且人數最多的一次。難民大致有兩條路線進入歐洲國家，過去最常見的就是搭船，從義大利或希臘等地進入，這些走海路的也有很多是偷渡客；但這次難民潮則是走陸路，從土耳其和希臘邊境一帶進入，之後在利用〈申根條約〉邊境開放的關係，流竄至東歐再進入西歐和北歐。

➤ 2015年1～7月非法跨境移民歐洲的主要路徑

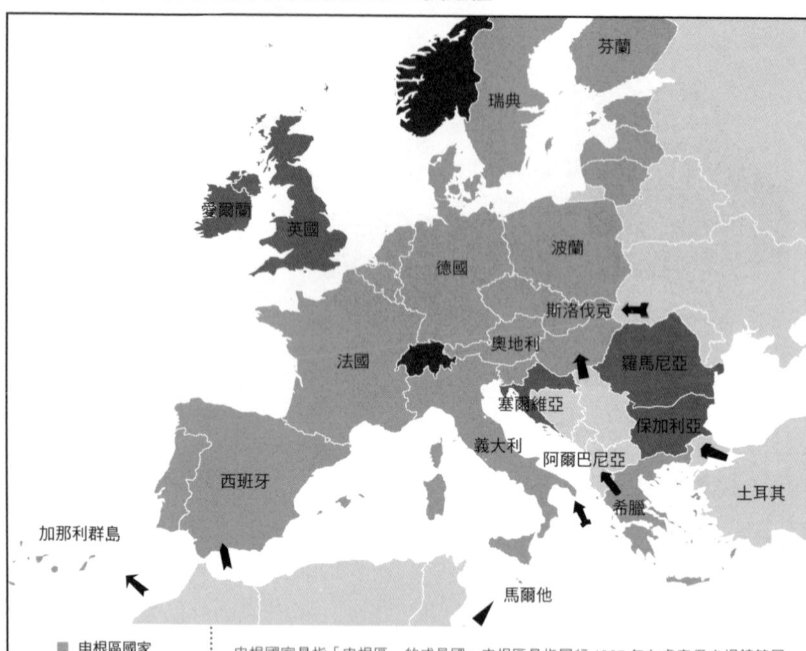

■ 申根區國家
■ 歐盟非申根區國家
■ 申根非歐盟國家

申根國家是指「申根區」的成員國。申根區是指履行 1985 年在盧森堡申根鎮簽屬的《申根協議》的 26 個歐洲國家所組成的區域。對於國際旅行者而言，這一區域非常像一個單獨的國家，進出入這一區域需要經過邊境管制，而在該區域內的各個國家之間卻幾乎不存在邊境管制。

- **東線：717 人**
  歐盟東面邊境線長達 6,000 公里，難民通過陸路進入
- **巴爾幹半島西線：10.2 萬人**
  一種是巴爾幹半島自身的難民，另一種是通過海路、陸路從土耳其、希臘過來的難民
- **地中海東線：13.2 萬人**
  難民從土耳其出發，進入希臘、保加利亞南部或塞浦路斯
- **阿爾巴尼亞－希臘：0.5 萬人**
- **加那利群島：150 人**
  加納利群島是西班牙自治區，北非難民坐小船進入
- **地中海西線：0.7 萬人**
  阿爾及利亞和摩洛哥難民通過海路進入西班牙、法國或義大利
- **地中海中線：9.1 萬人**
  從北非坐小船抵達義大利或馬爾他
- **義大利的阿普利亞和卡拉布里亞：0.5 萬人**
  從埃及、土耳其等地進入希臘，然後坐小船抵達義大利的阿普利亞和卡拉布里亞

資料來源：維基百科

無論是義大利或希臘，當時都正經歷經濟上的挫敗，而這波大規模逃難潮不僅帶給希臘和義大利政治和經濟上相當沉重的負擔，由於根據歐盟〈都柏林條款〉，非法移民或難民第一個進入的歐盟國家，有必要就其身分給予認定，但顯然，這難民流量已經大到無法處理，〈申根條約〉甚至一度停止執行，歐洲各國再度豎立起邊境管制。土耳其也是另一個爐主，土國雖仍未正式加入歐盟，但他對難民的人權處理以及和周遭中東國家的戰爭處理方式並未得到歐盟認同，這些都是尚未加入歐盟的因素之一。整體局勢混亂的程度已經超乎歐盟想像，不單純是上述三個國家要第一線面對難民，還有很多經濟及政治問題困擾著歐盟。

難民問題差點導致歐盟分裂

歐盟理事會曾就難民問題舉辦好幾次大辯論，但越講只是讓國家彼此間的嫌隙加深，而且因為西歐國家其實是每個難民相當嚮往的西方極樂世界，難民於是變得很像是東歐和南歐向西歐勒索經費的肉票。如果撇開太過詳細的歐盟法規爭議，就經濟議題上，歐盟大吵架大致可以分為四種劇本：

❶ 希臘和義大利VS歐盟

這兩個海上第一線國家中，希臘最窮，但卻承受了最多的海上難民，更麻煩的是，三不五時這兩國還要處理難民船難及收容，這讓陷入債券風暴的義、希兩國財政更陷困頓。歐盟一直有預料到這個困境，如果放手不管，那難民問題可能會先後讓義、希整個垮台，而難民最後勢必亂竄，當初〈申根條約〉將形同廢文，最後整個歐盟必定垮台。所以，雖然義大利和希臘出現的主權債券風暴，但也因為難民，歐盟也不得不直接挹注財政資源來解決，難民幾乎就是這兩個國家的肉票。二〇一一年至今，義大利至少曾經兩次利用拒收難民的態度，獲得歐盟不少資金協助。

❷ 土耳其VS歐盟

難民問題直接挑起了許多土耳其和歐盟之間的敏感問題。經由陸路逃難的難民幾乎都會經過土耳其，而其實，土耳其因為也是回教國家的關係，和中東國家常發生邊境衝突，甚至和俄羅斯直接交戰，自己國內本身也產生了不少難民，想當然爾，難民管理問題不可能做得多好。最可怕的是，土耳其邊境就是和希臘相連，土耳其多次藉由開放邊境讓希臘政府直接疲於奔命，等於是向歐盟抗議沒有給予經濟支援，歐盟也直接批評土耳其就是在勒索，雙方起初簽訂收回難民的協議，但後來土耳其多次毀約要求提高安置補助金額，二〇二〇年三月，土耳其變本加厲，趁著疫情來襲把整個難民甩鍋至歐洲，這對歐盟來說是非常非常大的負擔，土耳其甚至趁機藉口地中海的主權問題，向希臘發起軍事攻擊。二〇二〇年七月歐盟剛通過下一個七年的預算，其中增列土耳其難民特別預算四・八五億歐元，土耳其再次獲得勝利，而短期內，歐盟應該會把土耳其入歐的門票暫時給擱置在一邊了。

❸ 東歐VS西歐

整個東歐在上世紀末脫離了共產主義統治，近十多年來，像是捷克、匈牙利、波蘭、斯洛伐克等國家，經濟發展相當快速，比起老西歐的經濟局勢，東歐更顯得生氣蓬勃。這波難民問題在東歐掀起了相當大的反對浪潮，不僅因為抗議第一線國家幾乎對難民

➤ 2018年歐洲庇護申請人數前十名國家

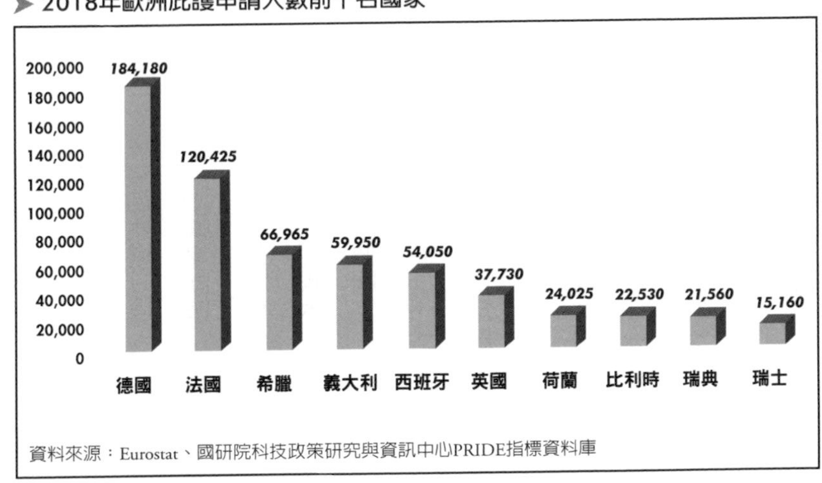

資料來源：Eurostat、國研院科技政策研究與資訊中心PRIDE指標資料庫

管理不作為，這些難民真實身分無法掌握，令東歐國家對恐怖主義的滲透有所忌憚。此外，難民也會尋求安穩的經濟工作，機會相對好找的東歐，紛紛認為這些難民會剝奪國內民眾的工作環境，而且徒增國家社會福利的支出，間接破壞了剛萌芽不久的經濟發展。因此東歐國家幾乎聯合起來抵抗西歐國家對於收容難民的態度，二〇一九年關於難民配額分配，即便東歐所配人數不多，仍然集體拒絕表達抗議。

❹ 自由派VS保守派

歐洲一直是一個民主思想開放的國家，長期以來幾乎各國政黨政治就存在著自由派與保守派的區分，原先這兩派常常在經濟議題上交手，自由派往往標榜人權和公平的想法，而保守派往往以國家利益為優先，強調經濟效率和商業自由。

這次難民議題讓這兩邊大打出手，尤其是德國、荷蘭最為嚴重，一向以維護人權著稱的瑞典，也沒辦法避過國內的意見分歧。這三個老歐洲主要國家是歐盟最支持收容難民的國家，而時任歐盟主席的德國總理梅克爾，為了維護歐盟的完整，以及維護歐盟人權價值，不斷呼籲歐盟各國要團結，也就是要互相分攤，結果不僅東歐不買單，難民因為德國總理的友善，紛紛向德國、瑞典避難去，德國內部對難民呈現兩極化的反應，但多數人受不了這些難民所帶來的社會問題，導致梅克爾聲望大降，一般預料二〇二一年後，歐洲應該會走入後梅克爾時代。

瑞典的情況並沒有好到哪去，一向是國際人權模範生的瑞典，二〇一八年國會大選，極右派民粹政黨竟然一躍成為議會第三大黨，這一切都可以回溯至二〇一七年斯德哥爾摩發生一百多起槍擊案說起，瑞典人對於這些信仰回教的難民，顯得相當焦躁不安，瑞典政府不得不宣布減少收容人數。

難以落幕的難民問題

難民議題在歐盟內討論得沸沸揚揚，歐盟除了利用配額制度希望各國能一起分攤，更編列預算補助前線國家，除了希望可以做好邊境管理之外，也補助各國發錢請難民回家，德國在二〇一七年就額外編列了四〇〇〇萬歐元預算來實施該計畫。但這些經濟措施基本上效果不彰，雖然敘利亞內戰在美國撤軍之後算是暫告一段落，但對難民來說，舊政府阿薩德仍然掌權，敘利亞仍常常受到俄羅斯、土耳其甚至隔壁的伊朗攻擊，好不容易逃到民主自由的歐洲，願意回去的人並不多。

另一方面，有一批經濟學家則認為難民其實對於老化的歐洲經濟和社會是有相當大的幫助，尤其有能力逃到歐洲的難民，需要體力、語言能力和應對能力，他們往往都是年紀較輕，把它們留下來可以適時填補許多基層工作人力的短缺，因為歐洲本來就有很多外籍勞工是屬於回教國家。這個比喻其實台灣人應該很容易想像，如果明天越南或菲律賓戰亂，大批難民划船跑來台灣，很多企業或學者一定也會說出類似的概念。換句話說，讓他們學會釣魚，總比直接給他們魚吃好，而且有了工作之後，社會福利支出和治安問題應當能夠快速度降低。這些構想都很棒，但是看看高漲的東歐民族情緒，看看瑞典政治的改變，看看德國總理的為難，再看看英國選擇脫歐並關閉邊境，歐洲保守勢力的抬頭，是不會容許這些難民無限期作客，甚至歸化成為當地人的。

隨著新冠疫情的爆發，整個難民問題更加繁瑣，歐洲各國因為疫情的關係，紛紛因此關閉邊境，但難民要求入境的人數卻向上激增，他們寧願留在歐洲難民營被隔離，也不相信原本自己的國家防疫能力，歐洲國家只能暫時眼不見為淨，而聯合國衛生組織蠟燭兩頭燒，自顧不暇，這些因素造成了許多悲劇。有的難民被迫無法靠岸，而活活病死在船上；也有難民因為被軟禁在難民營因染其他疾病而自殺，甚至為了爭奪食物和女性而互相傷害。難民營的公衛條件可想而知，在疫情之下，原本已經不被歐洲保守人士歡迎，現在有更多人將他們視為瘟神。

回頭來看事件的源起，回教世界的大亂戰或許因為疫情大家安靜下來，但無論各種政治條件或經濟誘因，似乎還看不到戰爭休止符。如果這個源頭沒有辦法解決，那難民問題將不會有落幕的一天。

美中貿易戰爭下的歐洲何去何從？

自從川普上台之後，對於中國長期享有對美貿易順差一事，川普利用提高關稅的方式要求中國有義務必須減少雙方差距，這就是貿易戰的外表。但實際上，就貿易戰的規模和本質來看，這其實類似冷戰的格局，但為何不用「新冷戰」來定義，因為美中雙方一點都不冷，美國隊的成員和中國經貿之間，也一樣冷不下來，或許更精確地說，防止極權政治透過商業包裝，拓展其政治控制實力，保護西方的人權和經濟普世信念，才是美中貿易戰的主軸，所以美中新冷戰或許用美國版的「十字軍東征」來形容會更貼切。

談談歐、美、中三角關係

早期美國多屬歐洲移民，之後又共同歷經兩次世界大戰，美國和歐洲之間的關係相當緊密，無論是貿易、軍事、文化、經濟、金融、政治等等，歐美都有很多共通的影子，包括語言也是。美國也一直是歐盟最大的順差來源國，近三年平均約有一五〇〇億美元的貿易順差，美國也是德、法、義、英、荷等最大出口貿易國，美國對歐洲的重要性絕對不在話下。

中國和歐洲的關係最早則是可以追溯到與蘇聯時期的貿易往來，但與歐洲主要國家的往來依然要到一九八〇年代後才逐漸有交集。目前中國是歐盟第一大進口國，近三年，中國對歐盟享有約一八〇〇億美元的順差，幾乎對所有歐洲國家都享有順差，唯獨德國相對持平。

看似歐洲和美國一樣都在貿易上吃了下風，義大利是中國一帶一路海上絲路的終點，義大利不僅不避諱加入中國的行列，確實也很大方地接受中國給予的資金援助，中義之間的關係，可以用如膠似漆來形容。同樣也是一帶一路的政策，東歐部分就顯得很分歧，中東歐十六國與中國高峰會議很早就於二〇一二年開始進行，因為有提升經濟的需求，幾乎所有國家都接受了中國的資金協助，特別是在基礎建設的擴建上，包括港口、鐵路等等，歐盟認為東歐國家的做法與援助東歐的法案相違背，並且一再向這些國家提出警告，但幾乎沒有國家能輕易拒絕中國資金的誘惑，尤其在一連串歐債、難民、貿易戰背景下。

就經濟方面可以看出，投資的誘惑還是相當有利的外交工具。歐洲許多國家遊走在美中兩國的利益之中，其實也不是國際大哉問，很多亞洲國家也是如此，但多數歐洲國家上面還有一個歐盟在掌舵歐洲的國家防衛和財政，對外關係上雖然各吹各的調，但政治和軍事上，歐盟其實相當忌憚中國聯手俄羅斯拓展其在地緣政治上的實力。

中國雖然和歐洲並沒有相連，但透過一帶一路基礎建設的布局，中國逐漸把外交實力伸至中亞一帶，像是哈薩克、土庫曼等國家，中國與其合作打造歐亞鐵路後，讓中東這個火藥庫增添更多變數。此外，大多數非洲國家幾乎是中國最緊密的盟友，歐洲在非洲的經濟利益和區域安全，都無法不思考和中國之間的戰略關係；最後，多數東歐國家新加入歐盟，歐盟對東歐經濟支援項目相當多，但很多議題上，東歐和老西歐

➤「中國－中東歐國家合作」在歐洲的擴張潛力

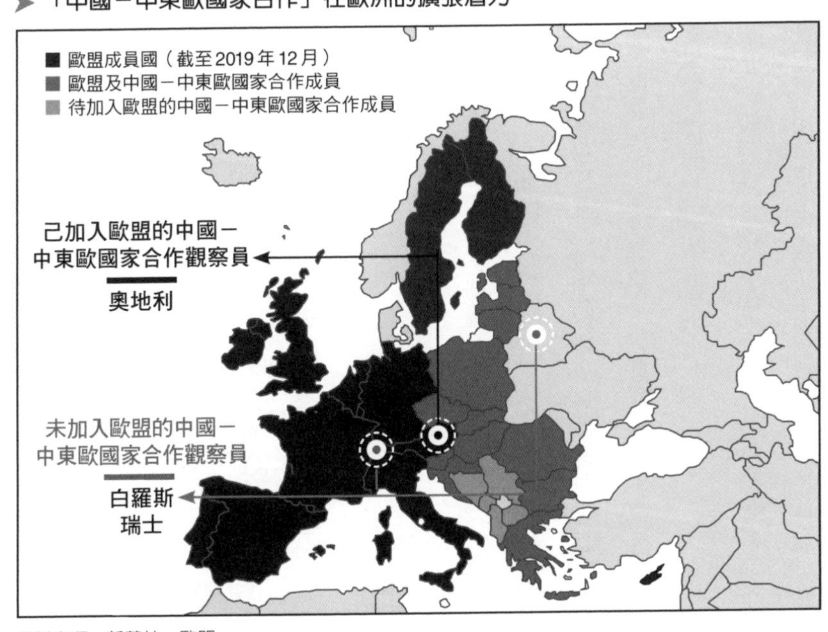

資料來源：新華社、歐盟

國家其實常常對抗，而中國進入東歐的政治和經濟，增添了歐盟內部的化學變化，其中最頭痛的就是軍事部署，由於東歐許多國家地處歐亞交界處，中國的經濟政治介入，讓美歐合組的北大西洋公約組織近年來處處出現雜音。

制度上，歐盟不可能代表各別國家表達對中國的立場；但對美國，幾乎全歐洲都保持開放合作的態度，但反對美國過度干預時，也常常同仇敵愾。因此，在美中貿易戰之下，歐洲各國處境顯得相當尷尬，尤其對歐盟來說，各種政治和經濟政策的字裡行間，都透露出了許多無奈。

歐盟對美中貿易戰的態度

二〇一八年川普正式打開美中貿易戰的潘朵拉盒子，在國防白皮書上，美國也正式將中國列「戰略競爭對手」，氛圍從單純的貿易摩擦升格為全面性的競爭。持平而論，這樣的改變其實也並非從川普開始，早在二〇一三年歐巴馬總統提出「重返亞洲」安全戰略，其實就預告了這樣的競爭關係，只是從軍事上的布局，沒想到很快地演變成各式各樣的競爭關係。

中國到底做了什麼事，會讓美國如此大動肝火？一般說來，中國想要擴張其政治影響力是一個因素沒錯，但歸根究柢還是中國長期利用不對等的貿易條件來獲取政治和經濟利益，其中，最嚴重的就是「智慧財產權」。面對十五億人口的市場，幾乎沒有一個廠商願意放棄，因為進入中國市場就等於快速掌握全球四分之一的市場，如果簡單用一個賽局來分析，最後廠商都有很高機率一起選擇忍辱負重經營下去。這讓中國專制的政治操作，有了上下其手的機會，而且讓其政府的專制行為變本加厲。而這樣一個惡性循環，就是美國所痛斥的貿易不公。

所以美中貿易戰開打之後，美國起手式就從關稅開始，這一招可以打很久，但並不是主關鍵。因此第二拳便順著打出供應鏈重組，也

➤ 美國對華為出口禁令不斷升級

美國對華為出口禁令不斷升級

2020.6.24 *	►華為等 20 家中企實體被認定為中國軍方擁有 / 掌控
2020.6.16	►修正出口管制規定，允許美企在國際標準組織裡和華為合作發展 5G 及其他先進技術標準，以確保美國標準方案被採納為國際標準
2020.5.16	►修正「實體清單」規定及「外國直接產品規則」，外國晶片廠商採用美國製造設備或軟體技術者，須先取得美國許可才能向華為供貨，但有 120 天緩衝期到 9 月 11 日
2020.4.28 *	►出口管制新規阻中國以「軍民融合」取得半導體等技術，美企銷售特定具軍事用途產品前須先獲許可；取消「民用許可例外」
2019.8.19	►「實體清單」增利華為另外 46 家子公司
2019.5.15	►宣布華為及其 68 家附屬公司被列入出口管制「實體清單」，美企須先取得許可才可供貨華為

*華為被認定中國軍方企業，受美國禁運「軍民融合」產品管制

資料來源：自由時報

就是一種撤資的行為。畢竟美國是最大消費市場，關稅提高，將使得部分產業在中國設廠失去了利基。但就像剛剛所說的賽局，一日有廠商退出，中國政府就會改變姿態讓剩下廠商得利，汽車產業就是如此，因此，美國必須祭出第三招，也就是科技圍堵，讓中國的優惠措施也無法彌補技術軟禁的痛。

主要的這三拳打下來，各國步調不一，像日本雖然有許多撤資活動，但之前因為奧運的關係，政府很積極與中國保持一定程度友好，且並未放棄爭取中日韓三國FTA的成行；韓國則是拼命想爭取其他大國撤資後所留下的市場，和中國保持密切關係。歐洲國家一向和美國經濟緊密結合，但看到美國從中國撤退後所留下的空間，各國再度吹起屬於自己高低音的號角，美國所謂的經濟圍堵政策，比起八〇年代的冷戰，不難發現遜色不少。

一向與美國為善的歐洲，多數國家這次在美國發難的時候卻各有盤算，箇中原因不免令人好奇。可以理解，多數東歐及義大利等一帶一路國家著眼於中國資金的挹注，在美國祭出「華為禁令」的時候，幾乎完全不敢配合；英國則是美國堅定盟友，尤其脫歐之後，英國重新選擇擁抱美國，另外一個堅定的盟友令人意外，它就是東歐的捷克共和國，主要是對共產威權的反感，特別是對中國；法國、西班牙、荷蘭、北歐三國等，則屬於政府沒有重大宣示，但國內大廠自行減少使用華為設備的情形；德國對於華為問題則是最令美國頭痛的一個大門檻，由於德國一直是歐盟政治、經濟及技術領頭羊，很多國家都會觀看德國風向來表態，這次德國政府不僅沒有對華為表態，在二

○一九年，德國總理梅克爾和習近平見面並簽署了多項汽車投資相關協議。不僅如此，在疫情期間，梅克爾也多次力挺中國與WHO對於防疫的功勞，這使得美國曾一度釋放從北約撤軍的新聞，要求德國應該負擔更多軍事防衛費用，很明顯地表達對德國政府的不滿。更甚者，據報載，梅克爾亦主導歐盟通過5G網絡安全工具箱指導文件，強調遴選供貨商應遵循非歧視原則，也就是等於幫華為在5G基地

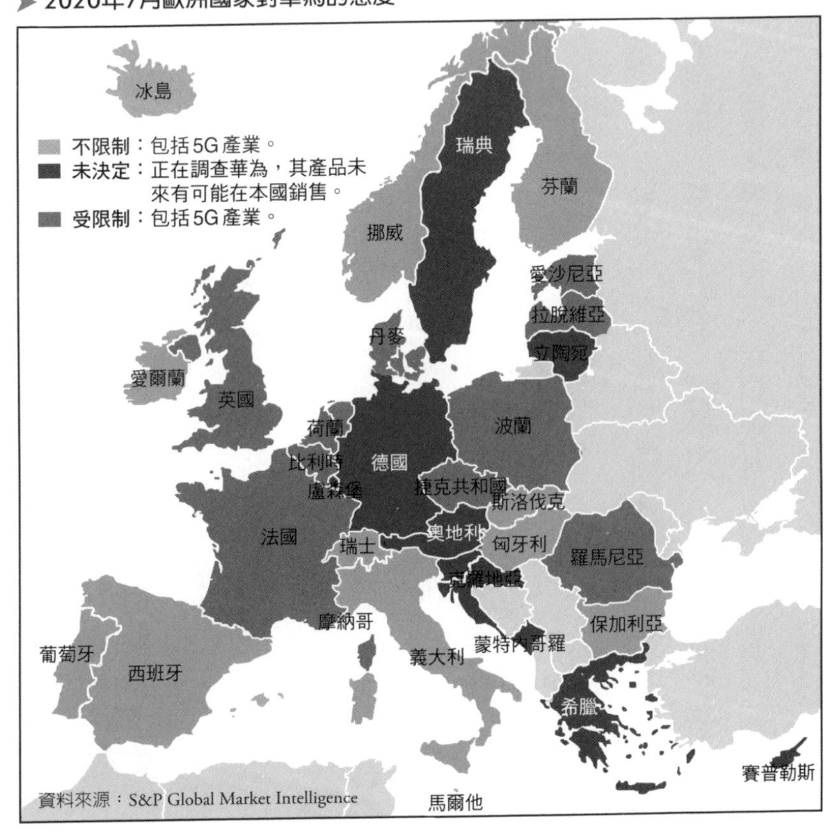

台硬體留下一條生路，隨後華為也宣布所有5G設備將來都會在歐洲生產，製造基地就選定在對手NOKIA的家——芬蘭。

不能不承認，華為在5G的晶片技術上確實是領先全球，這一點連美國相關廠商都不否認，而華為又憑藉著中國便宜的勞動生產，對每個國家來說，華為通訊設備就是物美價廉的代名詞，尤其是經濟水準較低的國家，這簡直就是上帝給的福音。美國希望昔日盟友一起制裁中國，不要讓中國威權獲得擴展的空間。然而，這呼籲就像聖經裡的字句一般神聖。事實上，美國離開中國之後，中國將更加仰賴歐洲的技術、資金、教育、國際合作、市場、金融服務等，對歐洲國家來說，這是多龐大的商業利益，而且是美國給不起的利益，德國和義大利對於中國的友好，就是最明顯的例子。

新冠肺炎疫情下的歐洲

美國與中國於二〇一九年底達成第一階段的貿易談判，但這個談判並不代表美中貿易戰的結束，畢竟美國最終目的是要避免中國威權政府的政治實力擴張，貿易逆差的縮減，只是中國面對這個問題的投名狀。因此，一般預料在中國國家領導人更換前，恐怕都會呈現僵局，按照二〇二〇年八月北戴河會議的政治判斷，至少要到二〇三〇年才有緩和的可能。

但計畫永遠趕不上變化，二〇二〇年一月二十一日，中國正式宣布新型冠狀病毒會大規模感染之後，不僅中國內部迅速被封城，不到一個月的時間，全球各地全部淪陷。歐美各國起初不以為意，仍在中國春節過後，接受中國移工回到歐洲工作，尤其是中國籍移工最多的義大利，很快地成為歐洲新冠肺炎疫情的爆發中心。

截至二〇二〇年八月底，全球累積了二五四〇萬個病例，其中有八五萬人因此病過世，全歐洲則是有近二二〇萬病例，十八萬人死亡。如果只看病例數的話，前幾名分別是西班牙、英國、法國、義大利，但如果以死亡數率來看的話，東歐的羅馬尼亞和保加利亞，其實是更令人擔心的區域。北歐天氣較冷，但此次狀況卻相對穩定的少，可見其公衛水準確實相當先進，最鮮明的對比就是東南歐，甚至有些國家沒有可靠的數據和醫療資源，成為歐盟最大的防疫漏洞。

再從疫情的趨勢來看，可以發現進入八月後，歐洲很明顯出現第二波的高峰，一如公衛學家所預期，但值得慶幸的是，死亡率持續在下滑中，換言之，雖然目前沒有直接有效的疫苗，但透過輔助醫療的協助，確實有效避免新冠肺炎成為類似中世紀的黑死病。

新冠肺炎帶來的不僅是病痛，對全球經濟也產生了相當大的震撼，全歐洲GDP在二〇二〇年第二季全部衰退達一五％左右，預估全年GDP也是落在負七％左右，好不容易從二〇一三年歐債危機開始慢慢回溫的經濟，再一次一口氣跌到谷底。

歐洲央行在貨幣政策上也是雪上加霜，本來就已經陷入負利率的泥沼，疫情期間，截至八月底一共釋出了將近一．三五兆歐元的市場紓困；無獨有偶，歐盟剛好二〇二〇年要審二〇二一～二〇二七年的預算，為了因應疫情，財政上的振興金額最後拍板七五〇〇億歐元，和台灣用途類似，一部分作為低利貸款的金額，另一部分直接用來改善醫療衛生或受重傷害的產業，這項紓困金是歐盟有史以來最高的單項財政支出。

有了這些錢做後盾，無論是主權債權問題、難民問題幾乎都先被拋在一邊了，因為美國也開啟了無限QE印鈔模式，全世界都面臨高度負債的窘境，歐洲並沒有比較差。這樣的經濟環境巨變，讓本來想要在美中貿易戰中間，不斷兩面討好的歐洲國家，此時，在政治上產生了很大的政治變化，即便中國宣稱自己在疫情上已經能夠輸出協助，但因為歐洲民眾普遍將疫情遷怒至中國政府身上，連帶使得歐洲各國政治人物不敢逆風而行。

最先衝擊的就是華為禁令。由於美國也事逢總統大選，川普下了重手要求台積電等半導體廠商和設備廠商，因含有高比例美國智財技術，因此不准外銷中國。英國也在七月的時候，確定全面禁止使用華為5G設備；法國也緊接著宣布逐步淘汰華為5G設備，二〇二八年後則禁用；總計，據報導：「英國、法國、斯洛維尼亞已決定完全封殺華為；波蘭、捷克、丹麥、荷蘭、挪威、葡萄牙等國也決定排除一部分的華為設備，而西班牙、奧地利、匈牙利、瑞士等國則不考慮禁用華為。僅剩德國、義大利、比利時、瑞典還未決定。」這是一項很大的翻盤，全拜疫情所賜。

再來就是一帶一路的衝擊。中國雖然在疫情期間仍然很積極地與匈牙利和塞爾維亞簽訂匈塞鐵路的擴建計畫，但羅馬尼亞政府卻撤銷與中國的核電廠合作，不僅如此，捷克共和國議長，更率團訪問台灣，用行動反對捷克現任親中的總統以及和中國合作的建設。中國不僅遇到這些反對的聲浪，由於疫情的關係，中國自己財政上也出現困頓，而一帶一路各國又頻頻丟出減債的需求，尤其非洲國家爭取得最為積極。一旦後續確認減債，整個一帶一路恐將會面臨很大的考驗，連帶也使得東歐和中國關係出現縫隙。這也是為何中國外交部長在疫情期間還勤跑歐洲的主要原因，畢竟與美國對抗，至少需要歐洲保持中立。

一般來說，疫情應當還會持續相當長的一段時間，最重要的可能不是疫苗有沒有辦法研發，而是國際間能否重新挽回對彼此的信賴和信心。其實疫情不僅讓歐洲各國疲於在中國和美國貿易戰中頭痛，歐盟內部也為了紓困的金額吵翻天，甚至一度又引起脫歐的聲音，所幸最後法國和德國做出許多讓步。脫歐後的英國，沒有因為脫歐後的邊境管理而能避免這場疫情，甚至英國總理強生自己也染上了新冠肺炎。相較於美國和印度，歐洲除了俄羅斯之外，疫情其實算時逐漸穩定，但整體景氣恢復卻仍然遙遙無期，邊境仍然不完全開放，經濟完全仰賴印鈔，失業率仍然處於相對高檔，最重要的汽車工業注定黯淡一整年，二〇二〇年的歐洲，似乎還籠罩在一個很大的陰影底下！

用地圖看懂歐洲經濟

作　　者／張昱謙
企畫選書／陳名珉
責任編輯／劉俊甫

版　權　部／黃淑敏、吳亭儀
行銷業務／周佑潔、周丹蘋、黃崇華
總　編　輯／楊如玉
總　經　理／彭之琬
事業群總經理／黃淑貞
發　行　人／何飛鵬
法律顧問／元禾法律事務所　王子文律師
出　　版／商周出版
城邦文化事業股份有限公司
台北市中山區民生東路二段141號4樓
電話：02-2500-7008　傳真：02-2500-7759
E-mail：bwp.service@cite.com.tw
Blog：http://bwp25007008.pixnet.net/blog
發　　行／英屬蓋曼群島商家庭傳媒股份有限公司城邦分公司
台北市中山區民生東路二段141號2樓
書虫客服服務專線：02-25007718・02-25007719
24小時傳真服務：02-25001990・02-25001991
服務時間：週一至週五上午09:30-12:00・13:30-17:00
郵撥帳號：19863813　戶名：書虫股份有限公司
讀者服務信箱E-mail：service@readingclub.com.tw
歡迎光臨城邦讀書花園　網址：www.cite.com.tw
香港發行所／城邦(香港)出版集團有限公司
香港灣仔駱克道193號東超商業中心1樓
電話：(852) 2508 6231　傳真：(852) 2578 9337
馬新發行所／城邦(馬新)出版集團
Cité (M) Sdn. Bhd. (458372U)
11, Jalan 30D/146, Desa Tasik, Sungai Besi,
57000 Kuala Lumpur, Malaysia.
電話：603-90563833　傳真：603-90562833
Email：cite@cite.com.my

國家圖書館出版品預行編目資料

用地圖看懂歐洲經濟／張昱謙著 -- 初版 . -- 臺北市：商周出版，城邦文化事業股份有限公司出版：英屬蓋曼群島商家庭傳媒股份有限公司城邦分公司發行，民 109.11

320 面 ; 14.8×21 公分

ISBN 978-986-477-953-6（平裝）

1. 經濟發展　2. 歐洲

552.4　109017129

封面設計／zzdesign
內頁排版／綠貝殼資訊有限公司
圖表製作／何貞賢、劉麗雪、鍾瑩芳
印　　刷／高典印刷有限公司
總　經　銷／聯合發行股份有限公司　電話：02-2917-8022　傳真：02-2911-0053

■ 2020 年（民 109）11 月 12 日初版

Printed in Taiwan

定價／ 360 元

ISBN 978-986-477-953-6

廣　告　回　函
北區郵政管理登記證
台北廣字第000791號
郵資已付，免貼郵票

104台北市民生東路二段141號2樓

英屬蓋曼群島商家庭傳媒股份有限公司　城邦分公司

請沿虛線對摺，謝謝！

書號：BK5166　**書名：**用地圖看懂歐洲經濟　**編碼：**

請於此處用膠水黏貼

讀者回函卡

不定期好禮相贈！
立即加入：商周出版
Facebook 粉絲團

感謝您購買我們出版的書籍！請費心填寫此回函卡，我們將不定期寄上城邦集團最新的出版訊息。

姓名：＿＿＿＿＿＿＿＿＿＿＿＿＿＿＿＿　性別：☐男　☐女

生日：西元＿＿＿＿＿＿年＿＿＿＿＿＿月＿＿＿＿＿＿日

地址：＿＿＿＿＿＿＿＿＿＿＿＿＿＿＿＿＿＿＿＿＿＿

聯絡電話：＿＿＿＿＿＿＿＿＿＿　傳真：＿＿＿＿＿＿＿＿＿

E-mail ：

學歷：☐ 1. 小學 ☐ 2. 國中 ☐ 3. 高中 ☐ 4. 大學 ☐ 5. 研究所以上

職業：☐ 1. 學生 ☐ 2. 軍公教 ☐ 3. 服務 ☐ 4. 金融 ☐ 5. 製造 ☐ 6. 資訊
☐ 7. 傳播 ☐ 8. 自由業 ☐ 9. 農漁牧 ☐ 10. 家管 ☐ 11. 退休
☐ 12. 其他＿＿＿＿＿＿＿＿＿＿＿＿＿＿＿＿＿＿＿＿

您從何種方式得知本書消息？

☐ 1. 書店 ☐ 2. 網路 ☐ 3. 報紙 ☐ 4. 雜誌 ☐ 5. 廣播 ☐ 6. 電視
☐ 7. 親友推薦 ☐ 8. 其他＿＿＿＿＿＿＿＿＿＿＿＿＿＿

您通常以何種方式購書？

☐ 1. 書店 ☐ 2. 網路 ☐ 3. 傳真訂購 ☐ 4. 郵局劃撥 ☐ 5. 其他＿＿＿＿

您喜歡閱讀那些類別的書籍？

☐ 1. 財經商業 ☐ 2. 自然科學 ☐ 3. 歷史 ☐ 4. 法律 ☐ 5. 文學
☐ 6. 休閒旅遊 ☐ 7. 小說 ☐ 8. 人物傳記 ☐ 9. 生活、勵志 ☐ 10. 其他

對我們的建議：＿＿＿＿＿＿＿＿＿＿＿＿＿＿＿＿＿＿＿＿＿＿
＿＿＿＿＿＿＿＿＿＿＿＿＿＿＿＿＿＿＿＿＿＿
＿＿＿＿＿＿＿＿＿＿＿＿＿＿＿＿＿＿＿＿＿＿

請於此處用膠水黏貼